沈钧儒

(1875—1963)

曾任全国人大副委员长，全国政协副主席，

中国民主同盟中央委员会主席，最高人民法院院长

1912年与夫人张象徵（孟婵）合影。

1905年赴日本入东京私立政法大学留学（摄于东京）。

1955年在寓所与前来祝贺沈钧儒80寿辰的家属合影。右起：沈诚、沈谦、沈淞、沈钧儒、沈谱、沈宽、张绚、沈知津（谅）、华庆莲、沈叔羊（议）。

1957 年 4 月 30 日毛泽东在天安门城楼上与沈钧儒亲切握手。

“七君子”被关押在苏州的江苏高等法院看守所时，沈钧儒与李公朴、沙千里、王造时、邹韬奋、章乃器等围桌读书学习。

1936 年救国会公祭“五卅”烈士时群众举行游行。前排左起:沈钧儒、史良、王造时、沙千里。

1936年2月8日致四子沈谅信

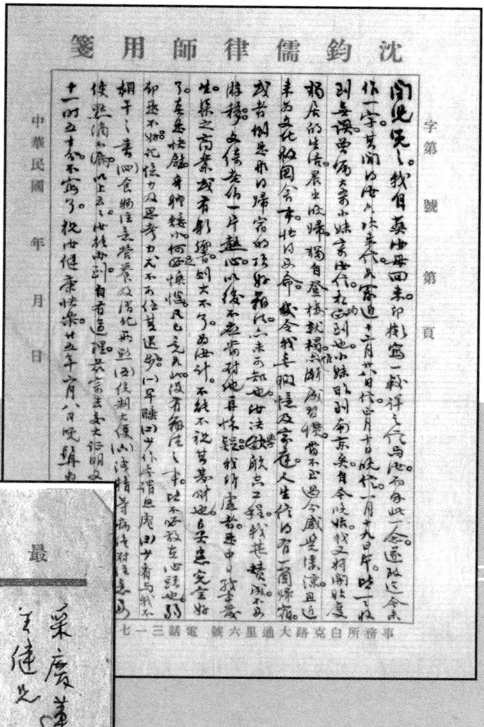

沈鈞儒律師用箋

字第 號 第 頁

中華民國 年 月 日

事務所白克路大通里六號 電話三一七一

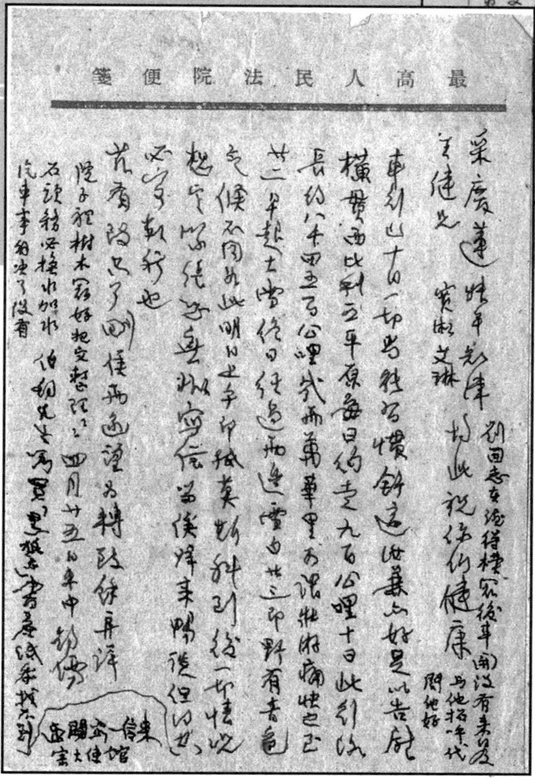

最高人民法院便箋

1951 年 4 月 25 日致采、庆莲、叔羊、知津等信。

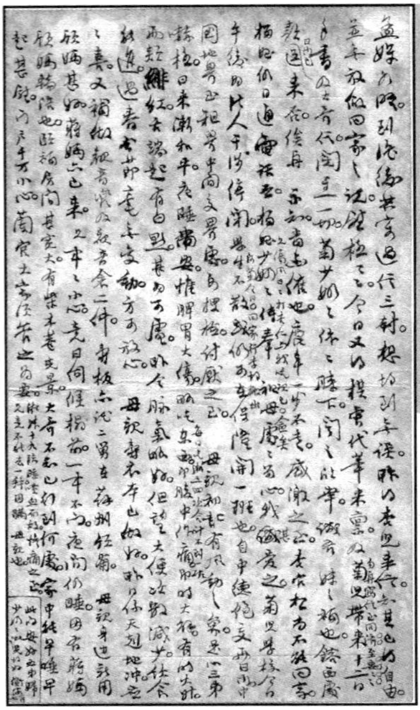

1917年3月17日致夫人张象徵信

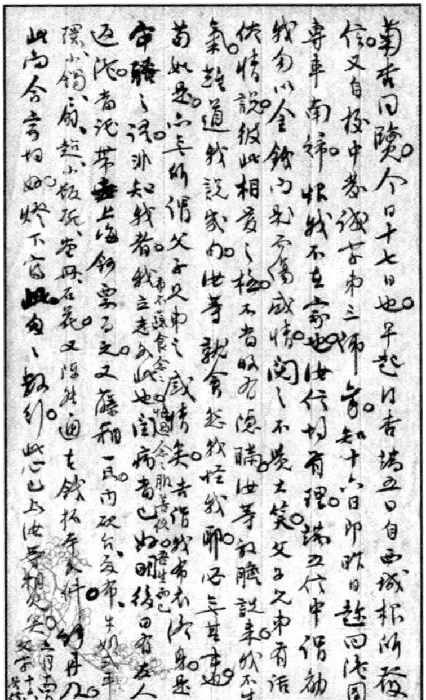

1919 年 6 月 14 日致长子沈谦、次子沈诚信

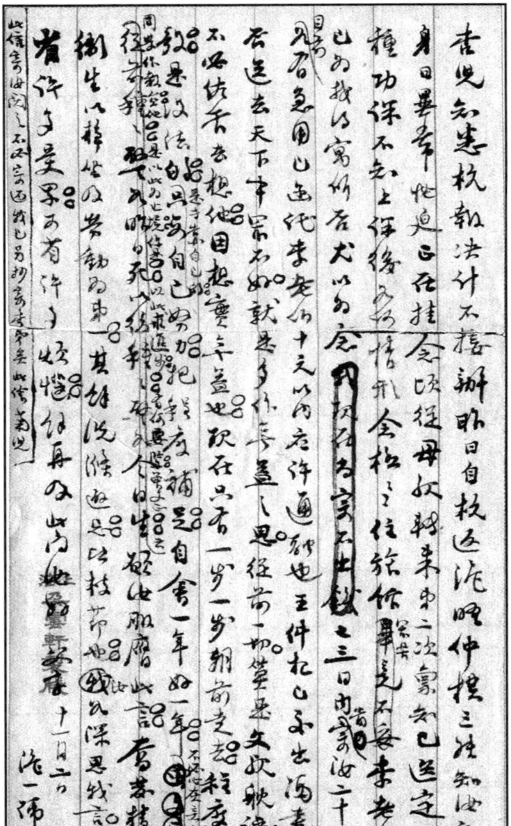

1921年11月2日致次子沈诚信

君子至爱

——沈钧儒家书

中国民主同盟中央委员会
沈钧儒纪念馆 编

群言出版社
Qunyan Press

前　言

中国民主同盟成立于1941年3月，正值抗日民族统一战线遭到国民党独裁统治破坏的危难之际。民盟以贯彻抗日主张、实践民主精神、尊重思想自由、提倡依法治国为政治纲领。民盟凝聚了当时绝大多数进步知识分子和社会精英，可谓群贤毕集。在不同的历史时期，黄炎培、张澜、沈钧儒、杨明轩、闻一多、李公朴、梁漱溟、史良、胡愈之、楚图南、吴晗、费孝通……这些民盟前辈精英们纵横捭阖、开阔放达，本着知识分子的人文良知和社会责任"奔走国是"，在政治、经济、军事、外交、教育、社会等领域都提出了明确的纲领和主张，将平等、民主、自由的思想播撒在中国的土地上。

在那苍黄翻覆、陵谷变迁的大时代，在那风云变幻、波澜壮阔的动荡岁月里，历史的浪潮将中国民主同盟，将有志于民族振兴的贤良才俊推上了风口浪尖，他们在改变中国命运的同时，也改变了自己的人生轨迹。他们为历史的进程，为国家富强、民族振兴和民主政治的进步做出了卓越的贡献；他们将自己的荣辱与民族存亡紧紧地联系在一起，为中国的民主、繁荣奋斗了一生，为后人留下了许多宝贵的精神财富；他们关于新民主主义社会的探索，至今仍具有巨大的影响和现实意义。

在和平盛世的今天，为了保存这珍贵的历史财富，为了让后人记住先辈们的独立之精神、自由之思想以及他们为国为民、励精图治的奋斗事迹，我们通过多年的精心准备和积累，出版了《民盟历史文献》丛书，这不仅仅是追忆往昔、缅怀先贤，也不仅仅是为了从学术研究的角度去厘清历史、臧否人物，更重要的是：通过回顾那段曲折的历史，传承民盟与中国共产党肝胆相照、荣辱与共的真挚感情；纪念民盟先贤为新中国做出的巨大贡献；呈现近现代中国社会的嬗变和进步知识分子的爱国情怀；同时也是为了民盟薪火相传、与时俱进的需要；为了让那些隽永传奇的人物和可歌可泣的历史再现后人的眼前。

路漫漫其修远兮，吾将上下而求索。《民盟历史文献》丛书的出版，是对先贤们多党合作历史的尊崇和传承。

《民盟历史文献》编委会

编者前言

沈钧儒(1875～1963)，字秉甫，号衡山，浙江嘉兴人。是我国伟大的爱国主义者。从早年萌生救国意识到东渡日本寻求救国出路，从主张立宪救国到投身革命，从坚定不移坚持抗日到与中国共产党精诚合作，沈钧儒一生走的是一条向往民主和平的爱国救国之路。在追求真理、寻求救国的道路上，沈钧儒不顾艰辛与安危，勇往直前。为了救国，几罹杀身之祸，并因“救国罪”身陷囹圄；为了救国，他一次次离妻别子，置家庭窘况于不顾，四处奔波。他是一位时代的伟人，他坚如磐石的爱国意志在国人心中树立起了一个伟大爱国者的光辉形象。他又是一位具有丰富情感的普通人，他对父母拳拳以报，对妻子忠贞不渝，对子女舐犊情深，对朋友患难相助，而在他远离亲人忙于救国大业的时候，唯一能够寄托他情感的方式就是一封封的家书。

1998年6月11日，在沈钧儒先生逝世35周年之际，家乡人民为了缅怀他的丰功伟绩，感念他为后人留下的丰厚精神财富，出资修复他的故居，并用故居建起了“沈钧儒纪念馆”。在沈钧儒纪念馆筹建之初，沈钧儒先生亲属无私捐赠了沈钧儒先生生前留下的大量实物史料，其中几百封沈钧儒先生的亲笔家信真实反映了不同时期沈钧儒先生的活动轨迹，不仅具有较高的研究价值，亦有一定的艺术收藏价值。鉴此，从 2005 年开始，沈钧儒纪念馆陈伟平、陈爱武、朱菲菲、沈华等同志就着手书信的整理工作。在整理过程中，一封封书信的字里行间，透露出沈钧儒先生救国意志的坚定、执着，对亲人、朋友宽广无私的爱，令我们一次次地感动，我们的情绪仿佛不由自主随着他笔端的移动而起伏。也许这些书信是沈钧儒先生与亲人间最自然、最普通的沟通方式，然而正是这些保存完好的宝贵家书让我们有了一次真切、生动的精神之旅。家书领着我们去感悟、去触摸沈钧儒先生几十年不平凡人生中那一次次亲人间的离别，那一段段与中国命运息息相关的重要历史，阅读一封封家书，我们不仅看到了一位坚定的救国者忙碌、奔波的身影，也看到了一位充满至仁至爱品性光芒的爱人、父亲、兄长的喜怒哀乐，令人为之动容。2008 年，沈钧儒纪念馆开馆十周年，又逢沈钧儒先生逝世 45 周年，在民盟中央的支持下，并同沈钧儒纪念馆一起对沈钧儒先生家信精心整理的基础上，首次汇编出版《沈钧儒家书》。2012 年，民盟中央群言出版社又将此书再版修订，纳入《民盟历史文献》系列出版。目的在于让广大的读者通过此书更多地了解沈钧儒先生，更深地体会一位爱国伟人的崇高品质。传承民盟先贤的兰竹精神。

《沈钧儒家书》收录了沈钧儒先生自1901年第一次外出陕西至新中国成立后的几十年间、不同历史时期写给亲人的家信共二百余封。2001年，沈钧儒纪念馆曾对“七君子事件”期间沈钧儒先生狱中所写的书信进行过一次整理，编印成《沈钧儒研究会会刊》，书信的史料价值引起了研究者们的极大兴趣。此次出版的《沈钧儒家书》，虽然也仅仅是沈钧儒所有家信中的一部份，但毫无疑问，她足以成为研究沈钧儒先生政治活动轨迹、学术思想以及精神情操的不可多得的第一手材料。为便于读者阅读，我们对全部书信加注标点。由于书信中潦草涂抹的文字、艰深拗口的辞句以及方言用语，尤其是出现的许多人名由于年代久远而显得比较生疏，使我们的辨读整理和注释工作进行得十分艰难。

这里，我们首先要感谢沈钧儒先生的亲属，正是他们的无私捐赠使得我们拥有了这些宝贵的家书；感谢沈钧儒之女沈谱先生，在书信前期整理时，她对部分书信中出现的人名和涉及到的相关事件进行了仔细的注释，后来，考虑她的身体状况，我们实在不忍心让她继续为此操劳；感谢史念先生，他不顾年高体弱和繁多的社会活动，对书信从内容到标点进行了一次全面的审核、校对，并再三表示不要在《沈钧儒家书》中任何地方出现他的名字；感谢民盟中央、群言出版社及首次出版的责任编辑闻立鼎先生，尽心尽职，凭借其深厚的文史功底和书法艺术造诣，纠正了文字整理中的许多差错，大大减少了出错的概率。如果没有他们的支持和辛勤付出，此书不能顺利出版。

为了尽量真实地反映原信的样式和内容，对原信中属于解释性的双行小字和夹于行间的小字，我们均使用小号的楷书字体来加以区别。原信中少量的错字和异体字，我们也都保持了原样，仅在该字的后面加括号，注明正字或现今通用的字。

书信中尚有一些人名，尤其是沈钧儒先生的亲属，因各种原因实在无法一一查证并标注说明，已注的人名也可能存在失误。此次再版，《民盟历史文献》编委会又进一步做了核对、核实的工作。如还存在疏漏之处，敬请广大读者予以指正并谅解。

中国民主同盟中央委员会

沈钧儒纪念馆

目 录

护法运动期间(1917～1920)

沈谦、沈诚留学德国期间(1920～1924)

大革命前后(1925～1936)

“七君子”事件期间(1936～1937)

抗日战争期间（1937～1945）

解放战争至建国初期(1946～1957)

在陕西时
（1901~1902）

1900年，沈钧儒的父亲在苏州病逝，为解决家庭困难，1901年初，沈钧儒和长兄保儒应在陕西任学政的胞叔沈卫之召，往陕西三原学署任阅卷工作，同时进行自学。在三原，他先后结识了于右任、张季鸾、蓝天蔚等人，经常和他们一起相互切磋，大谈维新革命。在沈卫的支持下，沈钧儒等创办了三原印书馆，翻印一些康有为、梁启超的著作，出版了一些鼓吹维新的书刊，宣传变法图强。

一

孟婵[①]贤妹足下：

前月初十曾作一书，附寄岳父信中，计已收到。十三与大哥[②]随十一叔父[③]起身赴同，十四行次蒲城。忽接臬署马递，拆开，中有三月十七日手书，不胜欣喜。然客中岑寂，思之愈益惆怅。迢迢千里，妹其何以慰我念乎！另谋事甚不易，且叔父相待极好，如此远道，跋涉尤难，不能不细为斟酌。四面想来，终以缓议为是。处馆兄实怕极，意欲捐教，尚未打听明白。如费一二百金，可以得缺，决拟办之。附生捐教，断乎不能得缺，止好作为罢论矣。妹以为可否？书弟不进学，闻之甚为纳闷。岳父母自不快活，然书弟笔下，实不能进学。只要自己肯要好，得失迟早，自有一定，原可不必在意。惟兄与相处数年，自问丝毫无以相益，

---

① 孟婵：沈钧儒夫人（1874～1934），名张象徵，字孟婵。

② 大哥：沈钧儒之兄，名保儒（1871～1950），字惠甫，号定九，别号声隐。

③ 十一叔父：沈钧儒叔父沈卫（1864～1945），字友霍，号淇泉，别号兼巢。时以甲午翰林简放甘肃正考官、陕西学政（即学台）。

未免思之愧恨耳。鸣弟[1]近尚用心否？立弟[2]知近好骑马，确否？管先生究如何？甚念。菊官皮[3]只好听之，惟字又不认，是何缘故？千万勿令间断。至要至要。杏官[4]想好？天气渐热，两儿均勿令多吃香瓜，以免腹泻等患。近用粗做[5]尚能做事否？妹第一勿无故忧闷、心跳等患，须要静养。家中搬屋，一时恐未必成功。现住之房，诸多不便，想必回去过夏，勿贪凉食冷。至嘱至嘱。刘妪之利，本拟寄给，前信嘱将账薄（簿）上清账抄来，现俟寄到，即设法附汇不误。琨弟款真难为情，奈何？闰妹妹有喜否？此番蕴嫂亦同去安庆否？短衫裤鞋子均做好，并有搭连（褡裢）笔袋，妙极。多谢多谢。王晋藩来必带来也。兄近身子甚好，胃口亦旺，牙鲜久不出。海参三月起停服，尚有四十余枚，留至冬间吃之。此物近查药书，无甚大益处也。兄拟做一菊花枕，要小，勿切边，勿做花，中间勿空洞，白洋布足矣。大约六七寸长，三四寸阔，做好后有便带来，尽不要紧，并望为母亲亦做一个。在同竟无暇写信，廿九返署，歇息两日，抽暇作此。余详寄弟辈信，可取阅。匆匆即颂近佳！两儿好！

钧儒手泐　五月初三日十点灯下

来信太客气，以后“福躬侍安”等勿用。有写错字，特附正于此：

---

① 鸣弟：妻孟婵之弟。

② 立弟：妻孟婵之弟。

③ 皮：苏州一带方言，顽皮、调皮之意。

④ 杏：沈钧儒次子沈诚（1898～1984），字君成，小名杏官。

⑤ 粗做：苏州一带方言。即佣人。

收拾，要写拾字。些些如此写。惟恐勿写未恐。再说非最说。自大人以次均好非似字。水土服非复字。有亲头，就是（不）顽皮。赐、躬、暖、怕、灯。

十四傍晚将到蒲城，离城尚有一里，忽然风雨交作，并闻雷声，车中沙土顷刻积有寸许，车几为风吹倒，可怕之至，南中所无也。端五日幕友等约至东里刘家花园游玩，离城十里，骑马去。园小而布置甚好，台楼池榭无一不具，此间已称难得。

初七日注

二

孟婵足下：

初三寄一信，计廿五六可到。顷忽忆及出月初七，乃岳父[①]母大人六旬大庆之辰，道远不能趋叩，又无物可寄以将意者，深为悚愧不安！兹寄去八元，以备斋佛买物等用。如能办面酒一席自办如八碟五簋一品锅，物物可口，似胜馆子中菜多多矣，最妙。均请足下斟酌可也。今番适严氏同来苏州者是小家妹妹还是小玉妹妹，便望示知。小玉妹妹今年似亦廿岁生日也。家中信来，近状之窘，无以复加，一两元之事，踌躇束手，竟至无法。兄在外洒然无虑，几不知有此艰苦，因思足下用度，自亦必拮据万分，此间汇到家中之款，时有脱节，想必先与岳父大人移用。如适在归宁之时，移用已不少，不得已仍向家中索取，务望写条

① 岳父：张廷骧，号翰伯，吴县名士，曾为县学府贡生花翎三品衔中书科中书。

呈送，千万亲笔，勿令弟辈代书。母亲[①]大人，勿令妪辈传话，深恐家中亦适窘乏，有时不能应付，为若辈所笑也。至要至要！前为做夹马褂等，以后此等处大可省去，兄尚有一件黑布者也。其钱是否亦向岳母大人所借，合之长生加利等项，共已借过若干，甚念甚念！菊儿[②]想已改读史鉴节要，蒙学各书，想系岳父大人买给，感激之至！女仆似至今尚未用成，是否钱少事多，故若辈不甚情愿。只要好，少加工钱，亦不妨也。如因两儿挤糟[③]不好服事，致怕极而逃，务望足下加以管束为要。兄以为不拘老少巧笨，只要肯做事，说得起，即属可用，不可过于苛求，须要曲加体谅。惟懒而多言之人断不可用，未知现在究已用定未？念极念极。屡易生手，受累可知矣。兄近甚健，日来天气已凉，可不赤膊。廿五取齐本棚，又有卷子看了。匆匆书此，外贺柬一纸，望上呈。又为书弟乞十一叔写名片两纸，内有一纸似颇好，望付书弟。即问近佳！不多及。两儿好！

岳父母大人慈前请安。阖第均为致意。

衡山手泐　七月初十日

为朱竹石治目之医，必甚高明，不知岳父之耳疾，渠能医治否？

七月初四省信云：俄约甚棘手，全权电云，据使臣照会，要以三事：一不使他国与知；一不令他国指使；一先定两国甘心之约，

---

① 母亲：潘德琬（1851～1917），号佩珩，江苏吴县人。

② 菊儿：沈钧儒长子，名谦（1895～1977），号汝兼，小名菊官或阿菊。

③ 挤糟：苏州一带方言。啰唆、吵闹等意。

方能议和。以上数语，乞告岳父大人为要。又另写了一条，可以之上呈也。

三

孟婵足下：

别来忽忽，不觉已将三月，记念万状，时刻欲寄书，而万绪千端，无从下笔，作而中止者屡矣。前寄弟辈信极详，想亦细阅之也。前得岳父大人书，知足下曾两至陆方石处诊视，现由以仁开膏滋药方服之，未知日内体次何如？头晕等患，均好全未？千万一切看开，保养身体，何日回家陪侍母亲大人。房间究搬出来否，远在五千里外，无从揣度，然甚以为念。家中日用窘极，兄本意原欲足下常住家中，庶几稍为热闹。现在如此情形，省钱、侍奉两层，竟不能兼顾。即多住岳父母处，亦甚好，但岳父大人目下馆况，并不见佳。女儿在家，未免费些，远怀甚为不安。弟辈知曾向岳父大人处借过廿元，年内实不能还，尚望代言禀及。后家中又来商，知经回复。兄深知两家情形，断无有而不借之理，感激总是一样。以后家中实在窘迫之时，尚求足下代为暂移，至叩至叩。所刻方子，须钱若干？家中来信，未经提及，未知足下曾付过多少。尚短多少，望告弟辈示我。此刻虽不能措寄，亦可预为设法，至盼至盼。长生库中之物，如须加利，望求岳母大人设法，即此物奉献了，亦无不可也。兄在此，每月二十两总有，与大哥两人共四十两，仍不够家中之用，现议十一叔每月先为填寄八十元，俟出棚后，看一年两人究有若干，再行扣算。另外，每月每人月费两千，兄与大哥已将月费十二千，助入此间赈款。明年每月，两人共止一千矣。好在如有做衣买物等事，可开在十一叔账上。前曾禀请母亲大人分给足下月费四元，万不够用，如何如何。须俟三四弟[1]均有事，方可多分也。现在粗做已用成未？两儿想乖，杏官不挤糟否？菊官虽不聪明，尚有刚直之气，无大不好，千万勿委屈他，惟不可任其打人骂人。周家不可多去。在娘舅家，万事要让荣弟弟[2]。粥饭要吃得热，至要至要。明年王先生究在吾家否？此间尚未知之，但足下归宁时多，自教亦甚好。想均为之解说，当无间断。每日现认几字，甚念之。足下乌膏吃肉法试过否？一日中能有空时否？闲来作何针线？有暇写字、摊膏药否？兄此行太觉匆匆，又值足下抱恙未愈，颇自悔恨。故到沪后，初六先动身。与其在沪担（耽）搁，不如在家担（耽）搁矣，足下亦知我意耶。到此后甚健。清晨念经两遍，临睡打八段锦吃海参。日间看书，亦有一定工课。胃口甚好。十一点余睡，八点起来。房中不用炭盆。因怕牙齿痛，中间生一个炭盆，炖海参等均于此，甚便。大家均睡板坑，夜用烫婆子。阅卷朋友陶月波，与兄甚契合。兄正月拟往从此间屠山长学算，署屋甚好，上房天井，有岳父大人处大厅天井六个大，甚宜散步也。余前寄弟辈信已详，不复再及。外间竟一物没得买，皮货因荒年亦不便宜。本拟买白狐皮统及鹿茸送寿礼，现须到明年六七月时再看

---

① 三弟：炳儒（1876～1958），号蔚文。后面信中提及的“蔚弟”，“蔚叔”。四弟：恺儒（1877～？），号元甫。

② 荣弟弟：沈谦表弟。

矣。书弟肯习小楷，可望进学，亦须送一分礼也。家中搬屋，不知何时？如其能搬，箱橱中物，千万留心为要。岳父大人月前曾跌一跤，日来与岳母大人慈体想均安好。保哥、福弟皆来，年下热闹之至矣。临颖惘然，拉杂书此，聊慰足下相念之意。胸中尚有千万语，既无头绪，亦不复能详也，奈何奈何。匆匆即问近好。

两儿并念。归宁时　岳父母大人以次为我请安致意。

十二月廿六日　衡山手泐

此信到家想在元宵后矣！

四

夫人阁下：

初二日得新春初十日手书，写满两笺，至为详细，欣慰不可言喻。所寄岳父处衣服各件，均为偷儿携去，真是闷事。本无甚物，又逢此厄，费钱费事，如何是了。惟打人求物，亦觉不忍，倘设法追不到，亦只好听其自然，不必再加催问，吾妹想有同心。岳父来谕云有珠皮马褂等件，兄似无珠皮马褂也，夹单各衣，转盼要用，兹向晋藩又借得五十元汇去，仍由五弟①付来，即望收

① 五弟：沈钧儒之弟彬儒（1879～1903），号质臣。

入，斟酌用之为要。孩辈读书，非到学堂不可。已函请仲仁[1]兄及五弟，打听何处最好，再行与妹商定。千万勿以孩辈出外为虑。仲兄五弟，切恳之，想必可为我尽心。兄近体甚健，心欲归而身不能归，每逢夜静，或独坐，愁绪万端，乱如春草，非妹不能知我心，亦非妹不能解我愁也。菊官遗溺与否？及与杏官各长若干，下次寄信务必告我知之为盼！要买羔皮珍珠毛等，当于冬间归时带回不误。灯下草草泐颂　近好。儿辈并念。

二月初六日　兄钧顿首

岳父母大人慈前请安

五

孟婵阁下：

前月十二寄一信，并洋五十元，由五弟转交，想已收到。本月初四接正月廿九日手书，详细已极，恍如面谈，欣快不可言喻，然相念益甚矣。搬家沪上之说，本已作罢，种种为难，兄亦知之。菊、杏入学费，日来思之，亦多未安，且家中已有先生，只好俟归来再说，已函告五弟矣。省俭最难，家信上兄亦不敢多说，真无可如何也。菊杏现在应读何书，务必请教岳父或仲仁大哥，千万勿令白费精神，至要至要。兄近体甚健，归期虽尚有半年，亦倏

---

[1] 仲仁：张一麐（1867～1943），沈钧儒岳父张廷骧之侄，字仲仁，号公绂、民佣，江苏吴县人，光绪十一年举人。著名爱国人士，曾任徐世昌内阁教育总长，国民参政员。“八·一三”事变后，组织“老子军”，号召全国老人参军与侵华日军决一死战，由此轰动全国。

忽之间耳。惟祝彼此保重。草草泐此即候　近好。儿辈并念。

三月十七日　钧儒手布

兄託　岳父买书两种，信到望即以两元上呈，至要至要！

上海有女学报，望阁下购阅之。一年大约亦花不了多钱，而可以增许多见解。其报好否，可再一请教岳父，至要至要！

六

三、四弟同览：

月之初四，曾肃寄母亲一禀，并卷子履历等，由臬署转送，计必无误。旋于前晚接到四弟前月十三日五十三号手书，欣悉一切。慈躬安健，尤为敬慰。三弟所告，自早霍然。丁处之馆，是否即松江府署？岁可得六七百金，甚优，未知果能成否？端信一层又何如？四弟冬防差，度必得，然太辛苦，千万保重，勿稍忍饥耐寒。可买一外国斗蓬（篷），夜出用之，以御风露，至要至要！家中各事，无刻不念。而昨得平定来电，知朱学台于初十日始过彼处，计平定到此，尚有廿八站，一千八百余里，加站赶走，抵原亦须在下月初矣。其势兄等抵沪，竟非迟至腊月初六七不能，诚可恨也。梅家巷之屋，如此价廉，真是便宜，不可不趁此一搬，但未知实哥已行否？搬费是否向四伯伯暂移？现似无存款。念极念极。屋经母亲看过，又与四伯伯寓相近，良为可取。四弟因需次省垣，移住顾宅，亦甚安协。惟兄归来，拟暂不谋馆，在家自课，以为明春会试地步。三年出外，正喜可以日侍膝前，务不能令嫂氏独挈侄辈，往依岳家也。如寓屋真挤不下，或于四伯伯处,商量分租一椽,亦无不可。务乞弟辈代为一筹。以上各语,系指搬屋已成而言。如其实哥不行,此议作罢,则十一叔到沪时,最好不拘弟辈何人,侍奉母亲一行。既与叔婶觉得亲热,兄等到沪,亦可暂不来苏。俟过喜事,随母亲同归,船上亦觉有趣。好在十一叔处喜事,上海熟人不多,母亲即来,封筒等所费,亦必无几,尚望禀商酌定。十一叔归时,沿途多发电报,何日确可抵申,只要届时一问四伯伯,必有确音也。家中失窃,由后门不谨所致,幸所失尚不甚多。后门本太不兴,现在是否在门上加钉板壁以为防维之计?此屋殆真非搬不可矣。仰莲舅舅去世,阅之伤感。六舅多病,弟辈常见否?务必为兄等代言请安。兄等意中时时想还之款,如太仓张六舅孙膺甫丁夔生诸处,已有四五百元,如何得了。明年冬间,只为父亲及三弟妇与五弟办葬。兄明春会试,亦得二百金,不知何法过去。惟有竭力合作,冀运气之或来而已。寄去履历,凡有阙疑之处,未知均已打听清楚否?昨四伯伯信来,言十二公公云申叔名下"辛卯乡试荐卷"六字,望刻入。既如此,则六公公之乡试六次荐卷、七公公之乙卯戊午乡试荐卷、四伯伯之丙子乡试堂备、留安叔之乙酉乡试荐卷,并望弟辈代为一一添入。官卷不能中魁,在省所发之电,止有钧中叩贺四字,并无名次。何以来信有"中魁"云云?第十九名有官元之目已是登峰造极。兄来此三载,外间颇负虚名,不至塌台①,实属万分侥幸,何敢更作妄想。但以家运而论,则非明年连捷,不可谓有转机,真是难煞。读书作文,势已不及,归来当勤习小楷耳。

① 塌台:苏州一带方言。丢脸之意。

亲供可俟明春到汴补填，尽不要紧。姪辈先生，明年想必不联，且俟兄等归来再说。十一叔有三四千金亏空，现已设法弥补。大约下月初间，一俟新任到来，交代清楚，即行起身，路上最快亦须走廿五六天也。大哥及兄身子近均甚健。兄前日与张君密臣，同拍坐立两照。拍手系初学，故晒得不甚好，兹以寄去，乞上呈母亲览之，此心如先到家矣。仲朴①三弟喜事时，如四弟亦能抽身来沪一行，则兄弟较多，同拍一照，亦是妙事。五弟春间曾寄示课作数篇，兄大加贬词，今番晋蕃兄在省，为言五弟得之，心甚忧奋，格外用工，令我感伤不已。灯下草草泐此，无事不再作书矣。皮袍套在此仅做了一付，到沪喜事时，尚不够用。弟辈来时，可否代兄向书弟暂假一用，不拘何皮，书弟如有朝珠，能一并借用尤感。至要至要。敬颂双祉。上叩　母亲大人慈安。大嫂以次均此。

兄期钧儒顿首　十月十三日夜三更

大哥命笔如上，忙极不作书。

此间初十前曾下雪四日，近虽融尽而天气极冷，写字一切均笑懒惰也。

---

① 仲朴：沈钧儒叔父沈卫的次子，名沈孝儒，字嘐士，号仲朴。

赴日留学期间

(1905~1908)

1904年夏,沈钧儒考中进士,被签分刑部贵州司主事。当他看到日本在明治维新后日益富强,毅然放弃官位申请赴日留学,寻求救国出路。1905年10月至1908年4月,沈钧儒东渡日本,在东京私立法政大学求学。在日本期间,除了勤攻课业,沈钧儒还努力钻研日本宪政运动史,参加了杨度、熊范舆等创立的宪政讲习会,开展立宪运动。同时, 他与在东京的浙江革命党人章炳麟等也有来往。1907年秋,沈钧儒与熊范舆等人领衔回国向清廷请愿速设民选议院,虽无结果,但成为日后国内各省掀起国会请愿运动的先导。

七

夫人足下：

前日作别，怅极无言。昨晚始到上海，初六无船，须十一方有，初十夜上船，一切较可从容，决计在此改装矣。杏官日来想又好些。吾妹胃口如何，夜睡安否？均念！今日寄来各物收到，尚要春纱长衫一件，实地纱套裤一双，可询四弟。如草帽未寄，可同寄为要。菊官字纸篓为我焚去否？璧臣舅扇及汪伯云扇，望妹收好，勿送还为要。榴官[①]有摺扇一把，在福建信之考篮内，便中取出，还之为要。床上帖合盘，已破坏不可收拾，其中八字等，母亲云已嘱大嫂代为藏好矣。家中兄常用之花磁面盆，现为母亲携来上海。兄在此一切小心，断不多走路，多写字，请放心为盼。杏由花帖子，能勿还否？此事兄具有苦心，具有权术，千万谅之。现在世界作事，有不能不从权者。兄将来与人酬应，此类事能保不再有乎？妹知我心，千万勿还。兄不肯瞒妹作事，并望妹相与有成。至叩至感！今日稍觉吃力不再作字。

岳父母大人前乞代请安。辞行单亦明日寄去。此泐

---

① 榴官:沈钧儒的长兄保儒的长子，名沈诰，小名榴，号舜孟。

敬颂夫人日安。

钧儒顿首　初五日

八

四弟如晤：

昨别甚怅，未知吾弟到阊门，大家船已摇到否？何时回寓？兰侄[①]醒来，幸渠尚无知，否则寂寞欲啼矣。昨夜舟中甚暖，到沪天尚未明，兄先与榴侄二人上岸，随后马车往迎，母亲以次即住楼下书房中也。大哥已有信到，汇银仅六十两，另有信致十一叔求垫，顷云宾、彦云毛俊臣[②]陕人亦到东洋去者，即约同行等陆续来此，尚未暇详及如何轮船火车两项计算，至少须得八十番，现拟凑得此数，即在此间交与云宾，以后一切即全托之，似较妥协，大哥来信除搬场外无别语，途中情形叙得甚详，故留备母亲阅用，兹不寄上。云宾云，十二晚上有船，然不能准定，或迟至十三开亦未可知。赴日本船，则十五有法公司船，十六有三菱公司船，皆可趁（乘）。今日亦有一船，良臣[③]恐亦即在此船上，兄夜间拟到虹口往此船即三菱公司一寻，如三菱公司船尚好，十六即拟趁（乘）之。可较法公司省钱十四块，亦是好的。余再及。此渤

---

① 兰侄：沈钧儒四弟恺儒的长子，名沈谊，小名兰，号祉宜。

② 毛俊臣：扬州人，久居关中。潜心于经籍、金石考据，为近代著名学者，经学家。毛俊臣亦是于右任的老师。

③ 良臣：陆光熙，浙江绍兴人，与沈钧儒是甲辰科同年，又与沈钧儒同时赴日本留学。

敬颂俪安。

大家行后署中不免寂寞。嫂氏是在今日往镇抚司前,兰侄昨夜想好睡,念甚。陆阿姐如来寻,弟务必为之设法再新来。有饭单一块忘却在中间桌椅上云,望阿苓为收好,渠回苏要来取也。此间婶母卧病五日身热还痛,尚未退净,请张聋彭诊治。十一叔寒热三日已愈,尚在服药。三弟妇今日与石笙同行归宁,此信即托其带送。仲朴弟以婶母病,故未同行也。

兄钧儒顿首　初十未刻

四伯伯亦病,闻已渐好。

此信便送嫂氏一看,禾分已由此间封寄一元,弟兄四人具名,另加贺柬一纸。

九

夫人阁下:

连接两信,喜如晤面,快极快极!因未定动身日期,故未即复,想蒙吾妹记念矣。日来妹及两儿想均大健,时在念中。妹经期不准不畅。益母膏单上,均有吃法,可细细一看。至要至要。兹将各事列后。以清眉目。

一、兄定今晚上船,趁(乘)大阪公司船,名叫海而笛,坐其三等舱，每人十元。同行者尚有钱自严[①]之甥，姓任号淮源[②]，十八岁，共四人，路上可不寂寞。四日到神户起岸，十九必抵东京。

一、此番到申后，身子甚健。曾拜道台，登在报上，知之者皆来送行，故亦甚忙。曾与鸣弟看丹桂戏一次，马戏一次，坐吴淞火车一次，其余玩事皆未暇及。鸣弟曾吃番饭两次，顾缉庭严俊叔请的，兄未去。十一叔请鸣弟，鸣弟亦未去。此次同行，鸣弟甚听我话，兄亦老气横冬（秋），惟早起渠竟不甚惯，无可如何。到东后，幸渠亦不能不早起矣。今日上船即须改装，兄头发后面又剃去一尖角。鸣弟自己剪勿告他人，修去一半竟不放心教剃头弄，云恐其偷，兄笑之。

一、彦云告我云，苏州初等小学好极，在颜夫子庙者，尤其最佳。兄因去镇抚司前甚近，意欲叫菊官去，其中足额四十已满，彦云云，如菊去，可通融，请托蕴哥一打听。进去每月须钱否？教习据云最好。定后即由蕴哥函告彦云可也。彦云日来在沪，二十边[③]回苏。菊官如去，须开明中文读至何书，地理问答讲至何处，英文曾读何书，算学曾习加减乘除，至要！

一、三日来天又奇热，闷得了不得，此次大风，宝山伤人几千。上海货色房屋岸路所失不止百万，可谓钜灾。

---

① 钱自严：名崇威（1870～1969），字自严、慈严，江苏吴江人。光绪三十年中进士，殿试入翰林。次年赴日学法律。民国初年任江苏省高等检察所检察长、上海市律师公会主席等。著名书法家、诗人。1954 年任江苏省文史馆长。

② 任淮源：钱自严的外甥。

③ 边：苏州一带方言。近之意，二十边，即近二十日。

一、每月之十五元，兄已函托四弟，四弟信云必当照办。节前嘱四弟送去十元，未知送去否？至以为念。加兴寄亲妈七八两月，已由此间寄出，九月起妹寄可也，无须写信，只要写信封，照此。内洋两元送嘉兴南门帮岸沈六老太爷收下即乞转交沈二老太太安启。

一、儿辈要买各物，兄无此闲钱，望告以到东洋再买，必较上海的好也。儿辈最不可与女婢说玩话，及骂人，吃东西第一勿许自己作主，走路见人，要有规矩。

一、辞行单另开，吴帖未还。妙极！感极！

一、由母亲带回各物，照开如下：厚棉被一条，被囊一个，因在此买得软包故无须此矣，衣袋一个，内夹被一条，棉袄一件，夹袄一件，青布长衫一件，粗布短衬裤一付，纺绸套裤一双，枕衣一个，兄之两个均在外国大皮包内，破短衫一件，寄在鸣弟考篮内者，圆镜子一面，买来妹可用，止小洋八角也，扇子一把，扇面一页，类腋一部，望均归好，体操图说两本，给菊官，漱口锡盂一套。以上各物，均望查入为要。寄来纱长衫套裤，带到东洋矣，归来均要用也。

一、岳母近来何如？敬念之至，望为请安。二少奶奶寄鸣弟信，未知如何写法，千万勿以苦语告鸣弟方好。母亲大约二十后归家。兄之眼镜，望告蕴哥仍寄十一叔处觅便。常熟人可恶已极，此仆不可再用，大约母亲回家，即须歇脱[1]。余俟到东再详。此行千里，小别一年，怅极怅极！

---

① 歇脱：苏州一带方言。解雇之意。

兄钧儒　十三日早

外画四套，请以两套给杏，东京名胜一套给菊，一给荣官，可笑之至。菊要用英文书，不必多买，以后如真要用，妹以钱交四弟，寄申买之可也。

十

孟婵足下：

别来甚念，匆匆竟未暇寄书。前日得来示，前日五叔叔带送洋十五元，呢帽一顶，想已收到。欣悉一一。是日大观看戏回家，竟走上岸，不觉吃力否？四弟信来故知之，甚念之！兄前日寄四弟信，有母亲大人动身情形，想必送来阅之。兄与次乾今日午后五点准开船。德公司船，三等舱每人十五元，闻甚舒服，到神户上岸，必即先寄一信，以慰吾妹悬盼之意。余事条列如后：

一、小学堂如此情形，菊儿不令去甚是。惟达之明年究竟如何？渠曾告四弟云，并无他就之意。顷已函嘱四弟，便再询一确实，如达之愿就，不知岳父意下何如也。

一、昨得青岛电，（上海图南里沈到安）夜十点三刻送来，母亲以次今日可安抵省寓矣，欣快之至！

一、每月寄用款十五元，又还杨妪十元，共二十五元，已托仲朴三弟按月迳寄岳父处。寄到无须回信，付一收条为要。杨妪款本洋五十元，利每月乙元，付至何月，渠自有折。徐妪款本洋三十元，利每月三角，付至卅一年七月初一日止，以后还去十元，利少两角，扣出为要。如何情形，随后妹自禀闻母亲可也。

一、兰侄剃头时，曾借徐妈八角，系四弟代还，能还四弟最好。十一叔处新弟弟廿一剃头，随便寄些物件，不必讲究便可。

一、嘉兴寄祖母月费，兄寄至六月，现在不必补寄，仍从本月起，按月两元，写明七月分可也，到年底再併寄不迟。

一、妹看书千万不可自诿，多看自明，多问自知。兹又购得家庭感情教育两本，极有意思，能细看之，得益不浅。

一、岳父处需还之款，如先生绸缎等，年底必设法归楚。

一、儿辈不许做不经着①衣裳，吃点心等不许小人自己作主，不许骂人，夜睡头必要放在枕上，衣裳须自摺好，将来出门，便当②多多。起来必令其自将头发攞好，勿许披在面前。此皆从前父亲以之训兄等者，勿使改此样子，兄亦感谢吾妹也。长生果及油灼米粉各物，妹与儿辈均不宜多吃。儿辈见客，必令著长衣。言之琐琐，自觉可笑，幸勿责我也。

一、四弟要棉袍套及对襟棉马褂，已否送去？

一、留出之卫生裤，大可穿之。上海有红皮底圆头蒲鞋面女鞋，甚好看，头上拉锁子，妹如欲购，将脚寸写出，交与三弟妇带申二十前来申，仲朴弟自接头也，大约一元二角一双。

一、立弟彦云处已讬到，望于无人时告之为要！

一、鸣弟寄回发财票一条，尚未对过。又棉马甲一件，夹马褂一件，夹衫一件。

一、兄寄回书两册，夹马褂一件，夹衫一件，棉马甲一件，夹

---

① 经着：苏州一带方言。着，念作 zɑ，即穿之意；经着，即耐穿、不易穿破之意。

② 便当：苏州一带方言。方便、容易之意。

袄一件，夹套裤一双，单裤两条，短衫一件，均望察入为要！

饭后即上船，到东再详一切。率此敬颂近佳。两儿并念。

兄钧儒顿首　十六日午刻

十一

夫人清览：

昨日接来信，并儿辈贺帖，欣悉一切。兄至今未行，实所不料。日本未尝无船，惟无不及德公司法公司船之大。兄最怕遇风呕吐，船大究竟好得多，故决计趁（乘）下礼拜之法公司船。次弟欣然而归。兄不能作跟班，怅极怅极！一切细情，可询次弟，自知其详。兄身体大好，此最可喜。母亲大人山东之行，年内或可成功，并以附阅。此次贺节贴，岳父母大人前竟忘未寄，实属荒谬，奈何！中秋十元未送去，四弟来信竟不告我，复信却云以后一切当照办，奇甚奇甚。四弟何如是耶。倘母亲至山东后，每月十五元，兄拟请十一叔迳寄镇抚司前矣。次弟匆匆即行，不及多写。带去镜一面较次弟者大一圈而价仅多出一角，偶然便宜生平所未有也。书两册。敬颂近祉，不一，儿辈并吉。

兄钧顿首　十七申刻

四弟处匆匆不寄信，望将一条送去为要！

十二

一、兄十月初二与鸣弟同进法政大学，每日工课必忙，七日一休息。或温习，或出外游玩，亦不可少。每月或寄两信，或寄一信，千万勿盼望，勿责备，至要至要！此信即第一号。

一、寄去写好信封三个。旅馆或搬动，故不可寄。外国无称号者，故信封上不可写衡山，亦无人知之也。来信浆要粘得到家，不可太厚，邮票三分，不能短一分，收信者有罚。

一、枣开视生虫，已弃去，延寿丸仍日日服之，早晨并吃牛乳，此间食物，如熏鱼酱鸡等，皆有，价亦不贵，带来许多，殊属无谓。街上中国菜馆有四五处，昨去吃过，如虾仁二钱五，醋鱼二钱，余物皆不贵，面点心俱全，然不愿多吃，不愿化钱于此等处也。

一、此间有钱五分，即可存行，五分即五十文也。兄昨领得全年学费日金四百元，即存田中银行，以三百元长存，一百元活用。鸣弟亦存一百三十元。鸣弟用款实在不敷，中国洋钱三百，不可再少矣，奈何！

一、十六夜七点上德公司船。三等每人十五元，酒钱一元。船大极。初上船，言语不通，寻三等舱，真是要命，出洋而不能说英话，只算三岁小孩，只算不曾生嘴。三等亦有房间，铁床上下两格，有被有褥有枕，有面盆架。吃饭另有大餐间，每日八点十二点三点六点共四顿，皆面包牛肉番芋大豆青菜咖啡等，亦有米饭，尚可口，使唤皆德国人。夜间到处电灯。十七一早开行，十八午后四点抵长崎，雨不能上岸，二十夜八点抵神户，廿一早上岸，住萨摩旅馆，是日寄明信片。剃头洗浴，极适意①。廿二因他人有事，夜十点始上火车。二等每人七元二角三分，行李准带六

---

① 适意：苏州一带方言。舒服、爽快之意。

十斤，再多每斤加费三分。是日人少，居然可睡。廿三午后六点抵东京，住三崎馆。车上一路风景极佳，穿穴山洞十余处，并望见富士山，日本最高之山一万二千尺。廿四寻朋友，寻客店日本名“下宿”。最后到凤阳馆，看定第二层楼，与次乾同住一间。每人每月九元，茶饭洗浴一切在内。兄吃牛乳，另加一元。房东中国人，每顿有鱼肉，味尚可口。使女做事亦尚周到，惟屋系沿街不甚静。廿五搬往。午后与云抟出买桌椅二元八，小书架一元一，茶盘等。鸣弟亦备一付。廿六到公使馆。廿七未出门，即今日也。

写信甚多，欲睡矣，余俟再及。此颂近佳。

中历九月二十七夜九点　兄钧儒顿首

菊、杏好

日本东京麹町区富士见町六丁目法政大学事务所沈钧儒様

日本东京神田区三崎町三丁目一番地凤阳馆壹番沈钧儒様

十三

孟婵如面：

不寄信者几一月余矣，一则事冗，一则恃妹之必能我谅，以至如此。然忽忽竟不自觉为时太久，未知劳妹几许思想矣。此后当隔两礼拜，无论如何，必寄妹一书，以赎我罪，以慰妹情。然万语千言，祇增惆怅，为之奈何！前月十八接第一号手书，今月初三接第二号手书，再三阅之，几不能释手。甚矣！我两人之苦情也。明岁一节，必力成之，否则诚无以对我可爱可感之妹妹矣。自去岁以来，我心中之感慨甚多，妹止见我之于家中者耳，其他于世界，于一身者，则妹不知也。夏间在家，时相争论者，皆系妹以言激我，因急欲辩明所致，其实正欲使我两人之心意不隔也。来书云我在外，可省此种烦恼，何不谅我耶，如在家，又要争论矣，一笑。第二号信封，写得好极，可喜之至。近来文理，亦胜于前。母亲大哥来信，均赞菊官字好，云像三弟，我知之实在快甚，皆妹督教之效也。妹管小孩，趁此亦可自家看书，最妙之事。达之到安徽，我最料到，曹先生亦好。但菊官英文如何弄法，四弟处太远，我思之不得妙法，踌躇之至，可与四弟商量，不知近处有教英文者否？杏官身体想好。此孩好写字，可诱其写字，或瞎画花亦好。写至此，又想著小人二事，一粉食点心，有损无益，千万勿令多吃，勿令常吃，一弄火千万不可用脚去踏。我还记得杏官烧坏小妹妹镜子时，脚底踏得滚热，可怕之至。卯官[①]近来如何有趣了，时亦念之！母亲来信，盛言大嫂之不会教导小孩，又说大嫂脾气之不高明，并无一语说妹，大约苏信意亦如此，吾妹千万勿以自疑。妹之心，岂独我一人说好耶。母亲来信，深望榴菊两人早日发达，而以四弟伉俪之不和，又甚念兰官，欲妹常去看视。吾妹千万勿怕难为情，暇时写一信与母亲为要。杨妪之款，四弟来信，皆云由渠还，如此亦好。以后杨妪如来，即令其往四弟处可也。妹曾付利两元，可即划作阊门局钱。兄寄四弟信，当与说明。天气渐冷，妹衣服等等，思之竟一筹莫展。小妹妹皮袄尚未还，为之奈何耶！上海每月寄款，我已寄函十一叔，恳必

① 卯官:沈钧儒夫人张象徵大弟弟的儿子，名张贤达，号孝通，小名卯官。

于每月初十前寄苏，想必可以如愿也。兄印结余钱，皆存十一叔处。山东每月寄止二十五元。前信云云，其意盖谓寄呈母亲，非是帮助大哥家用耳，其实可笑之至。昨闻朱劼丞[①]云，下半年印结太不兴，十月分止二十两，果然又将奈何，令人闷闷。吾妹爱我之心，我自知之，有语尽管直写，兄断无不谓然也。岳母近体何如？敬念之至。上次大发，究竟因何而起？令人驰系不已！吾妹体次，千万深自珍养。做袄袜等，不可太夜深，至要至要！母亲棉鞋做好后，想系寄由上海觅便。妹放足近到如何地步，念念！二叔处道喜帖子，已由此间迳寄福建，送分一节，极难。妹拟做些绣货，甚好。即如此办法可也。此间天气，正二月即中国之二三月至三月之间极冷，过于苏州。次弟厚棉被未带，渠甚悔之。尤家妹夫出来时，可否讬其一带。如渠一时不动身，亦不要紧也。珍珠一说，恐系不确。兹将兄在此每日大概情形及近日天气，略叙于下。每日六点至七点前后必起，打叠被褥，出恭，洗面，吃首乌丹，少停，吃牛乳一大杯，面包四块，到学堂。不到学堂则作他事，无定。午饭四碗，不过中国两碗，小菜两碟，一荤，多鱼，鸣弟不吃鱼故他吃肉之时多，一素，或汤，另一小碟，多盐菜等。午后有课则到学堂。六点后夜饭，与午饭同。饭后专习日语。十点，打八段锦，吃生莲子，摊铺盖睡觉。日间穿卫生衫，小棉袄，外罩外国服在寓中则穿棉袍子。夜间盖薄的棉被两条，及绒毯，不盖他物，近数日如此。此间伏(服)伺的各下女，尚周到。洗衣服拿出去洗，异常干净，中国所未有。兄来此后，洗过

---

① 皆为沈钧儒在日本留学时的同学。

四回澡，游玩却没有到过几处，止游过三个公园。一叫上野，多树木，有油画院，极好看，中画的系日俄攻守旅顺情形，天光日色，人影炮烟，无不逼真。一叫浅草，有水族馆，中畜各种水内动物，奇奇怪怪，皆系活的，甚为有趣，有泥人景物，与蜡人大致相仿，有图画馆，画轴极多可爱。一叫日比谷，长林茸草，散步极佳。至于平日所见，则街市间往来者，男女大小，以学生为最多也。兄朋友、戚属中有潘子欣舅舅舅妈亦在此学养蚕，来此已两年有余砚生表兄王晓涵[①]及云抟[②]四人，同年中有良臣兄弟自严鲁珍[③]劫丞数人，其余同乡颇復不少。然不敢多与往来，既多费，又妨工课也。次弟竟不甚用功，兄时时苦口相劝，盖其在家，于用功两字，未经习惯，故不能耐苦。纸烟亦不能不吃，此甚费也。然妹千万勿告一人，至要至要！盖次弟之不能用功，由于不知用功方法，非不肯也。日本最洁净，次弟糟而懒，兄实在看不过，时时规劝，近稍好些矣。兄前日拍一照，须半月后方能取得，当再寄妹。兄在此，一切自当小心。工课虽忙，其中却有味道。蕴之处未寄一书，甚为抱歉，务为我致意。纪堂处，亦须令菊官说到。立弟近如何？倘要出洋，必须格外用功于英文，即平时饮食，及衣服随意乱放等习气，均须改去方妙也。三弟常通信。韩使已撤，未知无害否？寄我晶章一方，可爱之至，并云正月间须来看我也。抽暇写此，吾妹阅之。如与我并坐握手而谈心矣。千里

---

① 皆为沈钧儒在日本留学时的同学。

② 皆为沈钧儒在日本留学时的同学。

③ 皆为沈钧儒在日本留学时的同学。

不远，诸惟珍重。菊、杏读书写字，务须用心，然最要令其活泼，不可看得出有用功样子，使小人脑筋生病。闻次弟夫人腊月归家，我信千万勿为所见也。

兄钧儒顿首　十一月初五日午后

外信封两个。

此信千万焚去为要！

十四

孟婵如晤：

昨寄一信，想达。刻接三十日手示，诵悉一是。来东之事，岳父来谕已允，“小女既属君家，欲其何之，愚断无阻止之理。”何以妹信又云，“其势不能如愿，止好作为罢论。务望来书勿再提及。”似乎妹亦不愿来矣，奇甚奇甚！前次岳父来谕，有云“小女无不勉从，此即其有德处。”似乎欲相偕来东全出于兄一人之意思，吾妹实是勉强俯从。若是如此，我真可谓多事矣，不讲情理矣。但妹意固是何如乎？何以兄喋喋言之，而吾妹则竟做旁观，仿佛真像兄要勉强妹来者耶。长者教训，兄自能受，况爱我如岳父，岂忍以言语相抵触，但前次来谕，并非教训，乃是嘲笑，故不能不辩白以求原谅。倘仍不能见谅，以后去禀恐仍不免犯冒，宁可骂我百灵，不能默默作哑子作糊涂虫也。前次岳父来谕云，“夫妇之情，正以相隔虽远，永久不渝，乃见为真。岂可以不能携手而减。”兄复函辩云，“长者但问小姐，彼亦可深信婿非此等人。”今来示亦云，“来书语气疏极。”阅之为之叹息。然则兄与吾妹真疏极者也，既是疏极，又要假意欲同来东，触怒岳父，得百灵之骂以为有趣，兄真不足取之人也，否则亦天下第一等憨（戆）大[1]者矣。然而我果如是者乎？谅吾妹亦自知之。但何以说我疏极耶。来东之意，是我两人合成，妹何以竟无一言，岳母之思念固矣，但如其北行，岂不是一样要相念。北行则可，东行则不可，真无理可说也。至吾妹实不宜再住母家。"家中均是两位姑太太做主"之语，蒋家九弟亦知之，前日谈及，兄力辩其为不实不尽之事，九弟亦云深知之，且极言来东后于此层亦有益，犯不着处此嫌疑之地。又吾妹不能常往四弟处，母亲亦屡以为言，兄虽婉转解释，然终是受累之事也。否则兄在此间，经济之窘，如何形状，次弟当能言之，何必一定要妹同来，自寻烦恼。兄之所以如此得罪岳父，情愿亏空，一切不愿者，实以（一）则来东之意，确是出于我两人意思，毫不勉强。（二）则吾妹实不宜再久居母家。（三）来东后确有许多好处也。今妹乃说我疏极，又云衹好作为罢论，是旁人看来，全是兄一人胡闹。岳父母更不必说，我说了许多，徒然得罪岳父，得了一个百灵别号，真是可笑！真是可叹！不能不谢谢吾好妹妹也。兄除了自己一身之外，以后不敢一毫作主。菊归否，专俟吾妹来函决定。杏牙痏自有吾妹作主，日来想已大愈，兄亦不念。惟求家中大家亦勿念我，让我在海外自由自在，无思无虑，做一翔飞天外之百灵，则我乃大乐矣。此复敬颂孟婵近祉。不尽欲言。

兄钧儒顿首　初七日

---

① 憨（戆）大：苏州一带方言。傻瓜之意。

十五

孟婵如晤：

连接三四号手书，并棉袜两双，欣慰之至。夜眠何以如此之迟，千万不可，即岳父母如此，亦非所宜也。两孩顽皮且书生，闻之最为烦闷，兄现在只好不管，无论如何，夏间必挈之同来日本，方为妥当。岳父来谕云，妹喜看书，有时且能摘抄，闻之不觉喜甚。未知何日到四弟处，兄颇不愿妹早往，因住岳母处，究竟热闹有兴些。此次过年之寂寞，实为从来所未有，阅来信为之黯然。陈伯申带去四十元，未知何日带到？兄在外自有生发，妹可勿管。未知上海又续有寄来者否？念甚！兄体甚健，风潮已平，明日即可上课，一切小心，务望勿念。鸣弟用功终不见得，眠食亦多不惯，思家之心太切，似颇闷郁。渠处处瞒我，而他人有告我者，兄只装不知，不过望其渐渐习惯，得以学成，可上付岳父之期望耳。妹亦勿告一人，至要至要！寄鸣弟信千万勿提，鸣弟如知兄说他，以后便难相劝矣。岳父母鸣弟夫人千万勿告知，至要至要。鸣弟寄立弟信并小照，究到否？立弟无复，鸣弟实在记念已极矣。女仆做事尚可，切勿多换为要。妹脚已放至如何样式，能于信中寄一大小尺寸来否，因拟购皮靴，如无合式者，可定做也。草草泐此，不尽欲言。敬颂　日佳。并贺新喜。

兄钧儒顿首　二十日夜八点　五号

此信甚略，因明早到学堂，须早睡，容再详及。

十六

孟婵如晤：

前月廿三寄七号信，想到。昨接十八日手书，欣悉一一。岳母大人慈躬稍好，尤为深慰。至夏间同行之说，兄已决定，前次去信，所以与妹商量者，不过因禀明一层，还是预先的好，还是临时的好，兄一时委决不下耳。来书云禀明再定，则非兄之意矣。既如此岳母病体健复方敢启齿，目前自宜稍缓，稍迟当自将情形禀求岳父也。脚何以仍未放大，此非难事，又为兄深所属望者，妹何以不肯与我一心，阅信为之闷闷，务望赶紧再放，至叩至叩！至感至感！至来信云前写铁心两字，嘱我勿怪，亦为闷闷。我心中无论如何，总不得怪妹，妹竟不能知我也，可叹可叹！千里数行，何忍作敷衍之语，令人阅之真闷闷也。此次岳母病体不轻，次弟拟归。兄寄山东信，均写去。妹不能至四弟处情形，母亲皆知，岂能怪妹。又母亲在山东寂寞，何以是我辈之罪，来书云云，兄皆不解。我妹我妹，岂竟不能信我耶！兄头发确已翦去，实为便当起见。外国到学堂听讲时。及见客会食等，无戴帽子者，留辮实在难看，又常为人所笑，一切皆因之不便，故不得已而去之。翦下之发放好，此间有买假辮子者，极好，归时拟购，戴上竟看不出也。棉袄裤并非不要，实在不能穿，且此间实亦不冷。兄带来之皮袄，至今未穿。次弟现亦深知其弊，此次寄来之袜系白色，次弟不能穿，想渠已有信告其夫人矣。四十元兄正要用，已在次弟来款内划用，详岳父禀中。寄祖母款寄至何月，望记清楚，至要！兹带去我妹晶章一方，菊、杏、荣每人书包一个，又小照一张，能不为岳父见之否？亦在菊官书包内，又书画等各一件，皆有纸贴出写明。另帐夹一个，望给侍圆官，真真可笑已极。另有给菊官信一纸，不高兴写矣，望告之。兄此间学费，每年可有五百元，此层勿告一人为要！我妹与两儿来此，至多每月用至五十元，必无不够，而兄之舒服快乐，与妹同在一处，虽神仙无异矣。两儿亦有大益。稍迟寄山东信，亦当及之矣。灯下草草。泐颂贤妹近佳！

二月初三日　兄钧儒顿首　八号

兹将有告菊杏两儿者，写如下：第一要早起，第二听外公及母亲言语，第三英文算学勿怕难，第四与荣弟等勿许相骂，第五吃东西要学好样，不许拣精拣肥。此信到后，望令菊官写英文一段，算学一课，杏官写不拘何种歌诀一段，一同寄来，则我见之如见两儿矣。

十七

孟婵如晤：

八号信并照片等想早带到。日来苏州天气何如？吾妹是否已经穿棉？此间日来奇暖，已可着夹。兄眠起有时，三日一浴，体次颇健，惟相念之思，久而益切。前日手上偶伤木刺，无人能为我箝，使吾妹在此，则必无此苦。兄自庚子冬出门，至今奔走在外，思之可慨已极。欲思两全之道，惟有同妹出来，别无他法。吾妹如有踌躇之意，真无以慰我心也。日来未审岳母大人慈躬能否增健，至深敬念。至于此间用款，兄每年学费有五百余元，又印结内寄妹之百八十元，合之一年可有七百元。此间如潘子欣、马幼渔[①]等皆夫妇同来，询其每月用款，皆云至多五十，自可够用，即使不够，三弟必可助我。渠前借之百元，前日已寄还矣。兄所深盼者，尤在妹之放脚，至出洋一层，无论如何，母亲总可商量，即岳母亦断不能不放也。两儿书生，既已如此，止好搁开，但求从现在起所读之书，不至再生，便好。从前各书，有无用者，惟学记、曲礼礼记篇名，必须令两儿熟读已生亦要理。至要至要！菊官能早起否？少时习惯，大了难改，鸣弟亦坐此毛病也，务必痛戒菊官，至要至要！杏官喜欢写字，宜教之。第一食物勿令随意挑选，兄最恨此种也。吾妹何时睡觉？何时起来？有时看书否？甚念甚念。兄前照神气如何？翦辫子吾妹亦恨我否？母亲近有信来，均安好。余再及。即颂近祉。

兄钧儒顿首　二十四日　九号

江阴想有信来，回信请何人写？念之。

十八

孟婵贤妹如晤：

前月二十五日寄九号信，想达到。今日午后接八号手示，敬悉一切，甚慰远怀。岳母多病，不肯远离，自是妹之孝思。惟推之情理，殊觉难通，来示谓万难做到云云，阅之令人懊恼万分。

---

① 潘子欣、马幼渔：沈钧儒在日本留学时的同学。

如此办法，除非世上已无我之足迹方可，否则无论我至何处，妹自无不愿相随之理。至于女子既嫁，本已离诸父母之怀，即使思念过殷，亦不过岁时偶一归省耳。若既嫁而犹必日夕侍养于父母之左右，则天下凡做女婿者，苟欲稍尽夫妇之欢，必终身长住丈人家矣，有此理乎？总之此事于我之出洋不出洋，毫不相关，如进京，妹亦不去乎？岳母虽爱妹，愿妹长在膝前，亦必不欲兄之夫妇父子分离也。事难两全，为之一叹！吾妹欲自尽其心于父母，又可使两儿长离其父乎？无论如何，总之说不过去。岳母病体，调养自然渐愈，至于欲康健如前几年，则恐非药石所能奏功，即妹在家，亦復何益？老年精力渐衰，真无可如何之事也。如云妹独有孝思，则次弟将为忘其亲乎？同为子女，试问子当离其亲乎？抑女当离其亲乎？其事甚明。妹苟细细思之，亦自知其无以为解矣。

母亲谕读悉，言多过重，吾妹千万不必以此懊闷。近寄兄谕，多说大嫂处，却无一语及妹也。兄暑假归，岂能不来苏，妹真不愿见我耶，抑故意为此言以责我耶。兄何不幸而闻妹此言也。十一叔所寄五十元，吾妹尽管用，兄已寄信十一叔，请仍扣准按月十五之数，四月再寄十元与妹也。菊、杏字均有进境，英国字亦尚老洁，惟算有错处。杏官亦可读英文甚好，惟曲礼学记务必令其熟读为要。曹先生去，而先生仍旧颇好，亦是一样。菊、杏果能早起否？兄甚健，次弟亦好，惟均甚笨可怜。此泐即颂近祉。两儿知念父否？我甚念之。

兄钧顿首　初九日夜十点　十号

外附信封两箇。次弟前日曾得其夫人信云，岳母甚盼次弟此刻即归,暑假不归,倒也无妨云云。次弟为之闷闷终日。吾等在此间,非能自由,学堂有工课,朝夕碌碌,次弟质地又不好,如何可归?岳父期望如此之切,岳母思念又如此之切,真叫次弟欲归不敢归,不归苦我心也。做人之难可叹极矣。

十九

孟婵如晤:

初二接九号手示,欣悉一一。朱鲁珍兄动身,托其带去一小包,均破裤袜等,亦未及写信。中国短衫裤及袜等,穿在洋服里面,究不适意,现均购此间者用之,甚好,且便宜。妹处勿做,至要至要!吾妹想不责我也。前陈伯申来带药太多,用至明年,尚不能尽。同寓诸人,以为必有吃局①,兄示之以药,笑谓之曰:家中人惟望吾们身体康健耳,大家大笑。本拟交朱鲁珍带回首乌丸,因加味不同,岳父亦不能用而止。以后望勿如此。吾妹居家为难情形,兄所深知。现与二少奶奶同房,言语千万小心,至要至要!兄知其寄次弟信,有云大姊出去,可否设法令姊夫稍缓云云,如何可耶。岳母日健,下怀深慰。家宅不吉,兄不甚信。倘岳母一人搬至冯家,其势不能,大约二少奶奶同去,然岳父又更寂寞,亦非所宜。若大家同搬,何等费事,似无如此办法,吾妹千万勿出主意为要。女仆仍用徐妈亦好。寄祖母月费,今年寄过否?便中示知为盼。

---

① 吃局:苏州一带方言。即吃的东西、食物之意。

母亲来谕，要妹打听四弟近状，因即以来信云云禀告矣。四弟如此脾气，真是无法。初八曾接四弟六号信，已寄三弟处闻四弟甚窘，而四妹竟不管，亦殊不情也。吾妹见四弟，望告知此语，并云醉雲图书即刻，作为四弟送孙君者可也，兄稍迟再作复矣。两儿究竟如何？勿怕先生，尽不要紧，先生又非老虎妖怪，何必要怕。望妹为我告两儿，讲书第一要听得明白，勿许勿懂处不问先生，我归家要考察也。兄顷自思兄归国，山东上海苏州皆可去，不要说定我家在何处，则妹又住在岳家，竟与无家一样，可为一笑。兄甚健，学课尚不算忙。次弟不甚用功，兄看渠意思不一定愿久留日本，其实亦思家之故。岳母近又多病，此亦不能怪渠，真难处也。大哥信来近曾咯红，心境甚不佳。菊儿信去，须要请安。大哥偏听大嫂，颇爱蔷官①，而于榴官则稍差，母亲云然。兄闻之甚喜，盖不欢喜反于榴官有益也，兄于榴官实爱之，妹知之也。草草泐此，语多不通，即颂孟婵近祉。

钧儒顿首　十二日　十一号

此间甚暖，苏州如何？千万珍重！不尽一一。

二十

孟婵如晤：

昨寄一信，当达。今日次弟归，令人羡慕。兄起初痛恨本家蔚卿，刻看楼辛木，方知立神丸改期，今日所开，果是千代田丸。

① 蔷官：保儒的小女儿，名沈詠，小名蔷。

船小而吃风浪，真不可趁(乘)，顷已约定明日十点往写票，当不致再误事矣。吾妹昨夜如何早睡，如何相念，望略示知。念极念极！此次不能与吾妹同行，实最大憾事。海水夜月，人见之而快意者，我见之皆生懊恼。刻往看五弟妇，菊官被留在彼处，与朴曾同睡，明早自往挈归也。五弟妇闻吾妹入学堂，异常歆羡，云亦想到学堂。渠随太亲母全家定初七赴常熟。以后寄信须寄常熟为要。吾妹学堂究定何日去，轿钱须与磋磨。见兰陵女史，须与说明到日本云云，至要至要！余明日再写。即睡矣。

初二夜十一点　兄钧儒手泐菊官随叩

菊官顷自去领归，昨夜与五弟妇睡，太亲母请其看戏，五弟妇给以气枪一杆须买五元甚好，菊甚喜欢。船票已写好。后日午前十一点开。

初三午刻注

二十一

孟婵如晤：

前月二十一日寄第一号信，到否？初六接第三次手示，欣悉一一。字较前大好，可喜之至。闲时望更随意学习。惟有错字，如刻字误为刻，浙字误为折之类。英文本不要紧，现可置之脑后，各种须知及浅近算学书，能看看最好。岳母厌妹看书习字，大约是怕因此辛苦耳。

岳父来信云，明年待圆不到学堂，小姐[1]二婶娘均可教之。然兄不愿妹教之，因待圆资质不佳，不易讨好，或因此反生龃龉，何犯着耶。喜事渐近，忙迫可知。菊官袜收到，以后望勿再做，因不到半月，四边已破，不能再穿，止好弃去，不如买此间绒鞋粗袜，可经穿也。月费五元何必放好奉还，此言又不能去告诉他人，若对兄说，未免好笑，岂竟信不过我耶。山东久无信来，父亲葬事，今年其势不能举办，惟地不可不买定。故昨日鲁珍同年归国，托其带七十元与十一叔，转求淞叔将禾中坟地买好，想可如意。兄虽窘迫，且顾心里适意再说，现存学费不到六十元矣，可叹亦可笑也，千万勿告他人为要！

妹窘竟不能顾，惭愧之至！同行之约，今年竟成画饼，然必不能一刻忘之。菊官尚好，渠不用冷水洗面也。此间并无骨簪可买，不知小妹妹从何处看见，便望示及。昨日王詠梅[2]、朱鲁珍二君归国，托其带回织绒框屏四条，可作为吾妹喜事送分之用，又玩物数种，共两匣两包。皆菊官寄荣兰杏者，兰匣内有图章小扇等，亦四弟之物也。立弟錶决勿忘。因此间之物，远不及上海，归时必购赠耳。近时四妹如何情形。前寄岳父照片一方，内惟菊官神气尚好，想见及也。兄近体次尚好。惟思心中各事，无一可快意者，同寓亦无一可以解闷之人，真乏味耳。此问近好。杏官勿令任性及懒惰为要。

兄钧儒顿首菊随叩　第二号

---

① 小姐：指沈钧儒夫人张象徵。

② 王詠梅：沈钧儒在日本留学时的同学。

二十二

孟婵如晤：

十五第二号信，想必达到。日来妹体次想必安好。喜事帮忙，不吃力否？均以为念！妹来日本，竟非岳母病愈不能矣。兄看病愈尚未必能，真可叹也。兄现在以学部学费不允延长，明年或要归国，不復再来此间，亦未可知，望勿告一人知之为要。菊官甚好，英文颇有进境，亦肯读书。次乾天资既拙，真不能耐苦，欲求进境难甚。岳父来谕无一次不说如何盼望次弟，真令人阅之心痛也。禾中地可买成？此事兄极力为之，不顾身边之窘，因恐人家诮我止生一张嘴耳。买地之后，尚不知何日方能办葬，真是可叹！兄春间所寄独立小照，去信写明是何日所照否？乞查示为盼！因拟添印也。又妹处各种须知，共系几本，是何名目，亦望示知，至要至要！兹寄去山东信七张，阅后烧去，勿寄还，勿为他人见。又四弟信鲁珍信，即饬分送为要，并望封口。余再及。专此即颂近好！上叩岳父母大人福安。不尽万一。杏官如何？程先生认真可喜！

兄钧儒顿首菊儿随叩　十月三十日　三号

二十三

孟婵如晤：

前月卅日寄第三号信附寄四弟信朱鲁珍信想必达到。初二日接廿四日来示，欣悉一一。吾妹体次甚健，且写字较前整齐，殊为可喜。信面似福弟所书，是否？丁目番地皆误，居然寄到，兹寄去四个，即望察入。吾妹好学之心远胜诸弟，不能同出游学实为憾事。岳母近意何如，曾言及否？来信谓放脚现无用处，自系懊恼之言，若讲用处，缠脚又是何用处耶，千万勿要如此，至盼至嘱！织绒物件呈与岳父，妙不可言，此物并不甚贵，四条不到三元。杏官何以如此之吵，然吾妹万勿因此火冒，至要至要！小孩吵闹是其天性。第一止要对长者有规矩，第二止要读书肯用心，第三止要勿习懒惰，便好也。菊官在此，一切颇能习惯。此孩兄嫌其太不吵，故不甚活泼，尚肯读书，悟性则差，说话每多崛(倔)强，此一端最像我，当慢慢化导之。从未离家而不甚思家，亦是好处，亦是坏处。写字近甚用心，比我小时好得多，算学教之极吃力，然我毫不存一分火冒之心，缓缓讲解，自能明白。夜十点必睡，早七点必起。兄每早吞生鸡蛋两枚，以当补药。首乌丸则竟忘却，尚未吃过，如何如何？下女名字叫一春字，日本话是"御春様"三字，其音为"哑哈露商"。烧菜日本西洋中国菜皆会做事揩扫极干净，亦能做衣服，识字，亦能写均好，年纪约二十左右，知吾妹要来，时时问及，令我触动愁怀，为之慨然。学费已无几何，幸此间朋友多，皆可通融，当不至十分窘迫，亦决不以此放在心上，望妹勿念。如妹同来，自须设法筹款，现在谁再高兴，过一日是一日矣。岳父谕来，屡嘱教导次弟，兄于次弟，自然关切，但学问之道，总在自己，别人不过劝劝说说，即如菊官我岂不欢喜，然教到算学，令我束手无法矣。小妹妹近何如？三妹几时回家？查家大舅真是糊图人，女儿既嫁，如何以自己口舌，令女儿失欢于舅姑,爱之正所以害之耳。三弟昨有信,知尚未到福建去。母亲非常想回苏,而三弟以为四弟处远不如大哥处清静,故劝母亲目前勿思念苏州,亦无法之事也。上海月费按月寄来否?嘉兴寄祖母款,目前可勿寄,且到年下再看。喜事渐近,妹当甚忙。化钱等等亦是无法,万勿以此烦心为要。草草沏此。即问孟婵近好。今日冬至节也。

钧儒顿首菊儿随叩　第四号

二十四

昨日写一信,尚未寄出,晚间又接廿九夜手书,满纸愁言,令人阅之懊闷欲绝。此次失约,实为恨事。兄止自恨太无本事,以致不能自立,深负吾妹相爱之意。但祝岳母早日安健,大哥三弟四弟均能自顾,则兄如明年不归,亦仍必达我目的,岂能一日忘此言乎?妹家近状,兄颇知详细,亦常以此与次弟解说,望其归后勿如此也。岳父深望次弟精研文理,然中国文理,通之最难,竟非自己十分用心不可,不比外国文字,有一定死法子也。程师分另送一元甚好,前日曾接渠一信,惦记菊官等语。兄处妹决勿寄钱来,人家知之,皆要好笑,且兄亦实能自顾,妹自用之可也,倘决意不要用之,则还是寄与寄祖母为妥。盖寄祖母之窘,实有非寻常可比者,望妹会我此意为要。洋浆糊、擦面斑药水、有便当购带。妹能写字好极,但各种须知,尤不可不一看。懂后真有无数道理趣味,比小说要好看百倍。兄极健,菊官亦好。此间天气渐冷,尚未下雪。菊官学堂已放年学。兄等明日起放学十天。

余再及。

初九日钧儒又泐　第五号

二十五

孟婵如晤：

初三寄九号信，想到矣。昨得初六日来信，欣悉一一。岳母慈躬殊不能甚健，不过如此復原似乎甚难，日来如何？实深敬念。妹在小床上陪睡，是否岳母仍在楼上，抑已搬至楼下？吾妹过年寂寞，兄在海外，亦能想见情形，真可怅然。长生系何物去其两张，深为可惜。兄此心何尝忘妹，乃云不能要好亲近，真是冤不可言。兄要入专门，自有远虑，万一要入专门，其时欲妹来此，想亦不能拒我。来示云从此不来日本矣，此言兄以为奇。岳母以日本苦，不许妹同来，兄想万一我犯罪充发黑龙江，欲妹同行，必亦不能矣。随我去至何处，那是万万不能。此种意思，出之于岳母，犹不足怪，妹亦云然，实不能不以为恨也。兄现在大致不进专门，非知足而不进去，实不得已而不进去也，一因经费难筹，一因吾妹其势决不能来。子欣舅舅夫妇在此，又两表妹一表弟均来，此种境地，令人望若神仙。兄想做神仙，岂非妄想，岂非做梦乎？菊官决意令进日本学堂，即兄归国，亦仍令其在此，庶几将来可望略有成就。兄已自误，不可再误儿辈矣。杏官英文祗好稍缓再说。刘家浜吾妹尽可不去，兄刻寄四弟邮片已提及，即母亲亦决不说妹，但妹自己必须再与四弟言之，深恐四弟妇亦不去，则训矣。母亲押岁钱是否照原数寄还，此办法甚不妥，其实大嫂垫钱，尽不要紧，问明数目再还，亦不为迟耳。次弟入专门与否，岳父既不勉强，来谕云亦惟兄代为筹划。就实在论之，全在次弟自己量力而行，兄何能赞一辞耶。次弟写字如此之怕，最为吃亏，即法政满肚皮，东文极好，亦得受字之累。从前吾家三弟写字亦不见十分，自从三妹来后，即大用功，写字看书，此妹所知也。大约次弟写字欲进境，亦非得次弟夫人监督不可耶兄欲求妹为监督，而不可得，衹好羡慕他人耳。岳父初意望次弟作论写字，盖欲次弟回来应试，然兄确知次弟即进专门，亦不能到此地步，此言兄与妹说说则可，万不可使岳父闻知，至要至要！岳父望次弟学，岳母则不许妹学，究竟望儿女学为欢喜耶，望儿女不学为欢喜耶？兄真不明白矣。日来忙极，草草书此。即颂近佳。杏官好。

一月十三日　兄钧儒顿首菊儿随叩　第十号

以后来信，望寄子欣舅舅处转交，因日内即拟搬场也。兄去年归国之坐二等舱，在此之租房子，皆是为妹来地步，盖至今日而我之心始死矣。

二十六

孟婵如晤：

昨日菊官寄信，匆匆附数笔，想到。顷接手示，欣悉一一。本拟考毕再行作复，因来函误会处太多，急欲一辩，知妹速知我心，不能缓矣。兄何尝有一毫动气，乃教次弟劝我，妹真好笑也。前次去信，语意分明，实系吾妹文理不深，以至于误会，训甚训甚！令吾妹数日心中不乐，皆我多写之故，务望恕我为盼！各语一一分条，写于后面，吾妹细细阅之，如亲我面，如见我心矣。

一、菊官我最爱之，岂肯使其一人远离膝下，但中国内地学堂，我实不能相信。然不到学堂，万万不兴。日本学堂，祇有庆应、晓星两处最好。晓星重法文，庆应重英文，菊官曾读英文，故令其进庆应。庆应学堂内读书者，皆系日本有钱之家，学费每月须二十元外。然饮食起居，全照西洋，异常舒服。其中本有我国学生十余人。菊官现在同进去者，有钱自严同年之世兄，号芸荘，十四岁，近来与菊官常见，已相伴甚熟。此事兄斟酌至二月之久，所以未与妹商量者，却无别意，一来因此间学堂如何，妹不知之，二来因妹向来与我议事，意思多同，我果然斟酌妥当，妹必亦以为可也。

妹为菊儿之母，我为菊儿之父，儿子者父母共之者也。菊官留学日本，不但离开吾妹，亦离开于我。我之爱菊儿，妹所知也。爱之而使之远离膝下，我岂忍心，但舍此办法，亦竟无以尽我爱子之心。我之心其不得已可知矣。来信几年乳母之语，令我阅之心痛。我岂不知我妹念子之心，无异于我，且远过于我，但妹亦知我之心，固无异于妹耶，乃竟如此不能相谅乎？

小儿远出，岂有不念家者，但菊官却尚算好。我屡次寄信，说其不甚念家者，此中亦有缘故。欲因以安慰妹念子之心也。即我对于菊官，亦是如此。每逢礼拜日，必与之出外游玩，渠欲买物，虽无钱必买给之。平时不愿说之，盖以其离妹远出，不欲更以他事苦其心也。今日接妹信后。兄即告之曰，母亲闻汝进学堂甚喜，但望汝用功，小心衣食，余外不以他语告之。深恐触起其思家之念，则苦我可爱之菊儿之心矣。

现在四月十日进学堂后，每逢礼拜六午后可出来，在外住一夜，礼拜日午后回学堂，趁我在此，先可令其习惯也。

一、所谓自误之语，全然与妹无涉。即我自恨从前未习各种科学，未习一国语言，以致现在吃亏。前月寄母亲禀，亦云我年已长，自误处实多，不可再使儿辈不学以误之。但寄妹信，写得太简，致妹误会，有此伤心之语，皆我之过也，悔之无及。我在此常对友人云，我年虽长，然过四十岁，必要通一国语言。又云我终不能通外国语言，则学之至老至死，必为通数国语言文字之鬼矣。盖我之自恨从前之误，深入于骨。然实皆与吾妹无一毫之关涉，天地知我心，妹何不知我心乎？然我亦不怪妹耳。

一、三妹云云，系指次弟夫人而言，实因次弟在此，兄竟不能有以助之，不能不望之其夫人耳。至旁边添注羡慕各语，又是一时高兴之戏言，别无他意。不过说妹不能来此，兄未免无人监督耳。次弟天资低，又不能耐苦用心，在此情形，一言难尽，总之学问两字，次弟殆不能有分，实无可如何也。不进专门亦好，此事在次弟自己作主，兄未便代为计画。次弟前次试验未取，后补试验仍未取，此番尚不知如何，代为焦心。妹千万勿告一人知之。此事次弟或连夫人亦欲瞒之也。现定西历本月廿四考起，下月初五可毕，但望次弟取上方好。次弟告我云，拟考后稍耽阁（搁）即回家，极迟亦必在岳母生日之前也。

一、来信纳妾云云一节，全然因误会去信三妹一语所致。故我亦无可辩白，想妹亦一时怨恨，随笔写去耳。其实妹知我心，决不肯以此说我。即以此说我，我亦不怪，知非妹真心话也。妹写此信时，心中不知如何不乐。此信寄出以后，或又异常懊悔，皆不可知。吾妹吾妹，我知妹之一心中惟有我耳，我一心中亦惟有妹。我之此言，知我妹必能信之，不以为虚也。

次弟何能劝我，次弟不知我心，亦不能知妹心。妹与我之心，惟妹与我二人知之，岂有第二人能知之者。前闻菊官云，妹以兄信与次弟夫人同看，非我所愿也。

一、妹家情形，兄全晓得。吾妹为难，岂有不知。旧年见书弟寄次弟信，说起岳父有谕书弟云，汝辈讨厌汝姊，我将动怒等语，即知家中必因此曾有口舌。此次书弟署事，其夫人有同去之意否，我恐又有口舌。近来妹家中里面情形，竟甚可叹。弟辈又不能力自振拔，稍博岳父欢心，奈何奈何！待圆恐难教导，妹止好敷衍了事，认真终亦无益，不独或因此招怪也。

一、兄留学期限，本是三年，今年底仍止两年，故尚有一年学费可领。现专俟朱鲁珍同年进京后，打听情形，信来再定。倘半途回去，不免吃力不讨好，则其势不能不再留一年。故目前兄欲与妹同出之念，仍未冷透也，或者一年期短，岳母可以不加阻挠，亦未可知。

一、十一叔处寄款已来否？念念！

写此信恐为次弟所见，故于夜间写之，刻已一点过矣，不能再写，急欲睡矣，或于梦中此信先到吾妹身边耶？余俟考毕再写。日来累极。此颂近好。杏官如何？

兄钧儒顿首菊官随叩　二十九日　第十一号

二十七

孟婵如晤：

连得十一日十七日手示，欣悉一切，快甚快甚。兄阳历四月五日考毕，六日休息一天，七日八日为菊购买衣服被褥等物，九日与菊同游博览会一天，十日午前[1]送菊至校。归寓顿觉寂寞，夜间有人请吃饭，不觉狂饮，遂至大醉。昨日十一日难过一天，不能吃饭，皆爱菊所致也，亦困甚矣。今日十二日精神已復原，日间有客尤慰皋兄来。刻已点火，将寄岳父禀写好。此次二弟之事，令兄为难之极。岳母因望其归，而二弟自已亦颇有归意，故无可切实商量，渠有长信寄妹，兄亦未见，惟兄以岳父切望其留学专门，曾与次弟痛快言之，渠惟叹气而已，谈到后来，几乎两人相对叹气。在次弟亦真可怜矣，天资不好，此是无法，至于不能吃苦，正是小时习惯所致。现在趁其自已要想将来出头，不能不处处忍耐，稍稍练习，亦是好的。且在此之所谓苦，自兄看去，实在不能算苦，吾妹出来一看，亦即知之。岳母必心心虑其吃苦，实在无谓。至于无益而反有误之理，兄尤不解。兄但闻学而得益，未闻有学而反致误者也。现在东西洋各国，几乎无事不有学堂。兄在此早晨出至街上，但见往来之人，学生最多，而女学生中，三四十岁之人，亦颇不少。盖每日抽出数点钟之暇到学

---

① 午前：这是日语中“上午”之意。当时沈钧儒在日本，或许受其影响用了日语的表达方式。后面几封信中的午后，即下午之意。

堂，与其家中做事，仍不妨碍也。女子如此，男子可知。吾中国能及其百分之一乎？兄现在写岳父禀，虽言留学为佳，而语意尚称圆转，仍俟岳父自为二弟决定，兄不能代决也。吾妹不肯放脚，兄真不解是何意思。兄现在看了小脚，竟觉万分难过，吾妹何不能原谅我心，并不知尊重自己身体耶？兄亦不愿再言矣。同妹来日一层，实在因下半年归否不定，故于岳父禀上，尚未提及，刻亦言之矣。到山东云云，如是妹之真话，兄不能不以为弗明白，盖此为必不能做到之事也，岳母肯耶？如并非真心话，不过说与我听听，则兄又不能不怪吾妹之不知吾心也。杏官千万勿怒责之，终要令其自由自在。小孩第一活泼，则大时必聪明。前月品行点数不及荣官，此尽无妨，小孩品行，与大人不同，资质活泼者，虽稍吵闹，或无规矩，祗可稍稍教之，不宜十分怒责也。菊在此常与二娘舅争辩，其实不尽是菊错，兄但稍稍说之，有时二娘舅似不大以为然，但兄亦不能顾矣。菊学堂各事，顷写岳父禀，约略及之，吾妹必见及，故不再说。吾妹教我勿说满话，当牢记于心，此实是兄一样毛病，非吾妹爱我，岂肯提醒我耶？吾妹长住父母家中，实不相宜，不独姑娘做事，种种为难，即如不能常至宋仙洲巷，四弟伉俪，亦必不以为然，此可想而知者也。现在都不要管他，兄所望者第一是放脚，愈大愈好，不可使其横濶，终要从长里放去，未知吾妹真肯听吾语否耶？此信到后，次弟事，妹来日事，如岳父母有何说话，均望即日寄我数字，至要至盼。专此泐颂近祉。杏官好。

兄钧儒顿首菊儿随叩

菊儿明日午后可回寓，渠前日曾言回寓时，要将博览会景致、学堂里情形，写信告知吾妹。明日当再于菊信上添注也。外附去信封两个，甚薄，寄信时里面须用纸包之。

二月三十日夜　第十二号

二十八

孟婵如晤：

前寄第十二号信，想达。刻次弟接其夫人来信，云吾妹于廿二大发肝气，痛了三日，令人惦记不可言状。究竟为何而起？务望详细告我，勿隐瞒丝毫，至要至盼。泰階夫人何以大发脾气？三弟何以遭责？均须一一写明为幸。兄已决意进专门，下半年决意携妹来此，吾妹不记兄碎腰间玉玦之事乎？玦者决也，此种情形，望与岳母闲谈时，稍稍露之。菊官明日可归，学堂内隔一礼拜可归一次。前信云每礼拜归者，系是误写。菊官在寓时，凡兄之事体物件，尚能留心。每食后必斟茶与我，一点钟内终要叫十几声好爹。前月试验时，兄正忙甚，渠时时来叫，令人讨厌，因与约好，无事不准随便来叫。渠唯唯，而不到一刻，又来叫好爹好爹矣，好笑之至。自菊官进学堂后，兄颇觉冷静，时为闷闷。次弟虽与我同住一处，然渠不会谈天，非我先开口，渠竟可终日不发一言也。余详寄岳父禀中。专此即颂近好。杏官并念。

兄钧儒顿首　七日　第十三号

二十九

孟婵如晤：

顷接初八、十四日两次手书，阅后使我脑筋昏乱，有不可一日迟复者，兹将我此刻心中困苦之状，详以告妹，能谅之乎？至盼至盼。岳父前，无论如何，妹必要将此意为我说明，否则无以对我也。妹长住母家，弟妹之间，必不能全其终始，若此次我已多言，而妹默然，人家必有批评，务必趁此一言，以表白自己之意，至要至要！此次之事，妹如不发一言，我将发狂矣。

一、日本之行，不但因有种种利益，始作此想，实与我妹早已互相约定，他人自不知，妹则必未尝一刻忘之，此以我之心推妹之心，可想而得者也。且前两月妹来信，屡言家中不可久居，又言家中龃龉之情，又言欲到山东，又屡催我向岳父禀明偕出之意。我既望妹来，又知妹在家之难，且知妹虽深愿同出，而以岳母相爱之甚，必不便自己说明，故兄遂不顾岳父慈意何如，直言相恳。所以然者，以为非如此则妹不能从旁解说，趁此表明自己意思也。但使妹果将自己意思说明，则岳母虽爱女，或则知此事并非兄一人蛮做，肯顺女儿之意，亦未可知。至岳父本无可无不可，此次虽似深有怒兄之意。然兄则深知并非岳父本心也，岳父不过欲保全岳母爱女之心。至妹之心意如何，则岳父毫无所觉。故前寄兄谕，有云婿欲其何之，小女断无不从，此即其有德处等语。观此即可知岳父之于妹心，初无所觉也。兄此次屡屡渎陈，异常冒犯。以平日所奉为第一知己之人，如岳父者，横冲直撞，儿忘卑幼之分，思之殊觉痛心。使非为吾妹，我决不能为此事也。今我妹来信，乃云“事止好作罢，实在无法”，又云“妹如以自己定要出来意思禀明，尤恐大人动气，深伤慈怀”，“如勿言自意欲随出，又实弗愿听两大人怪兄说兄等语”，细看来书之意，知我妹实在未尝向两大人有一句言语可知矣。妹不敢说明己意，亦自有为难地步，但苦累我矣，无异上妹之当也。妹云言之深伤慈怀，白养女儿，固是不错，但女子既嫁，原无长倚膝前之理。使家家如此，则人人无妇矣。且欲保全此层，必北京亦不去，方为万妥，否则仍不免有离开之日也。况更有一层，岳父母之爱我两人可谓至矣。乃因此事而兄则得罪岳父，妹则以念我之切，因而疑我，甚且怨我，此等冤苦，不可谓非得之两大人之恩赐也。来信满纸愁怨，令人阅之长叹。兄亦何忍再来怪妹，但愿天下为父母者，千万少爱儿女，以至不生体谅之心。再愿天下为儿女勿要太好，深得父母之爱，累将父母牵心吊肚，勿能割离。呜呼男子岂能无出门之日，既为夫妇，同出同游，又非不正之行为，乃父母以相爱之心，几至变成相苦之意，真可一叹，从何说起耶！此事经费能否足用，本尚难知。岳父来谕，并无原谅教导之语，一味埋怨责备，甚且嘲笑之。以素来相爱相知之尊长，忽然如此，妹想我岂能不怨恨耶。妹来信亦全不以此事为我抱屈，亦绝不从旁为我说一语，以证明自己之意，反有责我之言，兄真可谓动辄得咎矣。妹果不乐，兄亦何有乐处，此真我近日来最闷之一事也。

一、兄暑假不能归来，已早言之，岂忘家而不思耶？岳父言令菊归省，俾不忘故国之思。兄以为小孩子讲不到此种话头，止可云俾不忘母耳。然人非禽兽草木，无论何如，终不能忘家，此实天然生性。自己不能作主，家中人虑其忘家不思，不知客游海外，其苦趣正不愿令家中人知之耳。兹姑再言之如下：（一）冬间必归，故此刻势不能归。（一）来苏并到山东，经费实在不兴。（一）日语荒疏，实亦于自己大有妨碍。以上三者，皆在必不得已之数，非不思归也。次弟自是次弟，我何能比之，何况他人，更自不同矣。冬间父亲葬事，兄志在必办，已与大哥及三四弟函商数次，大家决意同心，必能如愿。否则真不能为人也，必在中国十一月十二月之间。

一、菊在学校，进境甚迟。以岁数而论，不能再入小学。因日本小学内，游玩之时太多也。近觉其心不能静，故拟放在身边稍加管束。此亦为不令归来之故。讬友人带归，实不放心，此亦一原由也。又日来经济奇窘，菊官盘川，实亦无着。又此孩不知我何以异常爱之，放在身边，稍慰客中寂寞，又明年决计携之同回，故不愿其此刻归去。以上数层，皆系实情，望妹细细为我一思，非不顾妹之爱念也。兄日来为此事，万分踌躇，殊觉发闷已极。菊不归别无妨害，惟必累妹思念，为之奈何！

一、兄日来手头之窘，真是达于极点，一举一动，都不自由，几乎出门不敢坐电车，短衫裤子破了，亦不能买。此间朋友借钱已在百外，真不得了。此事不能不怨十一叔，现已过端节，十一叔日来应少从容，昨已发禀请求矣。

一、妹之念我，我岂不知。但此次万不能归之情形，前去信已屡言及，吾妹当能相谅。前去信多怨怒之言，即因念妹之极，深盼妹来，所以至此，实在却无相怪之意，非好以笔墨为口舌也。经费不顾，得罪最爱我之岳父不顾，究竟何乐为此，乃末了吾妹亦来说我疏极，似乎全不谅人苦心者，我岂能不怨不怒乎？虽然我之怨怒不过一时，而我之闷闷则无一日不如此矣。妹念我至于如此之切，而又恐伤岳母之意，不敢明言，此实妹之孝思。但此种地方，真令人为难也。女子既嫁，但能相夫教子，即所以报父母之恩，不必以得事膝前为尽职，此实为无可如何之事。盖女子一嫁之后，即为他家之人，当以事翁姑为尽职，相夫教子为尽职。一人之身，不能做两家之事。故己之父母，不得不让兄弟尽其孝思，而为女儿者，虽不归宁服事，亦不为有罪。苏俗过夏多接回母家，此实不通，既为媳妇，无论何时，皆有伺候翁姑之职，岂一年止有春秋冬三时当在夫家乎？且使家家女儿皆以得事父母为孝，则人家何处更有媳妇乎？再推言之，查家四表妹听父母之言而回家，亦得谓其能仰体亲心乎？故此次事，兄不自顾力量则有之，岳父谓为过举，兄实不明白。盖妹此刻如在母亲身边，母亲又极爱妹，因而兄欲接妹出来，一切不顾，则可谓之过举矣。又或因接妹同出之故，再须在日本多留一二年，不顾母亲之盼望，则亦可谓之过举矣。今则不然也。且岳母爱女之心，并无限制，即再隔两三年离开，还是一样惦记，相依愈久，相离愈难，将来更不知累岳母如何难过。妹能终身在家事奉父母乎？此其难一也。北京则可去，日本则不可去，日本钦差则可去，日本留学则不可去，然则为妹之夫者不亦难乎？倘使兄十分潦倒，终身不得志，则妹必不可与我同受患难矣。想到此等处，令人心冷如冰，此其难二也。更有一说，或岳母身边少人服事，则犹之可也。然书弟夫人以次，均未有回到姚家高邮查家去者，且岳母欲妹在家，并不欲妹做事，不过欲放在眼前，岂知女儿终不能永远放在眼前乎？此其难三也。又有一说，或妹在母家，在妹心中有非常之愿意，故岳母体谅妹心，使得多日在家，亦为爱女之意。然兄实知妹极以为苦，故前次来信屡有欲至山东云云也。盖妹非乐居母家，不过仰体父母爱女之意，不欲重伤慈怀耳，此其难四也。又有一说，或我欲妹同出，而实于妹则有不愿，因托于父母以为保护，此亦有理可言也。然妹果不愿乎？我果强妹乎？妹果以不出为如愿乎？我则不知之矣，此其难五也。兄照以上想来，故不能认“过举”二字。至于好异，则无俟我言，妹亦明白矣。总之妹在岳父母处，长年相依，此自出于两大人爱女及体谅兄之意，并非小辈应该如此。故女子既嫁，犹以此住居饮食之事，上累亲心，于妹深觉不安。而兄每接来信，自引为过举者也。不意同出之事，尚不知果能做到与否，而稍一启口，反生藤葛，此实兄所思之困闷不堪者。

一、菊不在学堂时，有一最困难事，即我有事他出，或到学堂，则渠一人在寓，更无他人管之，渠亦静极闷极。小孩究竟不像大人，能自己用功也。

一、妹此次至四弟处住几日，四弟过端节如何情形。兄恳十一叔代寄五十元到否？四弟近在外边如何情形？便望示知一二为盼。

一、次弟宜劝其略早来此。汉学既无根柢，现在所学法政，如何可以再加潦草。若真少有所得，此三年离家之苦，不更白尝此味道乎？此次来示无甚事，不更作复，乞代致意。兄日来以天热路远，学堂钟点赖去甚多。房子即前说者以被他人留去，不能如愿，另有他处，十日内或可办成。下女近愈不兴，与大家商定，俟搬家后即去之也。次弟来信云是咄咄怪事，阅之失笑。兄与下女又无关系，何必不肯去之乎？法政讲义怀皋大致不要。兄看次弟见面，渠不提，亦可不提也。刑法一册，并非寄次弟观者，随便可以送人。经济讲义亦是随便寄去者。苏人十三大帮归国之说，兄无所闻。自严尚未行也。以上各语，乞告次弟为要。

一、杏官近读何书？写字如何？便望示悉一二为盼。菊官下半年如不能升入四五年级，大致下半年即不令其到庆应矣。因现教之程度太浅也。

此信不觉写已冗长，夜深矣，不再及。然妹阅后应可略知我心矣，来示亦望以近来情形相告，使我如面谈，盼甚盼甚！此泐敬颂孟婵近好。

兄钧儒顿首　二十日夜　十九号

我此信务望细细观之。如与我当面谈天也。

三十

孟婵如握：

前接初一日手示，未即复，想必劳吾妹盼念矣，罪甚罪甚！兄自此月初起，时觉形寒，屡服建麦而愈，十六日午后竟大热，昨日早起，热退而左腿扎脚处，忽然肿胀，坐卧时尚不觉得，起立则痛不可忍，一时不免胆小，深恐成脚气病，因至病院去看，据医生言不要紧，敷药而返。今日痛较减，惟行走尚不便，想两三日内必可愈也。病时更思吾妹，倘能使吾妹在我侧，则我虽一身皆痛，心犹乐也。来示云岳父母爱我两人，又云何日肯发慈悲之念。兄以为既是真爱，何以无慈悲之念？既无慈悲之念，则非妹不能仰体岳父母之爱，兄实胡涂不晓得矣。且妹是已嫁之女，不须父母之命，岂犹必俟父母之允许，然后可从我行耶？思之徒然叹息而已。次弟不知何日可来，兄不是盼次弟，深盼速得看小照也。寄我二三十元，殊可不必，我近已手头较裕矣，且我生性不能手边多钱，喜用心中适意之钱，在此亦复如是。吾妹固最能知我脾气者也。今日张彦云忽来此，谭及加（嘉）兴寄祖母此次曾往嘉善，大病几危，困苦万状，现已回禾云云。我闻之心中甚为难过，颇想寄钱，妹倘酌寄一二十元，即如寄我一般矣。信去但云作为病后调理之费，勿必更说他语为要。此信望嘱四弟写之，恐立弟写随便不肯恳切也。家堂寄在岳父处书房楼上，妥当已极。兄闻之甚感。即兄冬间归家，母亲如尚在山东，亦只好住在岳父处。倘母亲归来必另租屋，今番四弟之住顾家，是否算租屋，仍自用一男仆否？来信望提及。虽有熟人家，亦不能住，否则使他人看之奇怪也。日来此间天气甚热，非赤膊不可。夜间蚊子尤多，不能写字看书，两脚钉（叮）得要命。不知苏州如何？甚以为念。

妹勿以我为有相怨之心，因而自己懊闷，我固不怨妹也。山东时有信来，母亲无谕不说大嫂，真是无可奈何，兹以大哥两次来信寄妹阅之。蔚弟如来苏，望告以“我信云，硖石有回信，已寄山东。吉庭姐夫五月至今，寄福省两函，三弟收到否？渠甚以为念也”各语。四弟来信问到山东盘川，望告以“美最时洋行，塘沽轮船，礼拜三自上海开，房舱一铺十二元。自青岛至省火车，二等七元二角。青岛客栈，以悦来为最，运送连住宿一夜，约一元六七角。”我无事不更作信。亦甚以作信为苦也。灯下草草。即颂孟婵近好。杏官用心。

岳父母大人为我请安。

兄钧儒顿首菊儿随叩　十八日　二十号

初四一信。想已寄到。

三十一

昨信写好，未寄，今日早起，得妹与菊儿信，阅悉一切。次弟俟天气稍凉再动身，亦好。妹此信前半段文理，字字妥帖，是否系岳父所教，倘不是，则妹近来阅书之进境矣。信面后加红籤，上面所写字，是三弟写否，较次弟真胜万倍。虾米尚未到，近日时病，颇想食物，曾在近处购虾米笋干等，竟不能吃，得家中寄来，可谓却如我愿矣。今日脚已大好，可照常行动矣，望妹闻之勿念也。菊儿看信后，以“心迹”二字问我，我告以此事甚长，我无空讲与你听，菊遂不问，以后此等语千万勿向小儿辈言之，至要至要！以兄论之，即与他人讲此等语时，小儿来前，亦宜停止，以小儿听之，实无益也。我不愿小孩住岳母处，即此等事亦有点也。且心迹二字，不可乱用，此等字眼，重极重极，凡妇女尤不可随便用之，他人见了，将成笑谈，吾妹当能理会此意也。向来我接家信及妹信，阅后皆即烧去，菊儿顷对我云，好爹覅[①]烧，此信我要的，兄漫允之，然不能不将后面数行裁去也。菊儿近异常恋

---

① 覅：苏州一带方言。勿要、不要之意，发音为勿、要两字的快速连读。

我，有两夜我归寓稍迟，然亦不过十点钟，因新近北京法部派一姓韩者号芸根来此，调查监狱，此人与十一叔极熟，我年来印结即系彼代领，故一切不能不为之帮忙，且自己本亦想参观监狱，韩芸根[①]要我住在他处，其势不能菊儿均哭，不肯吃晚饭，同寓弄得无法。吾妹想可笑不可笑，如此之孩，尚虑其忘母乎，草草书此，余俟再及。

兄钧儒又顿首　十九日

三十二

孟婵如晤：

前数日寄一信想达。昨接初三日手示，欣悉一切。年下用账窘迫，自在意中，幸大家尚能原谅，否则糟矣。菊儿望放心令其往上海应试，凡事须得历练，此儿遇事尚能心细，亦有方法，我曾试之数次矣。南洋中学有友人子弟数人在内，亦皆十三四岁耳，但虑菊儿应试不取，倘能取上，大可放心。学费一切，兄已禀恳十一叔作主矣。兄今年归国内，亦未必即行进京也。次弟云云只好俟归来再谈，写信毫无可望，徒费笔墨耳。菊儿如能进学堂，第一带物要简要，铺盖衣服笔墨要用之书籍外，不可多带一物，小吃东西，尤其不可，玩物亦不可带，至要至要！灯下布此，余俟再详。敬问近好！

兄钧儒手泐　十一日

---

① 韩芸根：清政府法部官员，时被派往日本考察。

岳父母大人前请安　弟辈均此

家中先生教法终不得当，亦究不完备。

菊儿早到学堂一日，即将来早得自己受用一日。兄最爱菊儿者也，故盼之异常之切，代为菊儿谋，非此不可。现渠尚小，不能自谋，非为父母者，割一日之爱，为谋终身之事，则菊儿将来必悔之，即我辈之罪也。

三十三

孟婵如晤：

前寄数信，想皆到。兄种痘已愈，惟瘢痕尚未平復，故尚不能洗浴等等。日来正在看讲义，预备试验，大约中国二月底必可考毕，三月初必可归国，惟闻京中催考甚急，届时恐不及回南，即与此间同年诸友一同径行北上，然后由北再南归也。菊想已到学，章程及如何试验，如何进去，学费外尚有若干用款，均望一一详示。再菊已进校，望寄信告知菊，中国二月二十日后勿寄日本信，恐渠或自有信与兄也。吾妹珠子知已卖去，合英洋二百元，惟兄因欲还丁夔生款，此间极力张罗，止有三百，因函告十一叔，将珠款暂时移用，俟归来另买路股还妹，想可许我也。吾妹近来肝阳等能好些否？虽不发时，石决明等亦宜常吃为要。阿菊走开，此自无法，万勿以此愁闷。男孩子但望其有长进，勿但愿其常在身边。阿菊到校后，万勿寄饮食物去，此为至要！不知每礼拜日出来否？如每次归苏，未免太费，如何办法，甚盼告我也。前问次乾来试验否，何无复与我？兄实甚盼次乾来一行，其实岳父亦必许可,甚为次乾[①]惜之也。余俟再及。敬颂近祉。菊杏均好。

兄钧儒手泐　二月初一日

三十四

孟婵如晤：

昨晚得手示,似系三十日所寄也。头昏耳鸣,何以如此之甚,千万早睡早起,勿多烦恼,勿思念我与菊官。菊官在沪必甚好,读书有进步,无信与妹,或因学堂规矩甚严,无暇写信,亦未可知。初到亦必拘谨,勿思之过切,转令阿菊不安也。兄更安健,幸勿相念。吾妹以兄远出及阿菊离开为不幸,其实不然,人生聚散,必不能免,第一祇要大家身健,见面时便觉格外快乐,不见面亦可安心。第二无论读书阅历,大家皆有进境,离别亦不冤枉。吾妹幸思我言,至要至要!近来白带尚发否?此病极重要,久之则身体渐至虚弱,不可轻视,但千万不可自家乱开方,乱吃药。可即以此信呈阅告知岳父,斟酌调治。吾妹生平有一大毛病,自家肚里转念头,最不好也。待圆仍妹教之,亦是无法。次弟不来亦好,但在家不知果用功否?能善事父母否?便中示知一二为盼。兄动身终在三月初十边也,余俟再及。即问近好。杏官好。

兄钧手泐　十一日

岳父母大人前请安,弟辈均此。

---

① 次乾:孟婵之弟。

护法运动期间（1917~1920）

1917年3月，沈钧儒任司法部秘书，并参加了“政学会”。是年6月发生“府院之争”，沈钧儒于7月下旬辞职离京南下。1917年7月，孙中山在广州倡议召集国会，组织护法军政府。1918年7月，沈钧儒被通知补为护法军政府参议院浙江省议员，于是他乘船经香港抵达广州，参加参议院活动及参加制宪。1919年9、10月间，沈钧儒衔广州军政府之命赴闽，潜入受北洋军阀指挥的浙军潘国纲部，使该部脱离北洋军阀指挥，以破坏段祺瑞政府的“武力统一”计划。1920年8月，沈钧儒被任命为广州军政府总检察厅检察长，任内，他努力革除监狱的弊政恶习。但是随着桂粤军的正式开火，岌岌可危的广州军政府不久就被解散，沈钧儒于是离开广州回到上海。

三十五

孟婵如晤：

到沪后共寄过信三封，想均到无误。昨得杏儿来信，知其已得自由，并无放假回家之说，慰极慰极！勿再写信至同济，至要至要！今日又得朴曾代笔来禀。及菊儿带来十二日手书及大哥信，阅悉一切。菊少奶奶依依膝下，闻之欣幸，诚吾妹之福也。镕西[①]处款日内已送来否？俟再示知，当函催也。鹿年[②]一步不走，感激之至。杏官想尚不能回家。榴姪仍日通电话否？兄伤风，日日打杏仁与我吃，现已愈矣。榴姪少奶奶侍奉祖母，处处留心，我甚爱之。菊儿学校今日午后为法人干涉停闭，学生不散，或仍可在保隆开一班也。阿菊今日回家，行李均搬出，自中德绝交两日内，中国地界至租界中间交界处，要搜检，讨厌之至。母亲初起有风动之象，是以三弟吓极，日来渐和平，夜睡尚安，惟脾胃大伤，略吃东西，即腹中作痛，每日吃粥三四次，合计不到一

---

① 镕西：张耀曾(1885～1938)，云南大理人，入日本东京帝大，并从法学部毕业，曾任北京大学法科教授，段祺瑞内阁司法总长。后任上海法学院法律系主任。

② 鹿年：姓黄，名培钧，沈议和沈谅的家庭教师。

碗，即时大解。有时火升，两颊绯红，舌端起有白点，甚为可虑！昨今脉气略好，但望大便次数减少，饮食能进，过春分节毫无变动，方可放心。母亲寿衣本已做好，昨日系天克地冲，应之喜，又补做观音兜及观音衾二件，寿板亦托二舅在苏州预备。母亲身边新用顾妈甚好，蒋妈亦已来。兄事事小心，竟日伺候榻前，一事不问，夜间仍睡。因有蒋妈、顾妈轮陪也。颐福房间甚宽大，有柴木巷光景[①]。大哥不知已行到何处？家中能早睡早起甚慰！门户千万小心！兰官大家须管之为要。淞叔十九临睡喷血而故，惨痛之至！兄竟不能去一拜，因瞒母亲也。此问安好！五弟妇、少奶奶、诸儿均好！

衡字　三月十七

三十六

菊儿伉俪同览：

昨得汝十四来禀，得悉一一。汝母杏弟儿于时刻盼汝信，汝信何少也。鹿年是否趁（乘）新铭船来。我近不能不从省俭方面打算，否则竟非命。汝与鹿年偕北不可，一谈亦为快事。杏弟日日言，思来沪与汝痛论各事也。我日来苦脚湿气，不出门已一礼拜多。今日熏洗，未下床，将脚阁平，以期速愈。因在家时多，恰得与杏弟细细研究。此儿殊有见地，为之心开，想汝闻之，亦当为之喜慰也。汝母鞋子配底如已得，望包好托鹿年带来。如鬓

---

① 光景：苏州一带方言。相似、大约等意。

梳得，亦要。兹寄去一信，望送交朴舅，并云十四日函收到，北京方面，我必仍为进行可也。汝千万温习各课，能与同学之用功者，常常来往研究尤妥，德语德文勿荒。草草作此。即问菊儿伉俪好。外祖母、岳母前请安。

八月十九日父字　根字二号信

十九日晚又五日所寄各禀均到，我欲作字寄汝二人五六日矣。我足患至今未愈，每日午前洗足阅报，或为弟辈批字，或有客来谈天，不觉已饭。午后与杏弟讲古文，往往至天黑，遂未握管，当烦汝等盼念矣。昨日鹿年来京，今日杏弟出与谈天，要我到晚上再讲古文，我亦急欲与汝二人一谈矣。各物均收到。岳母给小菊闰弟[①]飞艇，欢喜跳跃，望为代谢。三婶[②]笋干今午已泡酱油汤吃过，异常可口，一点不霉，见时亦为道谢。布价当与学费等一同汇去，鞋子均合脚寸，虽底稍狭，而穿上式样甚好看，汝母曾交我一底样，忘未寄去，兹仍附存，备下次配底用。汝母云好极。至兜可无须头样，只要汝妇带上合式，亦必然可用也。小青花碗盆如何又寄来顷告弟辈云，汝所给也。印章上刻新取之名，甚好，惟篆法须略考较。往往店家所篆之字，俗劣不堪寓，可请教蔚叔一看最妥。祖母遗像，是否即蔚叔处所供奉之片，我近在书箱内捡得一照像，系杭州时二我轩者，较在济南北京上海面庞皆胖，我亦拟放大一看。汝所照者，不知清楚否也。蔚叔在宁曾有一信，又一明信片到京。信纸忽然小了，写完始知，好笑之

---

① 闰弟：沈谅（1911～2001），沈钧儒四子，字子京，小名闰。

② 三婶：炳儒的妻子。

至。日内不知已返沪否？五婶既意欲稍迟来京，亦不可勉强，只好稍迟再说。汝母近日日为小弟弟预备衣裳，无异出嫁姑娘之备嫁妆，亦甚忙迫。而小菊闰弟鞋子等，又赶着要做，真是受累。下次当将鞋样尺寸寄去，需汝妇帮做也。汝开学在即，千万勿再北来。杏弟阅汝来信，高兴已极，云大哥既要来，父亲让他来嗄，要求不已。然我以为费钱，劳力，匆匆一晤，极为无谓，决计不必北来。且俟天气较凉，汝妇来时，或其时功课尚能走开，则汝来一送何如，我非不欲与汝谈天也。宝隆医院已经去过否。究竟能否照常开学，异常驰念。阅报载，吴淞工校可以无恙，而未及医科务必往宝隆一打听。汝有所闻即告我为要。清华出月十号上课，榴哥想已在路上，有信到沪否。兰弟近尚规矩，我管教极严，无一毫姑息，非此无以对四叔，无以对祖母。纵有不是处，在我教导如何而已，以后来信勿再乱说，且勿存此等褊浅之心，至要至要。我前言，两弟可以隔离，不过因小孩学样最易，能离开亦好，非有恶于兰弟也。四叔，我弟也，犹汝之于杏弟小菊闰弟也。汝能以待杏弟小菊闰弟之心，推之于我，则知我之待兰弟当如何矣。根武不能留住我家，已告之。因汝母分娩在即收生拟请西洋人，我之书房佛像均已搬至外面即靠东一小间，本无处可以留客也。阅报上海有大风，鹿年在船，恰未遇风浪，可谓运气。鹿年告杏弟，以汝在上海与所谈各语，深致钦佩，我闻之亦喜悦放心。程廉画我欲之，以近来画山水者渐少，北京汪洛年、林畏庐等所作，皆不惬我意，此幅却极可爱耳。吴鸿纶[1]字则甚不赏

---

① 程廉、汪洛年、林异尘、吴鸿纶：晚清画家。

识，不意亦一同带来。见蔚叔时，可说及也。棉花此间亦须七吊二一斤，南边此次大风伤棉，恐稍迟亦未必能便宜，至南北货色，则相差甚远。前寄两元计尚不够，俟一併汇寄可也。枕套用荷花边甚好，景泰蓝盆系杏弟买归，我亦看出有一只两样，去换，店内无相同者，无可如何。汝亦分别得出，可见细心。我足患二三日内当愈，近十日来闷甚矣。洪宪铜元找到否。我近又由杏弟之拳师李君代觅得洪宪枪子，可宝之至。九年邮票已觅得，洪宪历本尤富皇典丽也。余再及。此问汝二人好！外祖母岳母前为汝母及我请安道候。

八月廿七日　父字

足尚觉胀，指丫出水，故在床上写信。

三十七

我今番之窘，达于极点，故寄汝学费，不能如期，且汝于学费外另有用款，亦不能照数寄去。诚以汝前信写来百元内之六十三元，系汝妇所垫，则稍为缓还，必自不妨，或回京后由我给还，亦无不可。汝妇肯以钱给汝用，可见汝妇并无心眼，汝苟能将父亲窘迫情形，向之说明，汝妇无不明白，必不责汝，汝自糊图耳，且我家窘状，何可瞒汝妇，应悉告之。所以寄汝百卅元者，特先以应急，即汝零用，俟我手头稍裕，自即可随时检寄。数年来情形一直如此，汝自无不知也。特还汝妇之款可稍从缓一层，前谕忘未写明，汝或以为我真疏忽乎？我足疾不能出门，然为汝款亦写信找人，直至万不得已，始行函恳大伯，继恐不及。又发电去，盖未尝一日忘汝，并未曾一日忘此事，不啻时时在念。汝不知我于诸子中最爱汝乎？汝有所请，我虽窘，何事不允？此次汇款不能照数，且又过期，我方时时与汝母言之，以为使汝为难，心中实为郁郁。然心虽如此，卒不能多寄速寄者，正以见汝父适丁厄运颠顿可怜之情形。盖我亦方以不能如愿为恨，初不望汝知之谅之也，若怪父怨父则汝误矣。金钱最为龌龊之物，汝父素不爱惜。汝父于朋友安南人，且时时加以周济，岂以其最爱之儿，而忽生吝惜之心？不过时运不济，手头缺乏，无法可以应我爱儿之求耳。他日苟能稍裕，必能如量以予，令我爱儿满足。惟有一言，则我之爱汝，实为深切，异乎寻常，决非金钱所能表示，且决非金钱所能增减。此爱汝之一念，实有念兹在兹之概，我亦不自知其何以如此，且何必如此，徒自累耳。往往阅汝来信，千里外为之忽忧忽喜，汝岂知之耶。汝近来言语简单，写信恳切亦不如从前，汝不自觉耶？我深惧天之夺我爱儿也，汝务念之。我今日阅汝信，实气得异常。我朋友多，负债亦多，使人人来信皆如汝口气，则我气死矣。现在且不论此，大伯父处款，何日能到，殊无把握。汝到校务以北京汇款濡滞之故，先向声明，倘有为难，则照正月办法，请假几日，一面向同学借钞，俟款到即速上课，至要至要。汝能有他法自更好。以汝父偶尔窘乏之故，累汝稍稍委曲辛苦，亦无法也。汝母深望五婶暨汝妇来京，我亦如此，只以无钱之故，种种不能如愿。七十元本不够用，故我前谕有“届时再寄款”之语。汝来信可谓戆极，其实只要说男拟先在此中挪用若干，轻轻一笔，我无不允，何必喉急如此，现在我又细想，五婶汝妇本皆愿意住南，汝母生育，亦非初次，无人在侧，尽自不妨。

我如一时无事，借钱不到，北行即作罢论可也。我今日仍未出门。寓中均好。此谕菊儿

九月十六日父字　根八号

三十八

照片多张均好，汝二人合影不及前寄来长方者有趣。打牌一张清楚之至。与外婆同照一张汝妇神气甚好，惜眼黑太偏在角上。外婆一人持念珠一张亦好，摆饰内惟一钟不甚合式，因与佛无意义也。杏弟嫌汝发太时髦。

昨得汝书不免生气，因复寄一谕写至两纸之多。宵来枕上思之，四月偕汝母北上时，汝送至船上，坐床内泪落如绠，我亦挥泪被面，此境如在目前。何便责汝至此，汝写信话太俚俗，以致不能悦目，非有他也。学费不能即交，用汝妇钱过多，切切于心，亦是情理中事，非汝之错，汝父过矣。顷起读十八家诗钞，至黄山谷诗，“百书不如一见面，几日归来两慰心”情真语至，触我心怀，不觉为之黯然。汝父近真老矣，鬓髭渐有白茎，对于汝辈爱意亦切于往日，壮锐之气不觉暗中消减，殊可惧也。汝母顷谓我曰，此种生气真是无聊，阿菊接汝信又要懊糟，汝知之，又要勿舍得，真是何苦来也。我也暗思，汝兄弟已有四人，再添上一个，不讲快活，便是生起气来，亦已忙不过来，尽够热闹，不觉为之一笑。因特寄此信，以慰汝。此致菊儿阅之，汝妇并问好。癖药想

已寄在途中，我脚丫仍时作痒，据张冷僧[①]先生云，渠亦曾患此，中西各药均无大效，只有此药一擦便止痒，六七日后无不永愈也。大伯处款一到即告我。昨谕办法却是不错，汝是否如此从事耶。此番情形，勿为外祖母岳母知之，将笑我父子有呆气也。杏弟近面色明润可爱，身体亦结壮，校中功课渐忙，下两星期均不拟回来。

九月十七日　父字　根九号

三十九

阿菊知悉：

昨日十一公公处仆人徐福南下，带去一谕并皮蛋一包，又嘱往看致蔚叔信，想均接洽矣。我昨夜仍不能安睡，皮肤病想不日必可痊愈，但亦恐难以剋期，深为焦闷。汝母现在又要管家中日用各事，又要管弟辈，又要做生活[②]，又要服事我，竟是终日不得休息。分娩虽说是要九月十几里[③]，然未必如此之准，万一早些，而我尚未愈全，一切将无人照料，甚为可虑！我昨晚在枕上想了

---

① 张冷僧：张宗祥（1882～1965），名思曾，字阆声，号冷僧，别署铁如意馆主。海宁硖石人。清光绪二十八年中举人。善书画。建国后历任浙江图书馆馆长、省文史馆副馆长、西泠印社社长，并任浙江省人大代表、政协常委、中国国民党革命委员会浙江省委常委等。

② 做生活：苏州一带方言。干活之意。

③ 九月十几里：苏州一带表示日期的说话习惯，九月十几里即不超过九月十几日、九月中旬之内的意思。后面第一〇三号信中也有同样的表达方式。

半夜，竟不能不催汝助我矣。汝接此谕后，无论五婶汝妇尚有何事未了，汝必须想到父母在北受累情形，催促即日北来，以慰我念。川资七十不敷，你速与朴舅蔚朴两三叔商量，在何处设法移借三四十元为要。我现在手头尚有百数元，不能不留备汝母分娩等用，且汇费贴水，所化太多也。朴舅能送至北京最妙，川资亦算在我账内。我日内尚不能出门奔走，朴舅亲来一行，别处不能预定，庐柏顾处则必可吃牢也。如朴舅不能来，十一公公日内须行否？亦可一问。如实为难，速来一禀告我知之。五婶北来，千万勿买送人东西。五婶在京并无戚友，送汝母及我，则可谓无味之极矣。汝妇亦然。逖先旭辰两处，略备七八样物事足矣。至北京房间已搬过。因汝有夜间上房关门，后厢房不免胆小之语，我与汝母搬至东首第二间，汝妇搬至西首第二间，五婶则住西首套间屋内，汝以为何如？我中秋昏沉过去，次日祖母生忌亦不能起来叩头，夜间不知如何，终不能安眠，惟尚不烦躁，当与本原无关耳。此次一病，各事耽误不少，实可恨也！根九根十两谕，汝究见否？此次天津大水，车行忽断，南来信札，似有耽误或遗失等事，蔚叔来信，确似少一两封也。此问汝与汝妇安好！外祖母岳母前请安。如从海道北来，须购小棕垫两只，连架。

十月二号父字　根十二号

四十

菊儿知悉：

徐福行后，又寄根十二根十三两信，并电一件，想均送到。

昨得汝二十二早来禀，得悉一一。汝妇何以体次多病，四肢难过，胸腹不舒，究系何故？章用之如何说法？何不秉我知之。左大腿酸痛，又是何因？我及汝母异常记念！我意终是血气不能舒畅，亦问过章用之否？汝母昨阅来禀，主张决计叫汝妇不来，我意不然。海轮闻亦涨价，且风浪必大，不如改走汉口，江轮既稳，京汉车亦快，以时间论，究较海轮远航减少辛苦不少。惟伴送之人，我意蔚叔朴舅之外，叔范兄如何？倘有谋事之意，似亦可作北行也。汝则匆匆而来，因学课关系，又不能不匆匆而去，不但辛苦，并且旷课，我与汝母均不谓然。倘不能不亲自送来，则北上决行作罢，不必犹豫，且俟年底再说可也。至疑不疑，汝与汝妇均可放心，固可勿庸忧虑也。且学堂等事，汝既反对英文，我亦不知汝果赞成何国言语，并太息作罢不复提矣。我为汝等谋幸福太急太切，天下事又安能尽如我意耶！我已大健。此问偕好！

十月十三　父字　根十四号

四十一

阿菊知悉：

我爱汝、谅汝并爱汝妇，谅汝妇无丝毫疑心也。谦一号二号禀均收悉，寄杏弟信亦览之矣。惟我心中确有责汝之处，兹特告汝。第一、汝性情向来活泼，最喜说笑，人亦正直朴爽。故年来在沪，十一婆婆三婶等大家爱汝，均说汝好，我亦为之欣悦无穷。我为汝思，即境遇亦为不差，父母俱存，兄弟无故，妻室又贤，家庭之乐，学问之乐，闺房之乐，三者身兼备之。天之待汝，亦不可谓不厚矣。乃自阴历正月以来，兴趣锐减，寄我禀辞语简单，如云无暇，则暑假中有何事耶？不如从前远甚。寄杏弟信谓遍想各事无有趣者，又云因此志亦大减，竟如百余岁老人，谦二号禀亦屡云悲痛悲痛，究竟何所感而如此耶！一人就学在沪，亦即数年，我与汝母虽远在北京，时时通信，何异当面谈天。家庭之乐，亦可算得过去。以汝年龄，宜专心求学问之乐，我于此事所希望于汝者极远。即汝将来种种幸福名誉，亦自必先于此时，在学问上立定基础，方有希望。否则远离父母，究为何事？至于闺房之乐，现在亦不能算不圆满。果能夫倡妇随，一心医学，兴趣更增，即使为汝二人租屋住申，只要力能办到，我亦愿意。今则常常抑郁，并不是忧学问，竟为何来？我不但责汝，且以汝为庸人，无希望，负我之爱。汝妇不能解汝之忧，我又安能谅之？内助之责任，解夫之迷惑，促其长进，是为第一事。善事翁姑，尚为第二事也。汝而长此多忧，不知专心学问，汝之过即汝妇之过。此我之不能不责汝者一也。第二我病许多时候，汝母怀孕在身，我每阅汝来信，但以念念二字了之，即北来中有阻隔，亦从未有一语问起几时可以来接，几时可以寄款。所幸汝母近来体次极健，分娩必无危险，否则汝之悔艾有穷期耶？此我之不能不责汝者二也。以上二层，前者实事，颇关重要，后者系空论。我与汝母毕竟不能胡图（糊涂）至此，遂以是怪汝等也。现在汝妇有身，决计暂缓北上，宜遵我嘱，毋庸急急。并宜嘱汝妇放心，勿以为我与汝母真有责之疑之之意，饮食起居，千万小心。以后来禀，务望详及，我二人实时刻驰念也。汝则自己须知保重，一心一意，寻学问乐处，天坍地塌均可勿问。汝妇并宜时时助汝求学，劝汝勿胡思乱想。上课后务必用功，愈熟愈好。今日多记一分，即将来便宜一分。照相等学之甚易，既会即可抛开，千万勿沾沾于此，医学精深亿万倍于此等事矣。汝妇能助汝，即与自己向学无异，因夫妇之关系，最为密切，今日之苦乐，可以共之，即将来之事业名誉幸福，亦实共之，分划不开也。我苦口说汝二人，千万细心听之，去信噜嗦，皆因汝来禀噜嗦所引起，汝等能明白我固无他也。此时不注意，再二三十年，追悔不迭矣。现在朴曾舅京事已成，必要即陪五婶北来，汝等更可放心。款既用去，前谕送去四十元，即作罢论，想朴舅五婶必尚能设法也。汝寄杏弟信云不敢告诉父亲，此言何来。我管汝至今日，实最爱汝，汝亦从未有一事一语瞒我，何今忽有此言耶？豆乳何以不吃？此等事既有汝妇同在一处，我要汝妇为汝费心矣。写至此不觉已有三纸，我要写他人信矣。简单一言，我只要汝快乐，别无他意，汝不快乐，我即不免种种疑心，怪东怪西起来矣。此问汝二人安好！外祖母岳母前请安。今日寄出胎产金丹十二粒，未知能即到否？

二十日父字　根十七号

四十二

日来为大伯事早晚奔走，以致得汝三四两号禀，尚未寄复，汝或念我耶？大伯江西事，命令已发，无可挽回，成都又不能去，他调谈何容易，现与部中托人说到“先留部支原薪，俟川定再去”，关监督资格不消灭，则大哥来京，尚可合力设法。大伯母榴嫂等必是暂住沪上之局，此亦万想不到也。新康十六开，计二十可到，但祝路上无风浪，则五婶小舅庶可安稳北来。托带之物不少，十一公公处尚有钞件，曾去取否？汝伉俪能相和爱以解烦忧，我与汝母尚有何说。阅来禀，惟有合掌念阿弥陀佛而已。弥勒佛，外婆喜欢，遇同样者，当为购去。李君嘱购之仪器，杏弟云德国店已关，殊难访求，如见当购寄不误。汝妇腿酸，必须留意，久之或将成病，朱桂老医理甚深，药必对症，千万自己小心，至要至要！胎产金丹已寄到否？汝母近日甚健。三姨母今日来住此间。小弟不知何日出世。汝生日则已过了。幼菊甚好，或叫又菊亦可。我近来在家时多，以二元买菊六十盆，分摆廊下房中，日来盛开，颇有可观，亦未尝不可解忧也。小菊闰弟近甚听话，足以慰汝。水捐随意捐些即可，不在乎多。叔范可就者，系何种事，月薪至少若干，告我为要。三叔中间挂有合家欢四张，有一张龙官[①]剃头时照，祖母抱龙姪而坐，大家侍左右，是否系五年四月十日所照？即查明告我，因拟再令同生晒印，或将玻璃买归也。荇階六叔已赴长吉，事即可了。汝千万用心，医学确以德为最。此间狄博尔竟无人能及之，以医故在德人中独得自由，其人亦蔼然可亲，仁人学者也。图南里汝有便亦须往请安，否则十一婆婆必要说汝也。如去并须为我及汝母代言请安。此间菊儿伉俪偕吉！一切千万小心，夜间终以早睡为宜，至嘱至嘱！外祖母岳母前请安问好。

十一月二日　父字　根十九号

---

① 龙官：保儒的长孙，沈诰的长子，名沈人杰，小名龙。

四十三[①]

谦七号禀已接到，小菊闰弟我近时时留意，望汝放心为要。汝来信所谓胸腹痛，是否系中腹痛，汪莲石云是疝之一类，服药既投丸药亦必有效，千万小心，至嘱至嘱！媳妇腿酸，亦可请教汪莲石[②]，勿大意勿怕羞，至要至要！汝母于昨夜十二点四十分分娩一女，甚结壮，啼声洪大，神气极可爱，大小平安，足以慰汝二人。小名或用又菊[③]或叫如意，好否？汝母说是象丫头名字。汝二人为小妹妹决之为盼。五婶云有一海盐女仆能烧饭，汝母闻之甚欢迎，望媳妇留意，来时带来最妙。岳祖母前为我二人请安。蔚叔处暇须去请安，且我寄蔚叔之信于家中各事，有时较寄汝信为详，亦可索视也。杏弟昨日回家，适汝母将分娩，外国稳婆占据我书桌，故连电光表亦未及取视。杏弟云本星期日仍拟回来也。此问汝二人偕好！许缄夫（甫）[④]先生带物想已到。

十一月十二日即旧历九月二十八日　父字　根二十号

外祖母岳母前均此请安。初五四公公七十生辰，必须往

---

① 此信原件上有沈谱加的注：我出生当日父写给大哥的信。谱志于1984年。

② 汪莲石：歙县名医，为近代伤寒名家。著有《伤寒论汇注精华》等。

③ 又菊：沈谱（1917～），沈钧儒女儿，字筱婵，小名又菊或幼菊，并曾以如意唤之。

④ 许缄夫（甫）：名许炳（1897～1965），浙江德清人。字缄甫、埏甫，别号潜夫，法名圆煦。清末留学日本，学习纺织，曾任浙江咨议局议员，后任教省立工业专门学校。解放后任浙江省政协委员，上海佛教协会理事等。

拜寿。

四十四

菊儿知悉：

谦八来禀已到。汝二人近日如何，腿酸腹痛等恙能渐愈否，惦记之至！叔范事当为留意。朱群臣尚未见到。朴婶生日送烛面最妥。大伯父来信云，伯母以次已于十一号登舟开行。永义坊屋已定局否？汝母日来甚好，乳媪已用成，工钱月四元。小妹妹取名谱，小名又菊，亦以如意唤之，极结壮可爱，一无口齿皮肤等病，足慰汝二人也。内阁总辞职，已定暂留，秩序当无妨碍，谣言却甚大。中票已跌至六角零，此事实最受累而可怕也。余再及。此问汝伉俪偕好！

十一月十八日　父字　根二十一号

外祖母太岳母岳母尊前，一一为我二人请安问好。

四十五

顷自蔚叔处寄来谦十一号禀，阅悉一一。我明日即访教育部参事汤爱理中，专门司长沈步洲，电托阮校长。但望丁公公交涉后，已生效力，自最妥洽。短缴之膳费，只好速即补缴，勿多辩论，至要至要！我日来不名一文，汝暂向外祖母处一移，是否八元余，四五日当即汇去。汝妇能即北来，最盼！惟阳历十二月二十七日以前，我万万汇款不出。近极力省，电话等均已折去。竟是无法，如何如何？十一公公欲接冬姑娘南归。我欲请十一公公派人来此，兹沏致朴叔一纸，倘款尚未汇，可一转移，既省汇费，又可应急。惟如此办法，则必须汝妇能于一星期内偕叔范同行方可，且须趁海轮，如以为难，且俟年假时再说可也。女厨子如人老实，工钱两元，到京万一不烧菜，可在少奶奶处粗做，即带之北来。如人不老实，到京后不免噜嗦，即作罢论。因近来王司务尚可勉强，不用女厨，买菜等仍属为难也。菊伉俪同览。外祖母岳母请安。

三日　父字　根廿四

四十六

菊儿伉俪同览：

谦十七、十八两号禀函皆到。汝妇近腿患如何不见提及，念甚念甚。京寓皆好，又菊妹渐能笑玩，殊可爱。榴哥杏弟十八号考毕，再三日即回寓矣。英文百科全书，杏弟现尚用不着。此等书愈新愈好，俟到时再购不迟。叔范何日北行？大伯、三叔、十一公公何日北行？同走抑分次？望先禀告及之。我薪水须廿六七方能领得，今日十六，再须十天届时必即寄汝，以北京钞票七十元不能再多，蔚叔三数已还我矣。此间各项需用太多，我力有尽，而供应无穷，殊不易为也。近体殊健，至黄瘦并无其事，忙尤无可如何，忙尚钱不够用，使不忙待如何耶？汝千万勿念。寄榴哥信，当俟面交。余不一一，即问汝二人好。

一月十六日　父字　根卅

西面尽边一间，本留作汝房，现在已定汝母挈又菊搬过去，我睡从前放箱子这间，现系汝母房，设一旁铺，请三叔睡，外间请大伯父睡，即现在我卧室，西厢有良兰二弟、朴曾舅舅。日内尉氏款到，良弟即赴唐山，兰弟朴舅搬至外间书房，则汝二人来，亦有房间矣。西城根实住不下，我终想搬，但须过阳历三月用款方盘得转也。以上房间云云，晤大伯父三叔可禀及。

四十七

孟婵如晤：

十八寄快信想达。十九一天在四伯伯处，回源泰里已十二点矣。图南里、源泰里、华兴里均阖第光临。二十午车赴苏二十一日午间回沪，到镇抚司前已三点，岳父面色尚好，略带苍白，左腿重不能举，膝盖处曲不转，大腿骰骱常觉酸痛，似系中寒湿而起，确见肿胀，行步一手扶杖，一手扶人，连走带跳甚苦，上床时左腿不能自动，须要他人抬起，徐徐放上，倘二三月不能见愈，右腿亦必受影响。因现在偏重一腿用力，久亦必吃不住也。夜睡尚安，胃口甚好，恐有火。脾泄已止，不肯请医生，自开一方，早晚服虎骨酒，现由二叔找一推拿先生叫林松亭，住大进巷，请封一元，轿钱六百文，二十请来推拿了一回。我主张连推四五天，岳父不允，仅廿二日即今日再请来推且看何如。我意岳父毛病非属危险症候，惟一时恐难好全。妹如南还，住沪抑住苏？小孩不能带来带去，菊媳[1]又要生育，两头牵挂，如何是好？故现与菊官商定，大家赴苏租二叔处厅后楼屋。月租据二叔云七八元，不要押租，我拟每月送十元，饭即包与二叔处厨子，家伙一切就近借用，不独省钱，妹亦便当，想必赞成。至回来决趁（乘）轮船，要免票信，日内即可寄家去，新铭上官舱尚舒服开爽，又菊阿妈想未去叫，现在者尚能勉强够吃否，或以牛乳帮贴，好否？顾宅喜事，又菊想必未去。此间龙官到了城里，次日即身热不舒，今日尚未好也。妹回南行李一切望即整备，以便要行即行，妹、三小孩、先生、乳媪共七人，单夹衣服务必带齐，其余他物，妹细斟酌，我想及再写，行时望向陆家大姊借票洋二百元，换现带南，即以国务院下月薪作抵，请绍勤代领归款，似甚简便，望妹再斟酌，至要至要！二叔处屋可关断，另辟大门，小人止严家外孙女元官等三人，即往来亦不甚杂乱，惟有一层要坚持不许者，即现次乾处又有小孩要来住或附读，请妹勿可答应也。荣官新娘子甚好，送见仪两元。刘家的伴房，上之夫人多病未起床，故未往视之。平江公所明日廿三拜忏，廿四午前九时恐须十时灵柩自平江公所起身，下午四时开船，廿五即可抵禾。四伯伯十一叔叔十一婶母尚须赴杭哭翰臣舅舅均去，廿六登穴，三月初二三即可返上海。惟我尚拟往杭州一转，妹抵沪时我必在码头迎接也。菊媳二十早晨曾往一谈，面色甚好，胃口睡眠均好，今早觉腹痛，菊官来此携保产无忧方去撮服之，当可无恙。兹有寄舅舅一纸望即转致。

---

① 菊媳：张受采，沈钧儒长子沈谦之妻。婚后，沈钧儒为其改名为张绚，字受采。

汪棣乡处我另已寄函谢谢，望告知朴曾。次乾上海事因俊叔有裁撤之说，当然要受影响，渠意中甚为懊恼。宝书常见，渠即甚舒坦也。摺锭钱已还大哥，妹与五弟妇共十元。余再及。即颂夫人近安。五弟妇处致候。小孩均好。

二十二日衡山手泐午刻

四十八

阿菊览之：

顷得汝六月廿八日来禀，欣悉一一。杏弟意思，我亦但愿如此。自可件件赞成也，欧美戒早婚之说，其立论有二点，一在经济上，一在生理上。其在生理上者，往往引印度及吾国粤省风俗为证，十五六岁如凭印表妹等，诚不免早婚之讥矣。其在经济上者，以男子能自立为立论根据。其故以欧美与吾国家庭组织不同，其父不愿因子女增加担负耳非子不愿早婚乃父不肯为其子早婚。我意凡事终要平心静气，细细研究，早婚于生理上确有非宜，惟过二十已不为早，若经济上难可深论，西洋风俗如此已成一种习惯，戒早婚之议系在男子一方面而言，若女子则且持不嫁主义矣，其冀得自由，不受他人之牵制同也。而且妇女奢侈自适，亦多不宜供养。故实际男子已达自立年龄，而经济仍不充裕，往往有终身不能娶妇者。盖所谓自立者，经济自立也，无论何人，经济几时可得自立，实属茫无把握。我意吾国婚嫁，可深思其理，于社会进步，裨益不少，即随时随处注意勤俭，勿以婚嫁故妨碍生活，亦勿以生活故严滞婚嫁，斯为得之。至学问全在自己，汝要温功课，尽可自用功，他事勿问可也。人生不过三十年有为，即过二十岁后，再十岁而三十，再十岁而四十，再十岁而五十，此三十年内，年力精壮，可以树立经济，可以发挥学问，可以恢宏事业，即再加十岁而六十，亦不过四十年，为至多矣。而鼓琴瑟长子孙亦即在此时期以内，若二十岁以前，六十岁以后非所任也。无论中土圣贤暨西洋政治学问诸先哲，其经济、其学问、其事业之成功，得力于内助者甚多，记载不少其例。若如汝辈所论，岂独早婚不可，即三十四十求学做事，立脚社会，全在此际，较之二十左右学生时代，尤为重要，毕业后尤当勤求学问，岂彼时便可荒嬉自得耶？自更不宜婚事。而人生一娶妻，即不免于经济学业大有妨碍矣，岂通论耶？总之闺房静好，自有程度，若因燕暱之私，真必至废时失学，莫可如何。是非特早婚可哀，即迟婚亦仍无补于事也。我今累到如此，照汝等思想，亦将悔与汝母结婚乎？写至此，不觉哈哈大笑。美孙①有伟男子相，阿爹闻之，极为欢喜，摇篮到京必购予之。房子打通西首邻屋，邵伯闻以为不宜，只好作罢，现拟将上房左右两间均拆出一椽，工程一切在内共十七元讲定。使房间宽展，可多放东西。东厢加以整理，似亦可勉强够用。汝房间爱做在东间或外间，看图与母亲媳妇细细商定，决定告我为要。余再及。此问汝母暨汝兄弟姐妇外舅都好。王妈放刁，汝等须助汝母管束之，勿令汝母受气也。

五月二十五日　父字

辐舅处二百，必不敷，当再设法寄去一百，当可够用。喜字

---

① 美孙：沈钧儒长孙，沈谦之子，沈人镳（1917～1924），乳名美官。

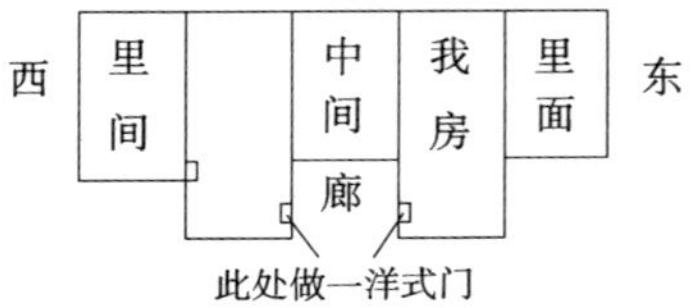

十一号系与寄汝母信合算

四十九

菊杏同览：

小别甚为依依，顷寄大伯父一函，想送汝等阅之也。新屋布置一切，今日应已停妥。鹿年想已来，汝母胆小，杏想睡在房内，又菊妹乳媪已有否？上腭白点已否退尽，雪水可再向如茂公公索之。美官前日不受热否？甚以为念。女厨已否用成，北京已否有信来？时刻在念。帐子决计不做，红裙想已饬做，五婶何日就道，京中尚有何事，真时时在念也。我一路甚平安，今日上午十时抵港，暂寓大同旅馆，趁晚间十时小轮赴广州，明晨七时即可到，一切如何，当即寄信。香港甚热闹，市街房屋皆三层以上，其建筑式样与上海全不相同。电车有楼二层，与友人去坐了一节，又到山顶游玩，亦坐电车直上直下，斜度极陡，颇为有趣。顶上五六层之洋房不少，有丈余宽之马路，水道、电灯、铁栏、草树，布置井井，令人忘其险峻。今日天阴，山上出云，从云中走来走去，云气一阵一阵，大风挟之扑面而过，亦奇景也。客中无聊，写此以慰汝母及汝等，助夜灯围坐念我时作谈资也。鲜桂圆荔枝已吃过，不见佳，香蕉则较上海为肥大，棕间树有丈余高者，榕树极多，轮围擁肿甚可玩，江浙所无也。夜轮闻极讲究，可畅睡，余无可说，即偕友人出晚饭矣。即问汝母及汝兄弟大媳又菊妹美孙一一安好！

七月三十号　父字

大伯父大伯母三叔三婶以次一一为我请安问好。不接电，一星期必回也。

五十

小菊小菊，好爹此信，是写给你与闰弟两人的，看时要你讲给闰弟听，讲勿出，勿认识字，可问母亲、五婶娘。好爹惦记你两人，你两人想亦必惦记好爹，好爹要你们听母亲、五婶娘、大哥哥、嫂嫂、先生的话，倘不听话，被母亲、大哥哥说了，好爹晓得，要勿舍得。就是你两人忘记好爹了，好爹又要你们两人走路小心，勿跌交(跤)，吃东西嚼得烂，别相①东西要放得清清楚楚，勿乌挤百糟，衣服脱下要叠好。闰弟是你弟弟，你要时时照呼他，勿叫他心里苦得要哭出来，两人大家都不要碰碰就哭、就闹。好爹是喜欢你的，闰弟闹了你，好爹要不高兴，但是你要晓得好爹亦喜欢闰弟的，你闹了闰弟，好爹亦是要不高兴。小妹妹大家要喜欢她，勿叫她哭，推坐车要小心，勿叫她跌交(跤)。你两人要处处留心，听见母亲、五婶娘叫人，要接嘴叫，听见美官哭，要告诉母亲、嫂嫂，看见小妹妹大小便，房内无人，亦要告诉母亲、嫂

① 别相：苏州一带方言。玩之意。别相东西，即玩具。

嫂。先生房内冲茶倒面水，亦要留意。书房中他们不来打扫，告诉大哥哥。看见大门不关，就关好，或是叫董福。此皆是你两人大家要用心的。好爹处，二哥哥处，你要随便写几句信，不通也不要紧，别字也不要紧，好教好爹与二哥哥看了喜欢快活，见了信，与你两人见面挽手一样的。小菊生日，好爹不在家，没得吃面，好爹不忘记，要回来补吃，小菊帮好爹记住了。好爹见面，还要说小菊恭喜恭喜也。拳是不是闰弟不打了，地理最要记熟，算学也要熟。你与闰弟空时，可向母亲要一尺，将房间开阔多少，窗面大小，桌椅高低，量来玩，要准，或将房子桌椅等物，画出图来，作为玩耍，亦是好的。好爹现住在青年会三层楼上，窗外对着珠江，小轮船帆船来来往往不少，天井内有花台，有树木，有假山，有小鱼池，房子里有演说厅，有运动场，有游泳场，甚为有趣，可惜小菊闰不同在一处。礼拜六常有音乐影戏，好爹到了此等时候，心中眼中终想着你兄弟两人，如何如何，闰弟夜间终要小心，勿踢被头，临睡勿饮茶汤，出尿尤易受冻，千万小心。楼梯上下，大家勿奔，小心跌交(跤)，月台处多水易滑，亦要小心。到大伯伯、三叔叔处去，说话清清楚楚，规规矩矩，勿太吵。水果勿多吃，勿久放在抽屉内，如有腐烂之处，即弃去勿吃，至要至要！此谕小菊、闰儿。

父字

五十一

闰儿知悉：

接汝来禀，甚慰，惟汝近来又因吃蟹粉受冻，咳嗽，何以自己不小心，好爹有点怪你。夜睡勿再踢被，衣服穿得要正好，至要至要！汝好了，三哥又病，好爹恨极，汝要买物，好爹回来，一定可有，但汝与三哥终要听我话，保重身体，勿生病，则好爹在外闻之快乐矣。此谕闰儿。三哥我不写信了，可即以此纸给他看之，叫他要乖要强健。

十一月三十日　父字

五十二

夫人如面：

顷七点半钟矣，刚刚吃好晚饭，出了一个恭，打开铺盖，预备睡觉，恰因四五点钟的时候，盘膝坐在坑上打了一个大磕（瞌）睡，神气非常清醒。又特别官舱共总六间，却有五间多是女客。五点过后，则出吴淞口，他们已说是有风，略吃一点饭，一个个多已睡了，男客亦不见出来。吃饭止有六个人，舱中止有茶房两人，连我三人，清静宽舒，却不免想起家中来了。顷在东洋车内与小菊说写信譬如谈天，汝写信到广东，譬如是伸了一只长嘴巴到广东。我现在要想伸长嘴巴到家中，各人的耳朵旁来了。但可惜话虽如此说，我嘴巴虽伸得长，家中人终是听不见，要看见这信至快亦须八日后也。今日最恨的是开船不是十点钟。早知道何必急忙忙跳起来，尽可在大家面前多谈几句天，还可抱又菊一回，美官亦可起来与我亲热一番，想来直是可恨。惟有一事却是运气好，倘是菊官不先为买票，到了开船再买，缺了四元，杯子买不成，小账亦没钱给，船上未遇一熟人，岂不是一无办法，闹了笑话。如此一想又幸亏他是十二点开也，我真是觉得凡事一定非人力所能为矣。现在付了船票廿二元，尚余三元九角，小账上岸船钱都有了，可谓侥幸之至。阿菊上岸后，船是即开，舱内立刻清静。一女子甚蕴藉有致，确是新嫁娘，其夫刘姓，似留学生，或是商人，看其容貌言语，似甚忠厚，此女子前途应可快乐称意。又一小孩亦尚可爱，惟其母欢喜太过，一步不离，稍稍有风即问小孩头晕否，小孩说是不适意，其母即说囡囡睡罢，将其送入被中。亦不晓得鼓励起小孩兴子来，亦不晓得领他到舱外去玩玩，看看海景。好端端一个活泼小孩被其母弄成了一个疲软萎靡怕风胆小之人，真可惜也！我在船开后即将网篮内各物取出，检点一番，吃陈皮梅吃松子糖吃杏仁吃面包榨菜，又泡了一壶代代花茶，一面吃一面看《中国雕板源流考》，不觉睡着了。睡了一忽已是将近五点，即去出恭，茶房为我另开一间进去。尚称洁净，晚饭并无素菜，招呼全不相干，止有菜汤一碗可吃，我吃了自己茶叶蛋两个，榨菜好多块，豆付干半块，下饭两碗，饭后按照西洋规矩，吃了一只新会橙这称呼便宜他了，实是广橘，甚得法①也。写至此则到二张三行，已八点钟，茶房亦多睡了，船亦甚摇摆，我亦想睡矣。家中今日想必可早睡。又菊今日想未即搬到厢房里，闰官想现在又可好些，此为我最祷祝盼望之一事矣。闰官千万听好爹话，勿忘记，要快活勿许哭，动气懊恼最不好，荤菜不妨吃些，油腻仍可不吃，夜间睡觉，被头终要塞紧，只要自己心中记得

① 得法：苏州一带方言。合适、舒服、对路之意。

牢，梦里亦能警醒，肩膀自不会露在外边矣。写至此我要打八段锦矣，明后日无风，再谈别话，大家珍重珍重。

以上十五日写

夫人再会了：

今日已是十八日，昨夜家中想大家早睡。妹千万勿念我，善自保养。夜睡盖衣被勿太多，重了压得筋骨亦不舒服，脚后却必须盖暖重压，使翻身时可勿牵动，至要至要！小孩尤勿可使睡在脚边，大人小孩俱各受冻，实在不舒服也。我昨晚睡得甚好，我睡的地方，上边有窗撑起，阿菊回家，必说是防有冷气吹入，夜间防要受冻，大家不免担心。小菊必又要想到万一小猴猕跳进来，好爹岂不要吓一跳。我亦如此想，不料临睡时抬头一看，窗已关得甚好，并有油布套套上，妥当之至，故睡得格外安心。今早七点过鲇鱼山，茶房说是浙江温台交界。我八点始起来，海平如长江一般，有四五分钟几如不动，询之茶房，云因船上机器不知在何处一链条上松了螺旋钉，正在修理，顷刻即照常进行。如此大轮船，一螺旋钉可使不动，何况人身不是铁做，比船要小几万倍，岂可使身上有一处稍有毛病乎，大家真要当心也。我洗脸后叫茶房烘了两块面包，做了一杯咖啡，想起杏儿说话，又嘱抹些牛油。不料十点即吃午饭，勉强吃了一碗，走到船顶上踱了许久，看海鸥飞翔，往来练习呼吸，刻已十二点十五分矣。我写至此意欲稍歇。满舱睡静，茶房亦倦，俱睡去，只有刘姓家一婢女，比双全还小，名叫麒麟，被各房关出，一人走来走去，壮健活泼，甚为可怜。双全种的牛痘如何了？此婢生性尚厚，做事尚好，虽不十分伶俐，却不算懒惰下贱之品，阿菊无缘无故勿加责骂，须念世间无爷娘[1]的人最为可怜，少奶奶空时，倘能教导令识些字，亦还是造福于他。

以上十二点写

今日晚饭与昨日同一吃法，惟豆腐干已滑，不得已给了茶房，足见船上之暖。饭后又到顶上，太阳半埋海中，色如臙脂，鸥鸟数翼，绕樯而飞，最怪者一极小渔舟载三人，浮沉茫茫之海波内，其胆未必较常人为大，盖其习惯已成矣。我下半日细看昨日买来三种报纸，看得级细，又看《天台小止观》半本，忽然想到美官必须令其练习早睡，此事须告大媳留意，姜妈去后尚不致受累否？五弟妇梳头如何办法？上海去梳头，我甚不赞成，粗做已有两个，三房应可兼做，最好用一梳头兼针线，然像煞有介事之人，万不可用，至要至要！我动身后，妹应可不到厨房烧饭，闰儿病好后，妹须往城内图南里、崇福里三处叩谢为要。四弟妇[2]亦须往看之，耳聋脾气不好，种种吃亏。玉官[3]身弱可怜，四弟妇前欲我助款，我近年太窘，久无补助，问心实惭愧不已，望妹为我切实道歉，只要我有一比较确定之事，手头稍宽，决无推倭（诿）也。阿弥弟弟，阿菊阿姊皆不许加以诃责，但也不许不管，须善言教导。阿弥性躁急，吃饭太快，须嘱缓缓，早晨起来，连披衣都要叫双全，未免太懒，须令自己练习，纽子亦必须自己扣才好，在楼上追逐不独声气太闹，万一额角碰在柗脚上，必致流血破相。望妹

① 爷娘：苏州一带方言。即父母。

② 四弟妇：恺儒的妻子。

③ 玉官：沈钧儒四弟恺儒的女儿，名沈谖，乳名玉官。

禁止小菊闰儿，勿可如是。空来看看童话，讲讲童话或练习算数，画别相、弄吸铁石显微镜、搭木头皆可。又菊无论何人勿惹其闹，亦不可教以凶人等事，千万千万。阿菊言语以后终要婉转，不可其硬如铁，御下人尤要体谅，彼虽至愚，亦有心思，当面不敢抵抗，背后必然咒骂，真是何苦来也。大媳亦须用心，帮助母亲，妹耳不便，非有人相助作主不可，但待下人终不可涉于苛刻。看小说最无用处，偶然消遣，自无不可，决不可终日看之。现在时世进步，人人都说男女要平等。凡为女子，不可自弃，男子所能为之事，女子同此耳目，同此手足，亦应仿效仿效，学习学习，且女子亦自有女子所应为之事，须自警觉也。妹年已长，且家事琐屑，无从说起，从前我曾以“算术须知”、“天文须知”、“重学须知”等书授妹，冀略知各种科学道理，今则不欲以此相责矣。若大媳正在青年，五弟妇终日多暇，纵不求知识，亦当想一利用时间之法。五弟妇倘能早起好学，振作精神，自可为吾家妇女之模范，大媳二媳均可得益，又菊将来亦有师资，不知五弟妇有此意兴志愿否也？倘竟看破一切，则佛学正可研究，五弟妇如有意，我亦极愿指导也。顷间茶房忽问老先生今年七十几？我殊好笑，我自视如二十、三十岁人，尚想进求学问，广事游历，何敢以老自画耶？杏儿有无信来，近身体好否？心中快乐否？我时念之也！写至此，又已八点三刻，我将铺被头预备睡觉，早晨十二段锦未做，尚拟补练。忽又想到同济教员柏德、博罗二人尚有二人仍在逃，已在华界获住，顷裁报见之，不知是否阿菊先生，日来校内情形如何，念极念极。余事明日再写矣。

以上十六日写

今日早起大雨，过九点朗晴，天气较昨日益暖，细阅岳父诗稿，详加校正，另纸札录得二纸，尚有数事研究未悉者，因作寄二叔信，将所记二纸附去请教，想二叔必能一一想出，详细告我也。午后三时雾起，五时后益浓，舟行极迟，几如不动，汽管不断放气，顶板上两旁舢板皆解绳整理，以备万一之虞，七时半始见星月，八时雾散。当舟行最稳时，官舱内乃极热闹，三号内之小儿与其母，在我榻前桌上玩一美国洋铁制自云系美国寄来者之火车模型，轨道桥梁皆备，如车机栝灵捷，极为精致，六号之某官及

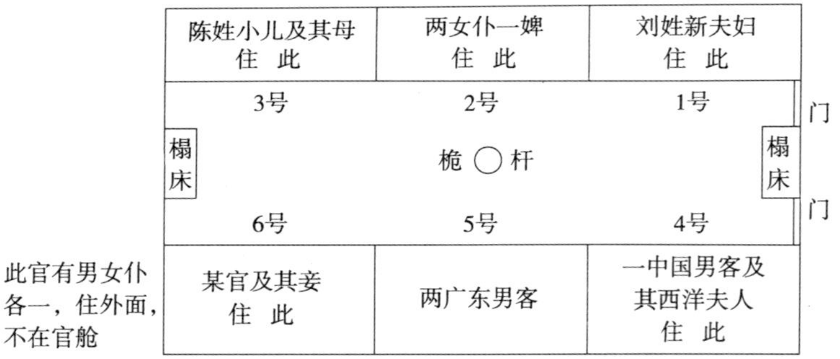

官舱图

其妾、又一女仆、一男仆，陈姓所用两女仆一婢，茶房二人，皆来围绕观看。新郎亦时来相助接轨，惟因新娘竟日头晕，卧不能起，则又须时刻回至舱内陪坐密谈耳。我于此时因女客纷扰榻前，乃不能不避至舱面，散步看海，直至七点半，渠等始各散归本位，兹特再以舱内诸客情形，为妹等言之。一号之新娘颇可爱，身段玲珑，举止大方，早起坐我榻前櫈子上，约六七分钟，看我写

字，我几视以为我之爱女也。陈姓小儿之母，爱子太过，“阿囡当心”、“勿跑远”、“外边有风勿要去”、“你音内看阿要跌交(跤)”、“阿囡……阿囡”等语不断耳边，未免可厌。又其子侮弄婢女不顾其痛，乃母见之竟不加制止，母教如此，断送一个好孩儿矣。某官殆一毫无知识之人，其妾必系买自胡同者，终日未闻其发一程度稍高之言，可鄙之至。陈姓之母，似亦必为人妾，非正太太，与某官日间皆在看书，本子极小，蓝底封面，当是坊刻俚俗小说耳。四号之中西夫妇，弹弦子，唱小曲，亦不正气。写至此，已十点半，雾又大作，放汽不止，可怖可怖。今日茶水发咸不能吃，带来之广橘，因此倾筐已尽，虽非新会橙，味却极甜。我因大雾危险，尚须检点紧要物件，放在手头，以为万一有事之备，其实庸人自扰耳，好笑好笑。只好明日再写信矣。

以上十七日夜十点三刻写

昨日雾极重，船行极缓而稳，官舱内人人皆起，故我遂无暇可以写信，最妙者七时即醒，见晓日射窗，安然无恙。前晚匆忙一小时，果属庸人自扰，自觉可笑。天气甚热，因换夹裤，惜夹衫尚在广州，衣服无可更换。陈姓之母尚强捉其小儿戴帽，出舱外则必令其披领巾，真爱之适以杀之也，可恨可恨。夜八时雾退，闻今日未明即可抵港，恐起岸时舱内必甚纷扰，须得早起，因即睡觉。趺坐一小时，闻女客窃议以为仙佛，并各述其所闻见，荒诞可怜极矣。某官为广东缉私统领，所携者为新纳之妾，家中已先有三妾，中国此等家庭真非一捧打散不可。茶房言香港有一家纳妾三十余，室置大床，床内装电灯如游戏场，听者有似甚羡慕者，茶房忽云此家可开一大堂子，遂各轰笑而散。以上所写为十八日事。

今日七时到香港矣，停一日明早方开行，即拟上岸寄此信，内附致二叔信一封即寄，又奠敬信封一个，俟我款寄到时封入四元送一百另三号代收转寄为要，余俟到广再详。欲语千万，最急欲问者，闰儿所苦已否好全也。敬颂夫人暨儿媳女安好。五妹均此，鹿兄致意。

二月十九日　衡手泐

五十三

顷上岸寄一信，共十纸并附致二叔信等，想能比此信先到，信中详述日来各事，并倾吐胸中欲说各语，所以不厌琐屑者，意欲使夫人阅之如觌吾面，又如一路同行故也，兹当言上岸情形矣。我上岸即往寻中国邮政局，不意沿海岸行四五里，不见邮政局，疑此间本无中国邮政局，如为英国邮政局，不识外国字，亦无从找寻，遂作罢论。因所到之处已与博物院相近，遂即入观陈列各物，不如上海博物院之多，动物除虎豹猿鸟外鱼类、蛇类、贝类颇多可观，然如我购得之大螺却不见有极奇之鱼，蛎壳有较网篮更大者，其他如钱币、矿石、海舶之模型，安南、暹罗、缅甸、日本各种风俗出产之模型，又有关于香港之纪念品。有一穀较常穀大五六倍，藏于金质之匣中，匣旁有说明，谓系光绪初年，香港农人持此献与英皇孙者。视毕，出至大同旅馆，该馆去年住过二三次，账房均认识，因托其代为寄信，即坐在彼处看报，待寄信人回来取得回单，时已十二点。即往先施屋顶饮茶，听电气自动“批霞诺”[①]，唤冬菇素面一碗食之，因箱中所带《雕版原流考》、《小止观》、《继龛诗稿》、《威尔逊演说录》等均已阅毕，无可消遣，至四楼买书。先想买小说，继想买诗词或古人尺牍，终乃以二毫四仙买《催眠术独习》一册返船，视钟尚未打二点，询茶房知须晚九时开行。官舱各客皆已上岸，仅六号中西夫妇未去，舱中空无一物，洒扫洁净，甚为舒服，茶房已将我行李移入五号矣。我无事，再将石灰洋箱逐包解开一看，前几日仅吃炒杏仁、炒胡桃肉、松子印糖、又食幢内各物，颇想吃慈菇片，见又有精印糖一罐，慈菇片两包，快活已极，遂以手攫而食之，一片一片吃，都来不及取，可笑之至。松子块亦吃了数块，漆盒内之麦饼系盐味而非甜味，妙极，预备时不免费夫人与大媳等几多心也。晚饭止我一人，有豆付(腐)菠菜汤一碗，尚可吃，又取出笋干榨菜及四伯伯所送皮蛋食之，饱饭二碗，饭后登船顶。岸上市街电灯已如繁星而起，山上电灯高高下下，尤为可观。忽觉离身数尺处有物吱吱的叫，不禁吓了一跳，急忙注视，即开船日小菊所见之小猿猴也。因又观其跳跃数分钟，始回舱内，即开墨盒写信，表上已八点四十分矣。

以上十九晚写

二十日上午到广州，即移住南园对过五十八号，一切尚舒服，惟天气已热极，日中非穿单不可，终日沉闷，欲雨不雨，讨厌之至。我自二十午后至今日傍晚非访客即客来，以致不暇寄信。三月公费顷领到，统换广东角子，兹托广大轮船买办郑君业臣带

---

① 批霞诺：钢琴(piano)的音读。

送招商局，请四伯父送来家中，共广东角子二千枚，又常州林仪铮信一封即交邮寄，百〇三号信一封阿菊亲自面交为要，因中有要语也，上午十时十一时之间，张谷必在家，勿交仆人手，均望收入。四伯父处曾借十元须还，文宅奠敬四元须送，兰侄制服九元几角须付，余能从缓还，以从缓还为是，留备家中各用。张亲家太太一款还去亦好，请妹斟酌。闰儿如尚未好全，即请中医一看，万勿毛躁去割，至要至要。余俟再布。敬颂夫人近祉。五妹并好合家大吉。

二月二十日　衡山手泐

五十四

小菊二信，闰一信，皆收到。父亲喜悦之至，一拆信封，即看见两只长嘴，霍的钻出来，几乎吓我一跳。闰儿字写得粗而圆，像其人，是胖的，甚可爱；小菊则颇美丽，千万用心写之，将来二人可大好也。此皆先生教汝等之功，汝等要晓得感激。报上新闻报一家十二岁小孩算得一个小英雄，飞潭腿捉住三贼，大哥曾讲与汝等听否？十一点必须睡，每食后及临睡，必嗽齿，刷干净，至要至要。阿弥弟有进步，汝等须助之，吃牛肉汁、养蚕，都好。小菊能写英文，要看书，我闻之喜欢，发财票不容易买着的。

五月七日　父字

五十五

阿菊览之:

接二十六日十一号初一日十二号来禀,并汝母信一纸,详悉一一。家用如此窘迫,节用竟非八十元不可,为之长叹不乐,既怒汝不能早告,申信到粤须五日,迟则六七日,来回信至快十一日,又怒汝不能省用也,周岁用钱太多,节盘亦可节省。以过之事且不说他,端节究竟如何过来,我实万分记念。叔通处款无论如何已在节后,京中寄薪当在节前,不知能有多少。我在外边事事省俭,有钱即以寄家,汝等须知我钱有限,不能尽数用去,要代我想一想,并要代自己想一想。四公公处人多用少,最可羡慕,汝母亦极端节省,汝等须细思之,勿专一相情愿为要。此次所以窘迫至是,我仔细想过,汝之买书为一大原因。汝不能暂时借阅,俟我有钱时再买,况书以后出为贵亦不吃亏,乃一下买了,遂至转掉不灵,以后必须多多盘算方好。现在家中如何,想汝必又有详信。我从今日起十天内,恐未必即能有钱寄家。我此次欲归不得,无异在外作抵押品,若再进一步,即须丧尽廉耻而为之矣,如何可哉!汝云经济调查会三百元大可取得,并以我不曾拒绝院薪为言,原自不错,但其中亦小有分别,国务院事,未来粤时即有之,若现在特意去向经济调查会报名,则更说不过去,且院薪之所以不辞去者,亦为家人之故。我的意思能不拿自更妥,诚如汝言也,汝勿谓父亲既已吃人打了一拳,不妨再挨几拳譬喻如此,须知老骨头禁不起也。昨知上海罢市,北京拿学生一千余名，时局如此恐有大乱，大家千万要有整备，饮食衣服均要省俭，此理汝全不知道，非叫汝吃苦头不可。媳妇首饰押完，即系为汝买书，共押数几何，可告我知，汝勿必放在心中，我自当取还之也。此种事不可开端，有了此种经验更应知节省之为要矣，但有此经验从此振作，省钱力学，不爱世俗体面，知道自立，则为有志之士。若有此经验，从此起了贪心，或便心灰意懒，学问也不高兴，什么钱都可拿得，则登峰造极，可作曹章第二，汝其慎之。杏弟有信来否？清华罢课而渠不得出校，如渠南下，杏弟妇只好仍寓北京。我经济上担不起，一也；既伉俪意不甚投，同来杏恐又多罗唣，二也。望汝与母亲再详细研究之，至要至要！时局如此，我月内或即回来，或尚不能回来，皆不能定，望汝母与汝等大家放心，勿念我。家用务必节省，世乱钱荒，现象已成，勿信汝父有骗铜钱的本事也。前途如何不可不虑，爱汝甚不觉言长，汝细阅之，至要至嘱。余再及。此问汝母亲以次安好！

五月初九日　父字　第十三号

五十六

菊儿览之：

我寄十一号信知已到，十二号十三号信想必无误，刻得初六日十三号来禀，详悉一一，释服过节，劳人又伤财，无谓之至。汝母伤风美孙亦伤风，小菊齿肿牙痛全是受热后复受冷之故，想均已愈。闰弟亦全是热，只要透发即愈，余云岫先生看后，用药想无错误，我念极念极。家中各人只管生病，真是何故，我细细体验不外食物、穿衣、盖被三事。食物要清淡嚼烂，穿衣要勤换，一暖即脱，略慢即受热，一凉即添，略慢即受冻，盖被要却好，最易受热，因睡的时间过长故也，要紧护脊骨、腰、腹三处。夜睡小菊与闰弟不同，小菊不动，裹被紧，易受热，故其病一二年间多为喉牙二种；闰弟多动，盖时受热踢时受冷，既受热被冷一逼遂致热伏在中，故每病即昏沉多呓语，此理望汝与母亲细细说明并讲与三四弟听之。嘱其自己亦要小心，并请汝母少问他事，研究此三事，留心小孩饮食，闰尤要留心。吃饭时大人你敬你菜，讲别事，最无谓。第一要管小孩，吃物太快要说之，挟物与食时终要择清淡而易嚼烂者，不要吃者勿勉强，能不淘汤最妙。衣服不外换得勤换得早，盖被万不可过厚，一出汗一踢被病即成矣，至要至要！我在外即于此三事为最留心者，故不易生病也。又有二事为我行之得力者，（一）冷水洗脸确绝伤风等病，（一）不吃茶吃开水确能荡涤肠胃，只要是开水，虽凉透饮之亦不会泻肚，滚水饮之亦不宜，最好是温开水也。又每天必须劳动令其出汗，但亦不可令其过多，夏天水果不可多吃，如吃，无论何果皆须吐渣。梨、苹果、西瓜、橘、柚、葡萄、香蕉皆为佳果，桃、杏、黄瓜、香瓜等竟是毒物。实在觉得渴，最好是吃开水也。闰弟请先生教以杏弟临睡及起来所打之拳，必与有可，摆马式等，则与彼不宜也。家中窘到如此，累汝到如此。我前两信尚噜嗦说汝，甚为懊悔，惟我意不过愿汝知艰难耳，非责汝也，汝当谅之。十七八必可寄钱到家。时局解决不远，议员至少每人可得四千，系补足岁费之数，或可倍至八千未定，此亦好消息，数月后或可略从容也。前月廿五六，上海曾有大风，日来又罢市，信上未提甚以为念。汝同学愿当物助汝，少年人能得朋友感情，为汝欣慰。每星期洗澡真非易事，阅禀为之好笑。三叔处沪妹[①]多哭，亦系受热，此乳妈万不可再吃其乳。安庆[②]、杭弟[③]食物时，三叔父母全不加以研究，此亦多病之一因也。兰弟玉妹如此，闻之甚怒，如何办法，极难着手。以后浦东校事，如送钱等，竟非交在校长手中不可，只好劳李叔[④]、全叔等奔走，汝就近酌办为要。阿弥弟亦要徐徐感化，令改脾气，则汝岳母将来真得汝等之助力无穷矣。津贴案如再开会，必可有望。四姑母又得一表弟，晤十一婆婆时为我道贺。日来有人赴沪，当带去小菊闰画册饭碗等类。汝嘱购之物，当为觅佳者，须略缓也，余再及。此致菊儿即候合家均好！

六月十号　父字　第十四号信

杏弟已报名回沪团，甚慰，可惜无钱，否则我甚盼其来粤一行也。汝学医，杏弟好卫生，倘能将果类蔬类列一表，孰为可食，孰为不可食；孰易消化，孰不易消化，一一注明，则大妙也。卫生书中或本已有此表，亦未可知，惟不知详备如何耳。丁福保[⑤]所印《新本草》尚可观也。

---

① 沪妹：沈钧儒三弟炳儒的二女儿，名沈语，小名沪。

② 安庆：沈钧儒三弟炳儒的大女儿，名沈谐，小名安庆。

③ 杭弟：沈钧儒三弟炳儒的次子，名沈譔，小名杭，号巽言。

④ 李叔：指李根源。

⑤ 丁福保：字仲祜，号梅轩，别号畴隐居士，1874 年出生于江苏无锡。近现代中国佛教史上的奇才，编纂有 360 多万字的煌煌大典《佛学大辞典》，还著有《佛学指南》、《佛学初阶》等佛教研究的专著。此外，对儒、道、算、医、古文字、古钱币等的研究也有很深的造诣。

五十七

菊杏同览：

今日十七日也，早起得杏端午日自西城根所发信，又自校中发诚字第三号禀，知十六日即昨日趁(乘)回沪团专车南归，恨我不在家也。汝信均有理，端五信中谓，劝我勿以金钱问题而伤感情，阅之不觉大笑。父子兄弟有话尽情说，彼此相爱之极，不当略有隐瞒，汝等放胆说来，我不生气，难道我说几句汝等就会怨我怪我耶？必无其事也。苟如是，亦无所谓父子兄弟之感情矣。杏谓我布衣终身，是牢骚之语，非知我者，布衣蔬食，念念悔过，念念服善，终吾生而已我立志如此也。闰病当已好，明后日有友人返沪，当托带去上海钞票百元，又藤箱一只，内砚台、夏布、牛奶式耳环、小镯、扇、超小饭碗、画册石花，又陈叔通[1]古钱拓本各件。余再及，此问合家均好。灯下写此，匆匆数行，此心已与汝等相见矣。

六月十四日　父字　十六号信

---

① 陈叔通：名敬第(1876～1966)，中国政治活动家，爱国民主人士。浙江杭州人。曾担任全国人民代表大会常务委员会副委员长、中国人民政治协商会议全国委员会副主席等职。

五十八

菊杏同览：

接菊廿一、廿二、廿三号来信，杏初八、十七来信，详悉家中各事，我心欣慰异常。闰弟已好，尚在忌口，大媳服顾药尚投，均望小心为要。美孙黄不要紧，太疲[①]则不可。乳是否未断，只要大人小人均无妨碍，尽管吃吃不要紧。家中用款终要节省，送与医生，尤不值得。我在外所之钱，本愿供给家中，若转辗供给了医生，实在是不愿意，我与他有了交情，真是上当。故平日卫生最为重要。杏儿向来注意，务必代我向各人劝告，不独身体强健舒服，亦储蓄金钱之一道也。夏承碑寄售，确是吃亏，但穷人做事亦只好如此，亦是没法。叔通所云，商务书馆规矩如此，亦不能怪他，但菊云朋友亲戚皆是钱做，此语却是不错，故积钱实为紧要之事。杏来信见理论事，明白透切(彻)令我阅之舒服爽快，不料杏之能如此也。医农均是与人类最有关系最有利益之科学，榴哥不知学了什么科目，药物学最好，大嫂习之，但我已不作此想，菊儿不赞成也。杏愿学之，甚慰，但我意菊已学医，杏应另辟一途，学农为是能兼森林学及畜牧二种，妙极矣。商甚无谓，以其易蹈空也。工之机械建筑亦为重要，但建筑近学者已多，机械科高等者很少。近世国家，以造机器为工业发达与否之标准，日本尚不兴不能与英美比，中国则竟无从说起，杏既愿学农，且

---

① 疲：苏州一带方言，大都写作"皮"。顽皮、调皮之意。

将工留下，俟小菊闰又菊他日择之可也。又菊他日我必扶助，令其身体强健，学一种专门学，俾与男子一样。我现在广州，凡事不敢自弃。第一是求知识，现在世界学问，滔滔进行，有一泻千里之势，我事多年长，早晚悔恨，赶看各种杂志不敢怠慢。英文近又觅到先生一人，已勉力从事；第二戒懒惰，每日除打面水、盛饭、扫地三事外，从来不叫仆人，自己能做之事随手便做，劳则身健，可以无病，劳则有恒，不想无益之事；第三求平和快乐，皈命宗教，不作妄想，少责人、少愤世，事事先求自立，一心便常怡然。汝二人以为对否？行草书可买十七帖及草字汇二种习之，至哲学等书，无论学习何种专门者皆应玩索也。黄先生如不求学问，晏起好玩，是我害了他。菊杏与鹿年是好朋友，应当婉转劝导也，至要至要！菊疑杏写信与我不给你看，可以放心，杏并无一语说兄，我不晓得杏为什么不让兄看，但我可为之保证，杏弟性情之厚，爱兄之切，菊岂信不及耶。戴老太太要买牛奶式纯翠粒，我当留意，恐非二十元以上不能好也。见环弟为我慰之，仲婶日来何如？病根太深，我看可虑之极。华兴多病，汝二人须常往看视为要！杏在家为何晏起，千万提倡早睡，此卫生第一事也。此问菊伉俪杏儿均好！

七月廿一日　父字　第廿二号信

附去俞寰丞、周志成两信，能送最好，以周或迁寓也。沈子培处菊儿务代我一行

杏盼我早日一谈，我岂不想早回，就是为了钱，念之可恨。杏千万写几封京信。

五十九

小菊、闰儿同览：

父亲接菊哥哥来信，知道小菊身体强健，闰病亦好了，喜欢得了不得。汝两人以后吃东西，换衣服，夜里盖被，终要自己小心，不可太热，亦不可受凉。吃东西，第一嚼得烂，第二无论何物，尽管好吃，勿可吃得太多。小菊尤要听我话，饭后及临睡时，千万用水将口中齿上洗刷干净，两个人勿要闹，勿要哭，至要至要！闰官此次吃了许多苦味的药，化了许多钱，将父亲的钱送给医生，真是可惜，倘使平时饮食冷热小心，不生病，将此钱买书图画及好玩的东西，岂不有趣！又不要睡在床上吃苦药，岂不便宜！闰官以后记住了，自己保重身体，要紧要紧。父亲便放心了。二哥哥所打之拳，已学会否？此次藤箱中皮人皮虎等，是否分与又菊美姪，汝二人拿否？可写信告我知之。又有一要紧的事，不可惹又菊及美姪哭与闹。前几日父亲接大哥信，当中有又菊妹小照一张，像极闰哥，父亲将他放在桌上，如同见了闰又菊两个人也。天热，在家中多洗澡，上下胡梯[①]小心，勿与阿弥弟争，读书要句句懂，能讲得出，倒不在乎背得出。小菊能算到什么程度了，晓得家中房子有多少高否？此问汝二人好。先生面前替我请安！

七月廿一　父字

① 胡梯：苏州一带方言。即楼梯。

知道各处学生大闹为了什么事体否？大哥哥做郎中，二哥哥要做乡下人，汝二人以为好否？

六十

菊儿览之：

昨得二十四号禀，详悉一一。大媳专服帕勒托鱼肝油，甚好。美面色黄不要紧，青则不宜，须细考之。又菊何以挤糟，恐胃有积滞，饮食第一要小心，生病以此为最要原因，暖与寒尚是第二也。闰弟亦要从饮食注意。杏何日北去？兰何日开学？怕母亲管即不回苏，此子休矣，如尚有多日须押令回去。汝何日开学，需钱若干？望即一一详细告我为要。我爱汝无异于在日本时，且爱大媳亦如爱汝，但爱则责备亦多，惟其爱所以责备也，望汝勿多疑瞎想。汝尽汝心，汝做汝事，放胆放手，我不疑汝，我可保汝母亦与我一样。杏弟仁厚明白，汝可与研究一切，我现明白凡人对于自己，有一种义务，即如何方能使此身不虚过一生，即我在此世上应如何选择自己职业，并如何答谢宇宙之种种恩惠也。此等处全与父母、兄弟、妻子无关，所谓我对于我自己之义务也，汝能明此义否？张川如兄处转六十元、八十元两次想到，日内有钱即寄。兹寄大伯父信三纸、批命一纸、汝去信两纸、徐叔女人信两纸。余再及。即问汝母及五婶合家一一安好！

父字　七月廿九日　第廿三号

祖父母坟上汝须去一看视。速函蒋四表伯，问须再往否，如须再往，即约期，汝在禾车站等候可也。

廿四寄一不列号信到否？

六十一

小菊、闰同看：

得汝二人来信，好爹非常快活，看了又看，闰云又菊好玩，其肉嫩，好爹看到此三个字，不觉好笑，手中尚拿一张大哥寄来照片，竟跌到地上，急俯首去拾，额角碰在桌边上，起了一块，五六日始不觉痛，你们道好笑不好笑。猫是那里来的，小菊既要养他，还得教他，尿粪要有一定地方，睡要有一定地方，吃饭的时候，不准跳上柗盘[①]，这猫如听小菊话，方可说此猫是小菊有的。小菊闰与又菊同照一片，小菊挽又菊手处，蓬蓬鬆鬆一堆，是什么东西，来信告我，闰腹胀等，要自己小心，不动不相宜，太吃力亦不相宜，吃东西第一要忌鸭肉，连汤亦不可吃他。因为鸭是浮水之鸟，最惹湿气的，是一最好的医生告我，闰记住勿忘，至要至要。此问你二人好。又菊美姪请你二人告诉他，好爹很惦记他们。

八月二十日　父字

六十二

阿菊览之：

---

① 柗盘：苏州一带方言。桌面、桌上之意。

顷得三十九号来禀，知香港寄信及二十九百元均到，家中大家安好，甚慰。美孙断乳挤糟不要紧，过几时自然好了，千万不可因其挤糟即再与吃须在代乳的食物上留用心研究便是父母的责任，至要至要。另用乳妈，我不以为然，非专为省钱也，惟省钱亦为要事。我日来正日日计划此事。亲戚朋友到紧要时岂能常常来照顾你，终要自己立得住脚才好，所以平日省俭是第一，储蓄是第一，舍此外别无他道也，最不好是无谓的应酬，现在家中闹的全是空花，不能结果子的。大舅嫁女窘迫异常，客多亦要多花钱，我们岂可去累他？喜事又外祖父周年，汝母是不能不去的。小菊、闰、大媳、美、当然不必去，从前有外祖父在，去与长辈热闹，可令外祖父高兴喜欢，尚有道理，现则甚无谓也。又菊如恋母，不能不去，否则亦以不去为是。中国人家中有事，小人最吃亏的，寒热肚泻就是跟了大人去热闹的结果。汝母亦以先一日去，迟一日即回为要，家中现有许多人，自然不能在外边耽搁，汝陪了去即在苏耽搁一日，至第三日与母亲同回，即可省去再往苏接车钱，至要至要。待图书分送十元已够，安庆妹送物不可过五元，三婶大伯礼至多各三元，不可再多，便是縻（靡）费矣，大舅嫁女，三叔搬场，我有钱何不送钱，与其縻（靡）费在无谓之应酬，倒不如节省下来送钱过去矣。我年内用款甚多，戴家押去之珠，我终想即取回还汝母，以其为外祖母之遗物也。大媳之物亦须取出。又鹿年经手二百，商务书馆二百，数已不少，家中千万助我成之，勿令我应接不暇也。我衣服本不讲究，现在饮食亦简单到极处，不嫖不赌，有钱终寄家中。家中务必要想念我，代我省俭下来用在与家中人有益的地方。用了这个钱，身体可以强健，则用之；用了这个钱知识可以增加，则用之；用了这个钱家中可以安乐，则用之。若是用了这个钱，不晓得外边人有没有力量来接济，不到几日，恐慌起来，弄得愁眉哭作，还要说这个应酬是不能不应酬，真是作孽了。现在世界思潮变到如何样子，岂可大家再胡里胡图，必须打破前种种虚伪的面子，切切实实勤勤恳恳做一个人，操起一个家来，才是道理，阿菊勉之。大媳生长在家门并非富贵，是最好的，富贵家女儿男儿，我现在看来终是不对。第一即懒字去不了也，吃苦不了也。现在世界，无论男女，照以前是不兴了，大媳千万要提起精神，研究家政，求知识，做事体，勤俭自立。戴家即有许多样子，不可学也，至要至要。杏弟信乐观，我闻之亦为之乐。家中用款一定者，止有百十八元，而每月用至二三百元，杂用内必有可省者甚多，千万与汝母细细商酌，勿真视我为牛马也。(一)应酬要省，(一)买物非必要者须省，(一)买物勿买华贵者，(一)饮食要省得实在，(一)寄款到后可存银行，放在手头一日可尽，(一)每日上账，须要考究，此钱是否用的得当。上海各书铺有《致富锦囊》一册二角，汝可购来观之也。美片四张可爱，前日放书箱去，带五十元又照片三张我此等照片皆是人家送的，未曾化钱。今日又从邮局寄一保险信，内封钞票六十元，汝接洽为要。我的去信汝须细细观之，譬如遗嘱。我是看得见的，汝母此次不及作函，汝代我细细禀告。我终想了如此做去，实在危险，结果必致我焦头烂额，火不得了，或至于死而汝等求学家居，更无从说起矣，岂不可怕！我与汝母及汝等皆须在此处用心研究，想一法子，至要至要。此问汝母亲五婶合家以次均好！

十一月十三日　父字　福字第一号

六十三

阿菊览之：

接汝 40、41、42、43 四次来禀，慰悉一一，并知我寄各信亦均收到，兹复各事如下：

（一）美孙黄瘦念极，我先以为本来如此。倘确系乳水不足，补吃几时试试看亦好。海盐既有妥人，甚好，汝速与母亲大媳细细商量定夺，不必问我也。寄来照片四张，可爱之至，何以来信声明是他人送的，令我不懂。大媳与汝均勿多疑，我之爱汝伉俪甚切，惟近来世界思想实在进步，女子问题，劳动问题，闹得凶极，讲得有理之极。无论贵贱，无论男女，第一要有知识，第二要能做事劳动。我在此看此种书报颇多，心中非常感动，因为爱汝等，故愿汝等有此气象，将自己振作起来，代我把家庭改革一番。汝自小我带在身边，故盼汝尤切，大媳能助汝，即为我所切望之事。助汝不是空言，使汝快乐，使汝用功，皆为要紧。然欲使汝快乐，必须大媳自己先要晓得快乐，欲助汝用功必须大媳自己亦有求知识之意，此一副重担非汝两人合挑，是挑不起的。我惟爱汝等，故言之不觉其苛细琐碎也。《致富锦囊》二角一册，大媳亦看之，汝再买一册寄与杏弟为要。家政学、育儿学其余浅近科学书，大媳有志，均可看之也。

（二）留学事，阅汝来信，我亦心动已极，但目前我是无法，倘时局解决，能得有一二千元，必不用在他处，供汝学资，但望汝安心用功。家中有何烦恼不可居，还是汝母亲待你不对了，还是大媳待你不对了。出洋留学，是为自己求知识起见，不是避家中，所以要出去，千万看得清楚，至要至要。

（三）同济现究竟如何，祝世兄何以来信云已于九月十五号上课，杭州省议会最近开会，曾提到同济请愿事否？来信均详告我知之。

（四）杏弟信三纸寄去，中有责汝语，汝勿怪之，杏弟心直口快人也。

（五）小菊闰坐马式前信已提过，当已告鹿兄停止，凡事不可强为。我从前要两弟学打拳，现始知全是一种理想，未必即可实行，然两弟得鹿兄益处，实在不少，算术、图画、地理、国文均受其勤勤恳恳之教，我感激不置也。

（六）兰弟上海不宜，已函大伯三叔商定办法矣。

（七）得三叔信，知三婶以次均已移津。

（八）我寄之保险信，方带信，知已到，二十号汇百元想亦已到。日内尚可再汇百元，阴历十月下半月必可再汇百元。此二百元系十月寄款，以后每月按时寄二百元也。米勿做账，又菊闰牛乳粉及牛乳无论如何吃不到二十元，来信阅之不明。

（九）小菊闰读书问题，明年如何办法为妥，汝空时为我计划告我。

（十）夏承碑已收到，商务书馆销去几本否？印刷账此间分局亦来收过，我已允其即于此间付还，如再来收，汝可复之也，叶分不必送。

（十一）沈培老处门薄一本，汝千万代我去一催为要，恐遗失也。送渠夏承碑家谱各一本。

（十二）徐云骞表兄出商务馆，恐其中尚有他故，如照渠说法，可谓大上童当。另图事谈何容易，我现在实无法，见时为我致意，只好留待他时，渠画地图实甚佳也。

（十三）我脚后跟忽生鸡眼两个，走路甚痛，夜睡亦涨痛，受累之至，汝问母亲有何方法否？

（十四）大舅抱孙为我道贺。

余事再及，见四公公十一公公婆婆仲朴叔诸人均为我请安问好。此问合家安好。

十一月三十日　父字　福字二号

广州鞋子，底粗梁浅，亦是生足茧的原因，望即为我买一双鞋子寄来。头上梁要深，底要软要厚，尺寸与汝穿的差不多可也。

六十四

阿菊览之：

连接汝44、45、46、47、48、49、50各禀，又鞋一双，夏承碑廿本，得悉一一。家中皆好，惟美孙口中有热，亦须小心，莲枣汤如何吃法，衣勿穿得太暖为要。小菊好后，可穿学校制裤，前似有之，因外国裤裆中扣得紧，无异绷带也。汝出洋事，我已设法，在此间已以两百元买定佛郎，大约六百元佛郎，总可买定，且备一年学费再说。下次寄谕，当再寄一介绍信与汝，一访上海留法俭学会主干，问明制衣及路费究须若干，以便准备，汝留学我时刻不忘。四公公大伯伯处，我皆不愿开口。浙派教员调查事，亦断弄不到徒费车钱而已。汝为大舅押钱及赴杭州,我皆不赞成,以汝现在尚非出外办事寻钱时候,尚可推却不管也。我从前最喜揽事做,然往往无结果,以有此心而力不能继,等于未出力也,今甚悔之,汝以后凡事须斟酌出之。汝母意搬苏为佳,我仔细研究,目前终以少动为是,搬苏(一)目前要一笔押租,又需筹款,我有此款,我愿为汝买佛郎,不愿出押租。(二)搬费亦不少。(三)大媳岂能不至戴家,往来车费,每月又多了一笔开支。(四)苏州亲友应酬亦不少。有此四事,在金钱上已不值得。且外祖故后,住苏有何味道?故我意目前且住上海。惟有数事,必须做些工夫下去:(1)每月立定预算,将一定用款放开,(2)伙食要想法省,我拟不请鹿年,即为此层,(3)杂用要省,弟妹辈又吃牛乳,又吃鱼肝油,又吃牛乳粉,须得改良,人要强壮在劳动,不在安坐吃补品,勿染有钱人家习气,(4)譬如不在上海,少出门少应酬,但求门内够用,大家快乐强壮,(5)大媳用心帮助母亲治家管孩子,勿常至戴家,闲来看有用之书或做针线学习劳动。以上望与汝母及大媳细细研究为要。十一月份我共寄一百元去,十二月份要多少,来信须及之。我年内归否,殊不能定。一因制宪恐未能完工,一因家中及汝辈需用太多,譬如政府不能省财节用,掊克人民太甚,则人民无法,只好牺牲一己之快乐,所谓国家要紧也。二外祖药丸便当购好,俟便带去。实甫二叔[1]及大舅二舅困境恐日增一日,其大病根在不节用,所望小一辈的不染此病,则一二十年后尚有兴旺希望,否则难矣。我目前无力,只好救自己再

---

① 实甫二叔:沈钧儒大伯沈蕃长子,名沈恂儒,字孚仲,号实甫。

说，只要稍有能力，大、二舅必当设法援助，以报汝外祖也。沈培老处门薄须催或索回。商务馆碑买(卖)掉几本否？此问汝母亲五婶以次均好！张信即送去。

一月八日　父字　福三号

来信寄广州东门外川龙口福兴皮革公司程麓卿先生转交(我现住此处也)。

六十五

菊、杏同阅：

顷自韶关回广州，得汝二人初十日六十号禀，阅之非常喜悦。菊此次出洋留学我心中甚乐，惟钱是实在没有，不能勉强的。借钱是实在不容易，亦不能勉强的。故我想得一妙法，就是可省则省。此一个省字，我认为极有趣味。因阿菊有钱可留学也，年底回家一行，无论如何终要在百五六十元以上，故不能不省。只要菊可出洋，我比还家更乐也，前谕所谓懊闷，皆是假话，我心中其实极快乐也。杏信云我素轻财且信佛教，何今竟为金钱所困而牺牲家庭乐趣？此杏误解，有钱不肯用，是谓鄙吝，无钱而不能借，是谓无法，情形不同也。阅汝等函，我已为乐极，胜于回家矣。惟年底虽暂不归，正月必设法一行。杏儿学校事，让我再仔细想一想，三日内再寄详信。菊船期即定阴历三月十八日勿改。今日托中国银行汇去六百元，年内必到。衣服费船定洋先提开三百元，其余三百元，除开年底家用外，外提开或买法郎或存入银行，汝自酌之，此即我省下之回家费用也。此次年内不归，我并无不快乐，望汝等告知汝母，大家切要快乐，祝我在外康健，我亦遥祝家中康健安乐也。菊船期千万勿改，有伴同行最为紧要，我方放心，如改船期即不能体谅我心也。惟船钱全数在何时要付，来信却须明白告我知之，至要至要。菊函云目前虽则是费，其实仍旧是省，此理我亦知之，惟借钱不易耳，譬如顿当①买米吃便宜，零碎买米吃吃亏，自家买房子住便宜，租别人房子住吃亏。话是不错，只有有钱的办得到，无钱的惟有吃亏而已，无他法也。瑞士、德国到法再定最好。张菊老②信如何说法，阮荀伯③处万万不可借钱，汝又忘我言矣。我此次不归，别无不乐，惟与杏儿见面略缓，不免闷闷。汝母或要责我不念汝母，然不能不恳汝母与杏儿恕我也。四公公十一公公处拜年，为我说到。苏州二阿爹代我写一拜年帖去。余日内再详。此问合家安乐。

二月十日　父字　福字第十号

---

① 顿当：苏州一带方言。即把几次并作一次或一次性之意。

② 张菊老：张元济（1867～1959），字筱斋，号菊生，浙江海盐人。我国杰出的出版家、教育家、版本目录学家。

③ 阮荀伯：阮性存（1874～1928），早年留日，创办浙江私立法政学堂，为杭州最早的知名律师，先后任杭县律师公会会长，省参议员、省司法厅长。

沈谦、沈诚留学德国期间

（1920~1924）

1920年11月沈钧儒长子沈谦赴德留学，同年底沈钧儒从广州回到上海，为继续寻求救国之道，沈钧儒阅读和研究各种学说和思想，首次接触了马克思的《资本论》。同时，沈钧儒开始撰写《家庭新论》，论述家庭问题及社会问题，内容颇具独到见解和独创思想。1922年初至6月，沈钧儒任《中华新报》主笔，发表了三十余篇政论性文章，指陈时弊，表述了主张法治、主张联省自治救国等思想。1922年直奉战争后，沈钧儒被委任为参议院秘书长，离沪北上，参加制宪。1923年，沈钧儒因为反对曹锟贿选，辞去秘书长职，离京返沪。此年11月，次子沈诚赴德留学。从1923年下半年开始，沈钧儒奔走于京、津、沪间，反对和揭露曹锟的违法贿选。当时，直系军阀拟进攻浙沪，沈钧儒在上海日日为江浙和平奔忙。1924年8月至10月，他又参加了浙江省自治法会议，负责起草行政、立法等章节。

六十六

菊儿览知：

自汝动身，碌碌别来，已将近两月矣天地想隔，惦念之心岂释怀，亦非笔可以尽耳。所喜者，汝沿途皆有安禀，抵法国且发安报到家，悉知汝路中安好，风浪等勿怕。　　以上为汝母所书

香港、海防、西贡、新加坡、哥伦布五函均到，详细已极，阅之殊为欣慰。接马赛电，知汝于十三号已安抵法国海岸，今日廿七号，计经过半月，应必已抵德国。决定到何学校？住居何处？与何人同寓？一切是否习惯？每月究须用钱若干？想必有详信在途。阴历十二月初十边方可接阅，甚令我闷闷也。家中均安好，大媳甚健，腹痛尚好。美官壮硕日日有进步，新年当拍一照寄汝。渠小弟弟产生当在正月初间，已为取名"人德"小名"珠官"，届时一切必当小心。接生决请黄女医生。日来汝岳母从硖石僱来一媪，叫金姑娘，是否小心内行，当由汝母大媳细细试验教导之。此人已去须再另觅，廿八注。小菊闰又菊妹皆好。杏弟月余无信，物理功课，我此次入京另为请一人讲解，月送钱十元以

上,应可渐渐明白。雨农[1]舅舅已到沪,我去谈过一次。汝动身后,我即赴杭,与闰弟同去,归来又赴京,耽搁八日。与仲仁舅舅、丁佛言[2]、徐佛苏[3]三人同出,又同至杭,归沪才四日也。汝行后,至今日,系第五十日,此五十日中,我之忙迫,盖不可言。时局可怕已极,北京气象甚不佳,惟我之国务院谘议,改作顾问,增薪为三百元,钱却是拿不到,拟在杭就一校长,成否未可定。年内不免窘极,汝请加大媳月费,我拟从正月起,照汝之意加给,刘妈亦拟照汝意稍为奖励。汝云书舅处貂套,法国得价,本拟托金君带去,因书舅当去,一时取不出,只好再说,再觅便头。汝在外国,勿多念家中,凡有事告汝者,等到信到汝处,此事早已过去或变换样子。汝千万用功、找快乐,惟有二事必记住,一、勿沾染外国习气,一、每月寄禀三次,详细自最好,简略亦不妨。我亦当每十日寄汝一信,自十年一月一日起算,排定号头,以便查究遗失,汝亦照此办法,至要至要。龚未生君托打听药料价钱,便时可为之。小杯子如何?能得价若干。家庭应用简便医治物品,亦望调查告我。我年内不至他处,或到杭州走走未可知。叔范在京未见面,尚到学堂,终想在杭为图一事,日内当作函询其意见也。金君恂侯明日动身又改三十动身,廿八注,托其带去洋油箱乙

---

① 雨农:戴陈霖,字雨农,沈钧儒长媳张絇的舅舅,曾任中国驻瑞典公使,国际联合会代表。

② 丁佛言:名世峄(1868~1948),字佛言,号莲钝,山东黄县人,近代著名社会活动家,文学学家、书法家。

③ 徐佛苏:(1879~?),字运奎,号佛公,湖南善化(今长沙)人。民国时期历任大总统政府顾问、南北议和代表等职。

只,内火腿四块,鸡蛋四十八个恂侯意不好带,取出。廿八注。不知路上能无问题否,物少想不要紧也。汝行后我实时时念汝,因汝在家,替我之力处太多,今则无事不要自己出马,如何如何!鹿年待我如同老辈,我甚感之,教弟辈亦认真,渠乃翁出殡,日内要回去一趟。榴哥在美,已四月无家信,真是奇事,大家均甚念之也。汝有榴哥地址,可一通信。德国如有特别之事,汝来信亦可记入为要。此问阿菊好。

阳历十二月二十七日　阴历十一月十八日　父字　联字第一号

家中大家附笔问好

六十七

菊儿如见:

汝途中各函,无一不到。去年阳历十二月十六日、接汝与李世兄十三日一点四十分在马赛所发之电,今年阳历一月十日、又接汝与李世兄七日下午四点在固廷根所发之电,家中人人欢喜万分。当时即将来电转苏,李筠菴[1]先生现搬住葑门内严衙前七十号。巴黎各信均到在第二电后,我仅托金世兄带一信,此信知已到。竟无从寄汝一字,直至阴历二月初旬,接汝第三次信。开视仅明信片二十三张。三四弟得九张,大媳留乙张,其余四张有"盖斯麦门,男天天走过"、"男天天在此饭馆吃饭"等语为我留玩,均未给又菊及美官,无一语,亦无发信地址,令人惦念不已。

---

① 李筠庵:上海著名书法家,即民国年间海上名书家李瑞清之三弟。

第一次第二次信迄不到，怪极怪极。未知何故，但望不是遗失。船只耽阁（搁），则日内必有接到希望。昨日阳历三月二十九即旧历二月二十日，忽从和民坊送来一信，以为必是第一次禀函，乃开视却系大除夕德四号禀，路中恰好走了五十天，详悉一一，欣喜之至。大媳一函当即付阅。我即持信封至余云岫[①]处请教，据云汝所住为“匿科劳斯堡（倍耳簖耳）维簖五十一号Ⅱ”。今日即始寄此信，路远真不便也。汝所入系何学校？如何情形？住在何等人家家内？同住者几人？同校几人？同班几人？每月究竟须用若干马克？仍无从知之。第一、二次信倘竟遗失，则真叫人闷死矣。现在德国不认赔款，协约各国派兵进占各地，不知固廷根受何影响，物价能较前便宜否？汝胖好极，翻山吃牛乳，藉可劳动，甚妙。陈君想即系同居之人。固廷根离柏林里数多少？在德国那一方？均望便中告我，能绘一草图最盼。汝能将同学麻雀革除，我殊喜悦。所要各物连前六神丸等，日内必寄。章士钊[②]君到德，汝可寄一信与之，我曾讬其照呼汝，并为通消息等事。家中各事条列于后，看起来较为清楚。

---

① 余云岫：名岩，字云岫，号百天，浙江镇海人，1905 年至 1916 年间两度赴日留学，归国后先后任公立上海医院医务长、商务印书馆编辑，后开业行医。曾担任中华民国医药会上海分会会长，国民政府内政部卫生专门委员会等要职，在医政两界颇有影响。

② 章士钊：（1881 ~ 1973），字行严，曾用笔名黄中黄、青桐、秋桐等，湖南善化县（今长沙市）人，是中国现代著名的政论家、政治活动家和学者。曾任新中国政务院法制委员会委员，全国人民代表大会常务委员会委员，中央文史研究馆馆长等职。

一、家中大小，近来一时，终算安好。我是强健之至。去年汝动身后，曾到过杭州两次，余时均在上海，一无进款，年底幸亏国务院发了三个月薪水，又向朋友借了二百元，才敷衍过来，正月又是借钱。最近张菊生[①]请我写行书字模，约期五个月，每月送一百元，终算有了进款，然仍不敷，正在另外想法。联珠里又加房租四元，然我不愿他徙，时局如麻之乱，其势非住上海不可。北京政府必倒，万无去找他之理，或再回杭州当省议员未定。然房子亦不退租汝以后信寄联珠亦妥。可转租与他人也。汝学费时刻在心，已向人张罗，借到即购马克不误。大媳月费目前亦竟不能增给，如何如何！汝母尚安好，惟耳鸣受累。小妹妹一天一天好管。阿金已去，尚未用得妥当之人。五婶甚好，日来回嘉善去。大媳亦甚好，腹并不常痛，去年阴历十一月二十二日午后一时三十分生一女，呼以珠官，系黄瓊仙接生，大小平安。小孩面目如画，异常可爱，十二月初二日忽不吃奶，亦不哭，请黄琼仙来看，实在医生均不兴，汝能专研究小儿科否？即云系胎中病，看不好了。我不信，又请他医，余云岫亦来看，至初四日午刻竟殇去，可惜之至！汝母亲与大媳等当时略有怨伤，过后即忘。我当日即将其棺殓寄存嘉兴会馆，止生有十三天，昙花一现，不知何故投胎，令其母受八九月怀中之累也。美官当拍照寄汝极有神气，二月初曾往余云岫处听过，云心脏已无病，日来随大媳回至三德里，因雨农进京，寓屋稍为清闲也。小菊弟近甚有亲头[②]，早

① 张菊生：即张元济。

② 亲头：苏州一带方言。有亲头即懂事之意。

起叠被洗脸盛粥，均系自己，有空终是看历史或英文。皮带仍缚，曾出洗澡，尚无恙。闰弟喉患近又肿起，服余云岫药。又菊近益乖觉可爱，小便处忽出少许脓，小便因而短促，亦请教余云岫，据云恐系从他处或尿布上沾染不洁所致，用洗药，日来已好些，现已与余云岫谈过。大媳用阿宝，仍与五婶合用。双全做事尚好，惟不甚精细，人亦调皮。厨子自己要去，现用一徐姓，系凤林荐来，菜尚勉强。书房搬在中间，门另设法做好，可以无风。里间有陈元嵩[①]来借住，在兴业办事，日间不在寓，晚上回来，分认房饭十五元。我即在厢房内摆了一个书桌，现即在此桌写信也。宁波傢伙退去桌子五个，每月减少一元二角。现拟设法购买廉价之物或借，终想将此一款省去。兰弟在浦东校内赌钱被斥，现已改入嘉兴二中，请计先生严加管束。

一、大伯父三叔寓中均好。三叔正月廿八亥时添一妹，小名宛平官。榴哥近有一照寄我，甚有神气。沪上四伯祖父十一叔祖父各寓均好。十三婆婆正月十三故在太仓，本来身体不好，上夜打了一夜牌，次日两次痰厥，遂以不起。

一、杏弟在协和终算拼命用功，然物理学分数每月仍不及格。渠已一切牺牲，屡次函称恐要成病，有退学之意，惟仍猛进，如暑假成绩不兴，只好改校。渠函云看见解剖为之心惊肉战，恐学医亦难得成就。我可惜无钱，不然即令其来德与汝一处求学矣。去年除夕至西城根，与大伯母一言不合，遂回校，迄到现在，未到过西城根，辞岁拜年均未去，皇城根亦不去，训极训极。我

① 陈元嵩：即陈篚，是沈钧儒上海律师事务所的合伙人。

去年在寓中过年，亦大改革，祖先止除夕初一初五拜供三次。汝母年年做菜做粉食，今年一样未做，痛快之至。喜神挂在楼下中间，蜡烛供而不点，岁烛亦不点，辞岁除去。初一家中不行叩头礼，平辈一鞠躬，长辈三鞠躬，惟至他处如四公公十一公公戴老太太等处，则仍叩头也。

一、雨舅归家后，怕风嫌中国房子不好，终日穿外套，房内不敢开一窗。舅妈脾气不好，管钱紧急，雨舅都不能作主。一归来不与老太太叩头，老太太不甚高兴，又因硖石房子化钱不合算，母子之间，略有龃龉。端端逝世，雨舅不知因何事说气话，有“弟妇大可嫁人”云云。老太太至今不乐，雨舅亦不快活，皆因其妇之故。近入京约半月，夫妇同去，家中信都不寄一封。惟雨舅底子是老实，与我谈过数次，尚为投契。叔范肺病已成，谋事不易成功，大媳与汝岳母深盼其南归，不知能成功否。北京各学校薪水发不出，逷先①姑夫有南来图另就之意。中国时局，正不知要闹到如何田地也。

一、官费难弄已极，如尚未出去，则北京本省应考，均易设法运动，现则一点没有办法，我真急得无法，已四处写信借钱，倘能借得千元最好。马克价且又日涨，如何如何！汝同学如何情形，小杯能否卖几钱？又有何生意可做否？德国最缺少者为何物？倘买一点由邮局寄去，或则较汇马克合算，亦未可知。

---

① 逷先：即朱希祖（1879～1944），字逖先，浙江海盐人，历任北京大学、北京师范大学、清华大学、辅仁大学、中山大学及中央大学等校教授，是民国年间著名的史学家。

一、德国社会情形，汝倘能于暇时作成记事，能详细至一二千字以上最好，可分教育、工艺、商业、行政、卫生、家族、婚姻、产业、物品价格、风俗、交际各类，并各类内有无特异之点。又交通、林木、花鸟、娱乐、机关、其他宗教等，均可及之。或医学内有无最近发明之学说器械，及奇异可悦人之新闻，译成寄来，我当为汝介绍，登入日报或杂志，大家必甚欢迎。文字有不妥处，我可为汝改正也。

以上已写有四纸之长，大概欲告汝各事，似已略备，一时想不出来，俟下次再行详佈，以后当隔十日寄汝一函。我此半月内或作杭行，又想到嘉兴上坟，清明时节，已经近了，回来后或则北行一趟，亦未可知。望汝安心寻快乐，勿过念家，用心研究学问，与朋友相处得好，勿太戆直，节用多劳动，至要至嘱。榴哥曾通过信否？桂弟在北校，成绩闻甚好。徐煐应交通部图画征求，居然合格，已由部寄来车票，到部办事，到底有一技终有人请教也。此问菊儿安好。同居诸友，为我致意。

阳历三月三十日即旧历二月廿一日　父字　联字第二号信

汝母以次附候。

六十八

菊儿如见：

二月廿一日阴历写信四纸，次日到美国书信馆去，又取得第二朱君连知送来第三前信云第×号者，系明信片数张，得此信方知不是第三号第五号各信，惟第一号至今未到，以后万勿再寄双挂号信，万勿由和民坊转，毕竟耽阁（搁）。是日廿二日看信之后，大为焦急，因一算汝之马克，似已将用罄也。我因万不得已，只好请汝母亲赴苏一行。廿三廿四两日下雨甚大，廿五始得动身，昨廿七日回沪。二阿爹借了两百元，是大情面，要一分利。二舅以房契押得两百元，要分半利。均约阴历五月底还，我一一照允。又由大媳向戴老太太借两百元，共合六百元。今日已交陈元嵩代向银行汇寄，拟先以二千五百马克电汇，据云四天可到，余不知能有多少，则由银行汇去也。我此数日未写信，因为无船开，现不管有船无船，明日须将此信交寄矣。汝现在所进之大学，名字叫什么大学，是否就叫固廷根大学。五月进第六学期，一年半至柏林，或即在固廷根毕业，届时研究再定可也。组织学听得如何，选科不能不广，将来专门注意，汝拟取何种，学费不至加价否？六个马克之彩票，结果如何，我意惟有省之一法。寄家之物，竟用至八百四十六马克，可惜之至，已买亦不用说了。千万勿寄以省邮费，无便则归时带回可也。以后万勿再买寄一物为要。汝云能省必省，我意不能省也要省。汝云无用之物决不买无须买，我意则竟万不可买。每月无论如何，千万省至二千马克以内，至要至要。我有余钱，自然即买马克，即借到钱，亦必全买马克，无所谓信汝不信汝，爱汝不爱汝也。迢迢数万里，千万勿多噜嗦，我与汝母自然爱汝信汝，至于极地。但无钱是无法之事，千万节省，勿令我二人接信急煞也。一洋伞百六十三马克，可谓贵矣。小洋刀二十三件头太好了。小照三张，已分寄杏弟一张，大伯父一张。小杯子从缓再说，既不值钱，勿急脱去也。缪卓生箱子当催大舅，汝欲之皮书包、报纸、墨、信纸、中国地图、邮片、六神丸、帕勒托其霞茶、红木匣子等，稍迟再寄。房钱百卅马克，尚便宜，当买一物送汝女房东，勿先告之，万一不寄，则笑话矣。叔范现三个月内决住西山养病，有信寄大媳，知尚好。我不怕肺病，不能吃肉，我看吃肉之人，生肺病者亦甚多也。

阴历二月二十八日午刻写

刻陈君元嵩回来。云“电汇太吃亏，因电费须要中银三十余元。世兄在固廷根，即使偶乏，同学必可暂时通融，不如尽数邮汇为妙。马克行市，每两值三十七马克，六百元合四百卅三两七二，共兑马克，一万六千零四十七马克又八二配纳。却好今日有船开，已由浙江实业银行汇至汉堡华帛银行，转送固廷根，必无一误。”我亦以为不错。如偶尔断款，想必可向李君暂移也。我仍继续筹款购寄马克，惟汝则必须精密计划，刻苦求省。顷韩君达齐来此，渠大儿子亦要来德，据云接同乡之在德者函称，一月不过用一千马克。我亦以汝在固廷根，房租仅一百卅马克，何以月需如此之钜？又二号信内称“房钱、电灯、服役费、煤气费、与二十至月底之饭钱、洗衣服、洗浴、剃头等，约共再需四百马克”，是二十天用四百马克，而其中房电服役煤气，则通全月计算，是前半月或尚不须八百马克也。汝勿多心以为我疑汝，终之非省不可也。汝来禀可附一最省之分项支出表寄来，因来打听讨教者颇不少，亦可聊资参考也。三号来禀云信封极便宜，每百止二十五马克，我想信纸以在德购为好，不必用中国信纸。又我想汝在固廷根二年半毕业后，可回国一行，谋取官费再出，则在柏林得博士后，更可再赴他国参考研究，岂不更妙。外汝母信六行，大媳信乙封，小菊闰各一纸。

同日晚九点

此纸系联字二号附张

六十九

菊儿知悉：

阳历四月六日寄联字二号信，由中国邮政总局发递，系单挂号，不知能早到以慰汝盼信之苦否也。五日由浙江地方实业银行经手，汇去马克一万六千有零，又未知何日能达，但望不致使汝受累，则我心慰矣。今日和民坊又送来通知一纸，我立刻亲赴美国书信馆取得，即在彼拆视，果汝第一号禀到矣，阅之详尽，为狂喜不已。我今日携美孙至宝记拍了一照，十日内当可与我照同时寄汝矣。余雲岫信一纸已寄与之。我为仲朴三叔事，明日一早赴杭，故不及多写，因拟即睡也，约五六日返沪，当再详佈一切，并买寄汝之物。此次无信寄汝，并无他故，因我恐遗失之故，待汝有确定住址，不意迟误至此，定累汝惦念万状，思之觉甚对不起汝也。我忽思得一问题，“胸腺为人体骨格（骼）生长之要素，儿童时期有重大之营养作用，成人长足，即自消灭”，不知有无新发明之方法，可以补助胸腺，使其不易消灭，则于促进人类身体之长大，将有奇异之效验。汝以为何如？家中均好，小妹今日又往黄陵仙处诊治，据云可即好的。即此祝汝康健安乐！

四月八日（三月初一）　父字　联字第三号

此函请黄鹿年兄明日代寄美国书信馆

七十

菊儿知悉：

四月六日阳历由中国邮政局寄联二号信，八日由美邮寄联三号信，又六日由浙江实业银行汇寄马克一万六千零，想均以次达到。我九日即趁早车赴杭，二十日始行返沪，即拟寄汝一信，匆促未成。昨日和民坊送来八号正月三十日三月九号，地图一纸，好极，九号二月初六日三月十五号，明信片六张，分给两弟，两禀阅悉一一。六七号两禀迄未收到至。屡次邮票均为和民坊揭去，弟辈甚以为惜也。我近来窘极，故欲购寄各物均尚未办。房东讬件，亦须俟手头从容，方能购之。雨舅决意迎母北去，弟媳阿姐是否同行，闻尚未定。此事颇糟，惟我辈亦无从赞否一语耳。叔范养病西山，近来无信，或有向愈希望。我日来正在计划，拟将最近所借戴老太太二百元，又汝购书之款设法还去，累极累极。汝组织学听得明白详细，慰甚，每月究竟须用若干，务望列一表来，能设法省至一千五百马克以内，最妥。我力不胜也。日来马克大跌，每两四十以外，惜我无钱在手头，恨甚。近来乃竟时时几乎绝粮也。入学证书寄到，如能谋成官费最好，否则固廷根毕业，其势只好即行回国，俟谋得官费再出洋图博士头衔矣。本人在国谋费较易，汝如今年出去，本省官费或已考得未可知也。家中均好，小孩等日内拟去种牛痘，双全亦同种，美孙近身体甚好。兹寄去我与美孙照片各一纸，望收入。我近来明白，凡事终要金钱答应，方有办法。此物如未接洽妥当，虽挚爱我者，亦无所用其力。而此中有一捷径，俾作事者易达目的，而帮助者亦易为力，则即省之一字也。汝幸细加体察，至要至要。协约各国对待德国，形势一天紧一天，新闻看了极为可怕，万一横生战祸，汇兑不通，如何得了，故省之一字，我尤不能不为汝再三提醒，必要时时自作整备，至要至要！杏弟暑假协和各课，能否及格，毫无把握，每次来信牢骚怨恨，反覆纠葛，我阅之懊恼，深虑其成病也。汝如寄信，千万勿劝其出洋，以促成增加汝弟心中之苦恼，至要至要！照此窘法，我下半年大有不请先生之意，以所省每月可至三十元左右也。汝勿再胖，太胖不是好的，种种受累。章行岩不知何时到柏林，兹附去一纸，由汝加封寄彼，惟尽现在所买之物讬带，勿再添购为要。此问大儿安好。

四月二十四日即阴历三月十七日　父字

联字四号信，信面误写联三。

七十一

阿菊知悉：

又有半月不寄汝信，必累汝盼望矣。此半月间得汝十号，又引线一封，又十一号十二号各禀，并各种照片、邮票、又菊美官花信片等，一一无误。汝所居之处，干净整齐，房东各人和蔼可亲，汝壮健活泼，天真烂漫，我看后，周身毛孔至于一毛一孔都有喜气吐出，快极快极。惟汝第一号禀，从一月一号寄起，我联二信则直至四月六号始寄，中间隔有九十六日之远，无怪汝之盼信不得矣。兹另写一清账寄去，汝阅之自明。前日我不在家，周君彦之弟兄来看我，云要寄一信与他，但未留片，止晓得在三马路口康里三〇四十一号，亦不知其名号，不知有何事否，后来亦未来过。汝要各物，好寄者，当陆续购寄，不好寄者，如杯子的红木匣头之类，当讬褚通爵君韩〇〇君韩达斋之郎带去。我实在忙极，写商务书馆字，写信看报看朋友，又要兼男仆做的事，一天过去极快，眼睛一夹不觉一旬半月，寄汝之信所以甚少，买物亦是如此，不但经济之窘而已。前信云，不买一物寄汝，不免说得太过，汝想吃各物，人便必带，金君带去火腿，系人家送我金华上品，切下的中段，汝母恐日久要坏，用石灰涂了一涂，当时未经声明，致金君见了白肤肤一层，误认乌花，请了海龙王，最为可惜，以后带物，均当郑重说明矣。我因经济太窘，时刻借钱，实在办不到了。且中国时局恐尚有变乱，一时颇难就事，不可不亟自想法脱离苦恼。故已在嘉兴看了一屋，在南门小城门边上。房最后埭有广漆地板，大玻璃窗，房间三间，中埭三楼三底，外面书房一间，系人家内屋，大门后门均可不管。去年系是一统捐局长打公馆的，月租十二元，押租半年七十二元，现已租定，月内阴历四月内搬去。又菊美官即到女师范附设之蒙养园，路甚近，所以在南门找屋者，用意亦在于此。帮岸决计不往来，谈什么只做不听见。此次寻屋，一切均系计先生[1]代办的。到禾后或拟联合学界诸人发起一家庭日新会，以一夫一妇为会员，主张不饮酒、不赌、不吸烟、不挟妓、不娶妾各条件，以唤起社会改革恶俗。汝打球会成功，可贺，我将不及汝矣。汝母采媳或到学堂旁听亦未定。月租

① 计先生：计仰先，嘉兴二中的教师。

比上海省了每月三十七元本四十一，近加四元，巡捕捐每季十二，饮食费禾与沪几相差至一倍，女仆亦易用，阿宝同去。我搬住和民坊，可省房钱，如此省法，精神上却得快乐。我五月大不了，苏州二阿爹二百元、次舅二百元非还不可，程汝湖一百亦是通住，商务夏承碑一百八十，亦是不可商量。乃前日广东实业银行，忽因倒闭亦来算账，中有为汝而借之三百数十元广毫。本来雨舅买书款二百六七十元，亦非还不可，合计共有一千三百余元之多，汝想如何办法，其中都有关系汝的数至一千。现在雨舅书款，已经我请从缓，雨舅一口答应，其余无可商量，倘汝肯同济毕业在北京或本省去应考，补了官费出去，我何至如此受累，汝亦可格外安心留学，然汝去年出去时，好像迟一步便断送了一生学业的样子，叫我有何办法。杏弟已请假，不日可归，专修物理，暑假后再去考一年级。渠要离清华时，亦是言语说得重极，现在自己也懊悔，真是可叹。来禀说父母亲不要忘了我，我讲一句笑话，不要说是爱汝，就是怨汝恨汝，亦正时刻忘不了也，哈哈！德人娶后不能远离，但是娶时不论有学问无学问，必须自立，一到成年，父母就不管了，此是欧美与中国习惯不同处。二十七岁尚可不独立营生，尚可在外留学，此亦中国与欧美不同处。我意此处大有研究，利弊孰多。我不是帮中国，觉得中国制度亦自有可取之处耳。欧美为战争竭力鼓吹人爱国，远离妻子，其实战争是一件什么事，杀人野蛮。汝因求学而离家庭，文明得多，我以为正可傲睨德国人也。爱不在口头，尽管打架打到天边，彼此实在不能相舍，千里不疑，十年不忘，中国从前男女朋友，真有这种精神，我祝汝夫妇之爱，要有此种精神。所谓精神之爱与欧美一般之爱比较起来,不知如何耳。戴家老太太、雨农夫妇儿女新舅母回硖石偕同亲家太太,明后日北上,好极!惟叔范病情不见好,我深以为可忧,现住西山养病。家中均好,美官近来比前拍照时,更有了神气,真是可爱。我午后赴杭,拟明晚夜车归。一切再详。望汝用功,保重身体,爱好朋友,至嘱至嘱。省俭愿与汝同勉之。汝信我已黏成一册放在案头。

四月十四日　五月廿一日　父字　联六

我要想为美官制一夏布帐子,尚未能,弟妹等短衫袜子均勿连牵也。

七十二

阿菊览之:

久不寄汝信,嘱杏弟、大媳多寄信,想均达也。我为浙江制宪事忙得要命,而个人经济愈无可言。嘉兴社会无组织,种种不凑手,故搬家后,汝母以次均不免怨苦。中国时局实在糟极,大概不出十日湘鄂必至发生战事。吴佩孚如帮王占元,则日期必至延长,苏浙亦不能保无问题,我等必尽力设法保持地方安宁。届时上海人口增加,房钱之贵,物价之昂,均在意中。我当择一较安稳之地居住,或离禾亦未可知。现在家中无钱一窘也,而大家身体之弱亦为一窘事。小菊闰弟身体均不结实,美官不肯走,于下肢发育大不相宜,已嘱大媳勿过多抱,汝来信亦可言之也。我昨来此为苏州款事即寄汝马克者,特找人借钱,竟不可得,乏味已极。今晚回杭矣。杏弟协和能考进与否,毫无把握。杏弟知求学而不用功，知卫生而糟，作事则竟一无才具，令人思之懊恼。我对于汝等之希望，颇灰心矣。汝用款终觉不省，换学堂亦无不可，惟又不免多用钱。法莱堡人是否可一定欢迎中国学生，殊无把握，万一更不如固廷根，又将如何？终（总）之，国家不兴，即无法可以使人欢迎。在外留学，惟有一心刻苦求我学问，学成早归而已，其他无可言也。汝屡函欲大媳出洋，我看了要笑，大媳腹痛，近不发作，渠等幸福即在汝之能学成与否，若汝扭扭搦搦，尽说空话，不能一心一力放在学问上，则汝之一生已矣，即渠等之一生亦已矣，幸思之。第一无钱，第二大媳无求学之意，资格亦太差，第三德人将愈要厌恶汝等矣。汝二十一号、二十二号信均收到，上海无他事。仲朴三婶娘，于阴历六月二十日晚二时余生一女，蔚文三叔汝寄片已转去。北京财政奇窘，各机关薪水毫无把握，殊可虑也。浙制宪必可成，再两月必公布，惟实行时障碍甚多，必有一番顿挫。我因经济关系，或辞宪法会议议员亦未定。鹿兄好极。程汝湖病故，而钱尚未还，疚心之至。此问汝好。此信不记号，因我不记得前信写到几号也。

阴历六月二十日　父字　宪字第乙号

七十三

菊儿知悉：

自阳历五月三十日寄联七号信后，今日已九月三十日矣，四个月矣，中间曾有一次至沪寄一信，不列号，亦不记何日所寄，如此长时期未寄一字，必劳汝盼念。每见杏弟及大媳，必嘱渠等多寄汝信，想必有以慰汝也。我此数个月，专为浙江省宪事，在杭时多。往往每日自午前九时起开会，至午后六时止，散会后又往往有起草等事，常至夜一时尚执笔写字，幸不觉劳苦。会议中有省议会选出者，县议会选出者，县教育会、商会、农会、律师公会选出者，亦有非以上各团体之人者，全省七十五县，每县均有至少二人以上，以区域人数论，可谓普遍。经费是没有，因为省长是反对的，督军钱我们不愿意拿，仅仅由一两个人向各方面借到数千元，勉强支持。会议精神却极好，我此四个月，家用大多是阮荀伯老伯帮助，可感之至。现在宪法已于九月九日宣布，并又议决了附属法十五种，即于阳历九月二十二日闭会。我被举在执行委员候补第七。此事，我们都不愿意被举在内，惟再三商量仍不能免。目前督军态度不明瞭，省长是反对，许多反对之事，大概都是由省长暗中运动。而来嘉兴打局亦是他的命令，他们有势力，又有金钱，我们如何敌得过他。但是省宪是全国一种思潮，浙江乘此时机，抢先议决宣布，在时间与空间上实已佔了重要而且影响极大的一种地位，无论何人是不能来推翻的，不过实行迟早须待时机耳。我现在最急者，是解决个人经济问题，拟即在上海南京方面图事，如何尚不可知。嘉兴毕竟住不惯，已在上海觅屋，一定即仍搬回。家中自母亲以次均好，大媳甚健，美官活泼非常，小妹亦壮硕，均甚可爱。杏弟协和不取最训，现拟至北大南京高农补考，倘办不到，或择要自修，或进梵王渡，均尚未定。近来马克跌至每两九十几个，恨无钱去买，自明日起，拟拼命借钱，终想买他十万个马克方好。汝来禀已收至阳历八月六日第三十一号，汝寄杏弟信，我亦阅之。汝思想活泼而明白，处事亦有条理，甚为喜慰。到法莱堡后，如何情形，想有详禀。我今日须赴上海，明日至苏。又拟至南京，约一星期之游。兹寄去省宪法三本中采取德国新宪法处甚多，报上剪下诗四首第四首在车中看汝信所作，宪法宣布日照片一张桌上所置，即天天携入议场之宪法一本，翻开处第二章人民权利义务也，又与小菊弟在杭州照片一张，望察入阅之，余俟再告。此问菊儿好。

九月三十日　父字　宪字第一号信

七十四

阿菊知悉：

来禀已接到第四十二号了，快慰之至。我近来寄信太少，宪一号知已到，但此信系何时所寄，我信账上竟未记出，奇极，所以我于九月三十又寄一封宪一号信。十月十五寄宪二号信，尚有照片宪法等，不知在何信内，记不起了，十月内似尚有一次未列号信，又托管楙玠带去小红木匣渠到柏林所趁船名波斯。又交邮寄甘露茶、丝袜、肥皂、揩眼镜纸等，想能陆续送到。汝今番病了一次，脸都瘦了，大家记念，千万小心！饮食苦，吃得少，亦是好的，可以少病。补官费不易，汝开来履历无用，须由使馆具一证明书，方可算数。汝可就近请得寄来，我自有用处。马克大跌而我无钱，真是可惜。日内借得一款，当即汇二万马克去，或可得三万，未定。然已略迟，恐不免要向周世兄借贷了。我所以屡信说要省，就是为此，并非我要省钱，还是为了汝，恐汝在外吃亏也。汝屡次禀内议论，所见均是。我拟将汝来信节要修改，送报上发表。第四十二号内中有“随便讲到念媳妇想亦可以若谓即是即是男在瞎想”等语。此信未便为大媳看见,因看了必至疑我寄汝信内措词有过分处,生了误会,家庭便不快乐,故将此信寄还,望汝随便补写一封寄来为要。天下没有不爱儿女的父母,况我之于汝乎?但爱了就不准责备说一句话,则无此道理。说不说与爱不爱,毫无关系。愈要说,愈是爱,愈是爱,所以要灰心也,爱不爱不在纸片上,尤不在金钱上,汝须明白此理。汝与杏弟说话皆太生硬,大媳亦然,对我还好,对母亲甚不注意,母亲常与我说,灰心至于泣下,汝等自不觉也。从前蒋妈事,汝与杏弟对于母亲甚无礼,前年杏弟出清华,写信与我亦极生硬,终之止有你们的是,没有父母亲的是处。毕竟蒋妈走了,好的人亦用不到,而母亲则至今受累矣,杏弟则反自悔离清华矣。一时任意,究不是一个道理,即如兰弟在禾生病,不住我家住那里,母亲吃力,杏弟不能帮忙,又不能劝止兰弟胡闹,叫我在外有何办法,难道叫我打兰弟不成?我何处信了兰弟,何事信了兰弟?照你们说应当如何办法?尽管说空话何必。兰弟病致母亲吃力生气,杏弟应当替做事,并婉转安慰母亲,乃一动不动,且照母亲说起来,杏弟亦常有强头拔脑①令母亲灰心的地方。父母说了一句话,你们便受不住,你们说了话,不替父母想一想,到底终有些不对也。终之是非不可多拌,说话要有分寸,已过之事,不必说他,无效之言,便须藏起,汝其誌之。我移家回禾之举,至今追悔,倘汝在家,或可止我,年内终想搬出。日来在上海到处托人觅屋,

① 强头拔脑:苏州一带方言。倔强生硬、不听话不懂事之意。

然甚不容易，奈何奈何！我现仍无事，前日拟回杭办报，到杭察看，不兴即回，只好即在沪找事矣。杏弟已赴南京，进河海工程学校，选习英算理化四种，备明年考其他大学。鹿年明年拟不请以节经费。小菊闰弟拟今同进梵王渡或南洋中学。大媳身体尚好，惟少求学问之意。美官渐壮硕，两腿渐有力，惟脾气不大好，大媳管教亦不甚得法。此有一种学问在内，本不易也，小孩与丫头作伴，易于任性，因要打要推，比较与其他小孩同游可随便，习惯则其弊甚大也。又菊美到蒙养，亦是移禾一原因。不料到了禾中，女子师范之蒙养园，并不见好，令我失望之至。我近身体亦自觉衰弱，然终日未尝有一刻放纵懒惰，差可自慰。住十一公公处，究不便当。余再寄。即问菊儿好。

阳历十一月一日　宪三号

七十五

菊儿览之：

昨寄宪三号信，并寄还一纸，想可先到。刻出找人借款，约一二日可得，一得即购马克寄汝也。现在汝留德，我住沪，汝母以次在加（嘉）兴，杏弟在南京，其妇在北京，一家乃分五处，讲一句笑话，可谓热闹矣。汝马克已告罄，我现身边止三元余，杏弟来函告急，加（嘉）兴亦止存三四十元，讲一句笑话，可谓多财矣。如此情形，汝尚与我作无谓之噜嗦，杏弟且说我耽误了他，清华不出，明年即可出洋，乃去年与我各信，誓死不在清华，弄得我无法，协和又不及格，如何不灰心，讲一句笑话，可谓如愿以偿矣。

阿菊，汝须猛省，勿靠天，勿靠我，从此打起精神做人，求学，省钱，至要至要。做人即品格问题，求学即知识问题，省钱即经济问题，皆于汝有紧急之关系也，将来自己幸福在此六字，汝当信我言也。空言空想有何益哉？寄去杏弟信一纸，历日对照表一个，望收用。余再寄。此问汝好。

现在我卖文为活，已得月百元之约中华新报馆，每月须作文八篇，尚在寻找。能有三百元，方能供给一家之用也。

父字　十一月二日　宪四号

七十六(附信)

杏儿知悉：

杭报决计不接办，昨日自杭返沪，晤仲朴三叔，知汝动身日异常忙迫，正在挂念，顷从母亲转来第二次禀，知已选定三种功课，不知上课后如何情形，念极念极。住旅馆最苦，李老伯已为找得寓所否？尤以为念。二三日内当寄汝二十元，目前如有急用，已函托李老伯，十元以内应许通融也。王件想已交出，冯书已否送去？天下事最不好，就是多作无益之思。从前一切，算是父亲耽误，亦不必尽管去想他，因想实无益也，现在只有一步一步朝前走去。程度不够，是没法的，是专靠自己的，只要自己努力，把程度补足，自会一年好一年，不必心灰意懒。同学作教员，他是以此为止境，你是以此求进步，有何要紧？曾文正云，从前种种，譬如昨日死；以后种种，譬如今日生，愿汝服膺此言，奋发精神。卫生以静坐及劳动为第一，其余洗涤遊息，皆枝节也。汝如深思我言，可省许多受累，可省许多烦恼。余再及。此问汝好！

父字　十一月二日　沪一号

此信寄汝阅之，不必寄还，我已另抄寄杏弟矣，此给菊儿。

七十七

菊儿知悉：

我自去年十一月一日寄宪四号信后，即未寄过汝一信，四个月又二十四天矣，汝必念甚，我亦念甚，盖我固不以不寄信而不念汝也，所以不寄者（一）为等一中德制药公司章程，然此章程至今仍未寄来；（二）因大媳杏弟寄信尚多，汝亦来禀不断，消息常有以慰我；（三）因我自去冬至今，景况之窘，心绪之恶，笔墨之忙，多为向来所未有也。今日接汝元旦五十七号禀，欣慰之至，兹将各事详告于左：

一、汝官费事极不容易，只好慢慢看机会。

一、家中近均安好，汝母殊健，惟耳鸣，与小菊又菊所患，一时均未能脱体。美官禁不起风热，出门一躺即容易生病，我疑是生理的抵抗力太薄弱之故，应于平时多见风日，调节饮食当可强壮。其余别家亦均好，惟十一公公被风吹歪嘴鼻，已半月余未愈。

一、家中现住之屋实在太挤，终想另搬一屋。而上海两楼两底之屋竟少极，多要顶租两三百不等，甚属为难，不知搬得成否，去年联珠里屋之弃去，系一大失败之事也。

一、杏官仍在河海补习物理算学，心终不定，吾惧其病，想必常有信与汝，毋庸我述之矣。

一、管君带去不止木匣，尚有他物。何以函去寄片均无复，怪极怪极。刻已函问原经手之人矣。万一管君记忆不清，汝可告以系沪宁车站同事转恳者，钱自严亦有所托。吾们与张云抟伟如系亲戚，均可告之。汝名谦，号汝兼，亦须告之，因当时或只告以号亦未可知。

一、二月廿四汇马克一万，三月二十法船“盎特莱逢”有钱泽臣者，带去食物两匣，钱君浙江病院医生医校教员，亦系官费来德留学者也。

一、我近在中华新报，所得少而文章却熟了许多，做了一本《家庭新论》，已寄蔡孑民①、林宰平②、梁漱冥③去做序，付印后当寄汝一册。

一、中德制药公司章程弄妥再寄，兹寄去一纸，系殷铸夫④作代理人，我拟与之合办，前说之华经理，能兴则为最妙也，如可则

---

① 蔡孑民：即蔡元培（1868～1940），浙江绍兴山阴县（今绍兴县）人，革命家、教育家、政治家，曾任北大校长，是中华民国首任教育总长。

② 林宰平：（1879～1960），名志钧，字宰平，福建闽侯人，近代德高望重的著名大学者。早年留学日本，习法政，却喜爱文学、艺术和中西哲学。回国后曾讲学于清华北大。在文学、法政、哲学、佛学、诗文、书画诸方面都极有造诣。

③ 梁漱冥：梁漱溟（1893～1988），原名焕鼎，字寿铭、萧名、漱溟，后以其字行世，广西桂林人。中国现代思想家，现代新儒家的早期代表人物之一。

④ 殷铸夫：生于清光绪年间，浙江平阳人。早年承黄兴的指示，设立志成校（又称浩然庐），照顾流亡日本的青年。其子殷之浩是著名的建筑学家和实业家，在台湾拥有房地产业、石油化工业、电脑咨询业、投资业等领域的多家巨型企业。

汝须来一较详细之信，“厂名”、“厂内制药种类”、“代卖章程”均要及之。

一、我要问汝数事（一）德国医学界有一种“人种卫生”，与美国英国之“人种改良”宗旨仿佛，而德特注重社会卫生之设备。（二）胸腺之颜色与形状，胸腺之功用，胸腺之生命与时期，胸腺之消灭系化为血否或别种，能否补助使不消灭？（三）遗传之研究，生殖细胞能变动否？（四）聋何以必哑？是否因为聋了听不见人家说话，所以消失了他的本能，还是生来喉部机关不备？

一、明日因须赴杭早车，倦极不再写，归途扫墓。赴杭是为实甫二伯伯之事，在江西亏空七千，要卢子嘉[①]电托，我去就为此事，实甫二伯伯送陈督军[②]前后礼几及万金，去年底我为汝学费恳借三百不我理也。

阿菊：祝汝身体好志气强，性情高尚而和平而又实在。

三月二十二日父字　奋（奋斗之意）字第一号

母亲加语：家中各事，父亲大媳均已详及，无须再述，我身体甚健，惟因杏弟一人累，我多多之思想，近年来性情故（古）怪，已似至发狂，有时余欲说之，伊竟一言不听，要待皮气发过，然后方明白了，悔之亦无及矣。真是成功一种神经病，可虑也，总之喜懊恼多瞎想，加以婚姻差配所害。余思之怜而且恨，为之无法，望汝来信与切实解劝，至要至要。因其阿哥言语尚肯听信也。

---

① 卢子嘉：卢永祥（1867～1933），原名卢振河，字子嘉，中国山东济阳人，皖系军阀代表人物之一，曾任浙江督军。

② 陈督军：陈光远（1872～1939），字秀峰，直隶武清（今属天津）人。民国初期的江西督军。

钱君带去罐头等物，未知届时虾米笋干要坏否。

七十八

汝行，我适卧病，不能送，不能语，心中不快之极，与汝母虑汝冷。昨日田三回，果言到津时，汝极冷也，而汝又无信又不知搬住何斋何号，能无念耶？顷寄去绒短衫一件，内有母信，想接到。兹托佛照楼带去绒袍一件，面盆一只，便壶一个，不知能即送到否？此嘱闰儿饮食起居小心。我今日腹中尚不舒服也。

父字　二十二晚

天一号禀收到。又菊要汝寄一本注音字母教科书来。

七十九

菊杏同览：

自今日为止，接菊信至九十一号，杏则自哥仑布后尚未得来禀也。我本与杏约多寄谕，然竟爽约。一则忙，一则终想筹到几个钱，与信一同交邮，以此迟迟。我旧历年底二十九抵，未在家过年，牺牲家庭幸福，亦是为了经济的缘故。此次曾赴杭州，借钱未得，家中既不了，尤念汝等在外之窘苦。人家讨姨太太，狂赌瞎闹，固属荒唐，能力则深可佩服，我竟如此无用，实可叹也。现拟日内即返津寓，到北边再去想法，因恐汝等记念，先寄此谕，并告一切。此函作为甲子年甲字第一号也。

一、杏到后与阿哥商量，作何办法。德国生活固高，奥亦未必便宜，如到法，又须习法文，自更费事，亦一问题。于世兄想可就此分道扬镳，一切情形无从悬揣，深盼详细禀我知之。

一、菊博士当已考成，今年终想叫汝回国，以便减轻负担，运费购物非二千元不可，正在为汝设法。此次赴杭，向教育厅谋官费，与夏定候[①]之弟、褚慧僧[②]之弟二世兄（在柏林大学数学科）一同进行，已答应批准，尚未发表。呈请补费文内，说汝是法莱堡大学医科四年级生，因说毕业，则于补费有障碍也，不知汝已否向使馆告知毕业，公家调查，向来迟缓，汝可暂勿报告，且俟领到一期学费再说。

一、汝回国后，打算如何办法，开医院一时尚难着手，利益以办药房为最多，可先与德人或厂家接洽接洽，即将来回家后，欲买器械药品亦便利些。下次来禀望将汝“几年赴德、考入年级、经过学校、学科、专门研究那一种、几年毕业、及考取博士之论文”详细开一单来，备有用处，至要。

一、菊九十一号信内，有寄大媳信一纸，未封，当即寄交，惟略有误会。前次汝寄大媳之信，误被我用剪刀剪开，本非有意，我甚觉抱歉。因内有金镑票，大媳甚为不安，我云此是菊好意，汝要寄回，亦是汝好意，故一面寄回，一面照汝意给大媳钱备用，原是一场喜剧，夫妇通信，应当封好，故意叫我看，是何意思？菊不应该如此也。我因自己信太少，故常常催大媳写信与汝。杏

---

① 夏定侯：青田人，曾任浙江省警务处长。军阀孙传芳攻下浙江、江苏之后当上五省联军总司令，任命夏定侯为浙江省长。

② 褚慧僧：褚辅成（1873～1948），字慧僧，浙江嘉兴人，九三学社发起人之一，近代著名爱国人士。

弟在家时，我亦常常催之，此种情形，问杏自知之。爱情弥纶于腠理之内，充塞于天地之间，死生不渝，何况三数年之别离，决不是在纸片或口头上看得出的，多写几封信就是爱，少写几封信就是不爱了，无此理也。

一、戴老太太年底未来沪寓，汝丈母却来助其嫂料理年务。我此次到峡都，看见的阿弥官，亦看见长了许多，仍不见活泼。陆老太年纪大，多病。此次二媳被追回家，恐凶多吉少。此一月内，世界上死了列宁、威尔逊，我朋友亦死了杭辛斋[①]、许养颐[②]两个。曹锟[③]病重，大家盼他死的。亲戚内亦有几人身体太坏，看了危险。我近身子很好，无极拳已练到第六式。七叔之托，杏代打之九节鞭，已带与之，渠颇能耍一手也。杏拳剑到德后，仍能练习否？

一、汝等来信，以后勿两面写，行数勿太紧；看时容易。榴哥有五月无家信，不知何故，大伯父母惦记不了。菊年柬各处均为递到，大家对汝皆极高兴，做人应当如此，在我一举手之劳耳。

一、汝母近习英文，替又菊穿衣时，口中还在那里哀皮西地，此种热心，我与媳辈皆觉弗如。小菊成绩月月有进步。闰弟已考进南开，此次临考异常用功，真是可爱。我去年回家过生日，

---

① 杭辛斋：（1869～1924），名慎修，字一苇，浙江省海宁县人。中国近代历史上有名的报人，近代易学大家，易著主要有《学易笔谈初集》、《学易笔谈二集》、《读易杂识》等。

② 许养颐：温州瑞安人，名壬，沈钧儒在日本法政大学时的同学。

③ 曹琨：（1862～1938），天津人，字仲三，晚号渤叟。北洋军阀，冯国璋死后为直系首领，1923 年贿选总统。

大伯三叔实甫二伯绍勤老虎金舅鹿年均来，亲戚朋友送分有四五十处，尚觉快活热闹。又为菊开了一次博士庆祝会，大家甚为尽兴。大媳二媳均待我好极，可说是与女儿无别，汝母近亦心境开展。天津现住之屋，空气颇佳，美官一日活泼一日，我家庭可以算得圆满了。新年汝母大媳二媳小菊闰弟又菊美官均有一贺柬寄我，均是各人亲笔写的，我大快活。

一、汝母之耳鸣头昏，小菊闰弟美官又菊喉间之蛾，闰弟之夜尿，美官闰弟之大便干结，又小菊美此次忽病颈肿，系天津流行病，肿消后尚有核未消，以上种种，均望菊加以研究。

一、时局一时不易解决，我颇有一面将就做个议员，一面闭门读书之意，汝二人赞成否？又我近最爱研究儿童问题，德国关于保护儿童事业有何设备，望汝等代为调查，将详细办法随时记下。又病既生出来了，诊治已落后着，应注意于防病的设备，或就是卫生，或比卫生还要切实些，关于此点亦望随时调查为要。

此信尚不获与钱同寄，最是恨事。此间如得钱，三四日内即寄，否则至迟阴历二月廿七动身回津，必有所得也。此问汝二人安好。

二月廿一日即旧历正月十七日　父字　甲字第一号信

外附汝母来信二纸，又报纸一方。

八十

菊杏同览：

甲一号函二十一日交邮，未知何日方能达到。杏抵德后，想必已有详信在途中矣，盼极盼极。昨得杭州来信，菊补费事，似有阻力。杭州各医院与此间各医院，均无可预约之处。官家各机关，亦无要小儿科者。欲与订约，借支薪金，竟无着手之处。顷晤余君云岫，据云，上海医生已甚多，惟取赀较内地可丰。购医用器械，须注意者：（一）类如爱克司光一类之物，本钱太大，而中国人疑心怕用，间一用之，取利甚薄。（二）带有危险性用具，中国人每不敢用，故亦可少购。如前函开药房云云，据云岫云，沪上各药房，均不甚获利，只有五洲自来血，中法补脑汁，是赚钱的，其余药房，非带买吗啡不可。江逢治近制一种治肺药水，同行均轻视之，以为非学者所宜出也。菊如与工厂等接洽，须放活动些为要。余再及。即问菊儿杏儿皆吉。

二月二十三日即正月十九日　父字　甲字第二函

此信封后，接汝母信，附有杏波赛号，详悉一一。此次于君同行之累，出于意外，然可得二经验：（一）出门如不能得有平日相信之人作伴，不要勉强拉人，以至分不开的受累，（二）只要言语无障碍，独行最自由可乐也。

八十一

菊杏同览：

在沪寄两函，想均达。临行得菊九十二号禀，归津后，前日又得菊九十三号及杏第一号禀，欣慰已极。信封已分给两媳，地图阅之明白可喜。我无一日不想寄钱，而筹款之难，处境之窘，当非汝等意料所及。兹先寄去百二十四美金汇票一纸，系汇至瑞士者，即望收入，余日内尚在设法，有得即寄。菊禀怨气满纸，有弟远来，新考博士，详悉家事，有此种种可喜，而竟无数行阅之可令我生笑容者，阅之我木然半日也。数年以来，菊儿在外勤学，我在家筹款接济，亦非容易，譬如同造一屋，艰难缔构，同负责任，谁也不要懊谁。我深知德国经济奇变，时刻在此想法。杏儿动身时，我满意上海有款可取，不料全然脱空，而且筹款日难一日，然我必设法，以尽义务，不过脱头落襻[1]自所不免。菊儿为人热心正派，我思之梦寐都欢，能使房东如此要好，大不容易，我拟作诗，写在泥金笺上以赠之，如可兴，望将上款名字称呼，翻译告我为盼。杏儿往事，自以出清华为最可惜，我当时即因自己景况不佳，所以为杏图此，然当时言之再三，杏儿如何能听。此事菊儿当时亦要负责任也。往事已过，不必再说，以后须要详细计划方妥，空言抱怨，有何益处。只要我不死，不倒霉，汝等不荒唐，能求学问，则天必佑我与汝，终有一日圆满解决。中间经过些些困难，大家不能不忍耐也。现在亟须研究者，第一，德国生活如此。改学他国好否。如法如荷兰如瑞士何如？我不明白，只好你们兄弟二人详细研究定夺，速速告我。如决定，还债需多少？旅费需多少？第二，菊儿能回来非回来不可，如此年纪，能自立最相宜，学问求之不尽，回国后行医数年，再出洋亦无不可。日内得杭信，云补费有望，如可得若干，必尽以寄汝。第三，杏儿应学何科，我向不干涉，电气云云，亦是一种保障，备其参考，菊儿须尽力共同与之研究。第四，现金带去不能用，如何办法，倘

① 脱头落襻：苏州一带方言。意为做事不牢靠、丢三拉四。

竟成废物，只好有人归国，托其带回，再行变汇，否则有便带与叔范交汇，或托人带至他国变汇，不知兴否？我在天津汇款，找数家银行不妥，上一次即系人家代办，仍汇至德，曷胜懊恼。故昨午车来京，即为找也。灯下写此，即问大、二儿安好。余再布。附去汇票124乙纸，又家信七纸，阅之可知家中大家困兴情形，杏儿一路邮票均为收好，美丽岛之票极为难得，因此处多不停船也，荷兰票亦精。

甲三号　阳历三月十七日　衡字

八十二

菊杏同阅：

接菊禀至九十四号，又自大媳信内附来博士影凭一纸，接杏禀至六号，又特号，均经详细看过。

我寄甲共三号信，阴历二月汇美金两次：(一)百二十四个十四日自京汇。(一)百个，二十日二媳寄杏，系由渠借到，三月十二由北京汇业银行直接寄美金百个系由大媳设法借到，想必一一收到无误。

杏万里求学在海外，遇一亲同胞之阿哥，而不能和衷同气，刻苦相励，令我闻之伤心坠泪者也。菊在万里外，遇一亲同胞之弟自国内来，而不能开诚相喻，共同策勉，力足以感异国之妹而无法爱一廿余年友好之老弟，尤令我闻之伤心坠泪者也。且以经济论，本已苦极、累极、险极，同居刻苦犹可互慰，犹可勉支，分居费多，岂不更险。汝二人不自爱惜，独不顾同学从旁齿冷乎。

杏才具开展性情活泼之处，均不如菊，我尤念之不忘者，杏年来神经过郁，确似有病，菊应注意及此，勿令杏因此增病，须携其赴医院详细诊视，以尽兄弟二人远在外国相亲相爱之义务。菊在同学中素有领袖之誉，我犹记得菊来信曾述及，在固廷根时，同学中有被德友导其作狎邪游者，菊责之，德友愧向菊谢过，我常常以此告朋辈，谓菊之正气笼罩一切，为将来有望之青年也，菊能爱同学，爱德妹，千万同时发其挚爱以爱同胞之弟，此我所切嘱切盼者也。

来信屡谓菊对于我信用已失，又谓我不信其言，可谓奇谈，我无此意丝毫也。在联珠里时，偶至张镕西处，菊必携杖护我同往，我每与汝母言及，辄为坠泪，谓今我出，谁更护我乎。菊行时为我买一褐色呢帽，我年年戴之，虽破极不换。直至去年，杏临行始为我易之，杏当尚能忆之也曷以此告菊乎。我嗜政治甚，奔走辛苦，所以信少，别无他故。又穷甚，所以寄钱少，又岂有他故乎？

杏信述德经济情形极详细，我已备阅之，且我亦早知之，盖病不在我不知德国情形，而在汝兄弟不知我穷累情形，又不知中国国内现在经济紊乱枯绝状况，犹以我筹之甚易也。从前所以弄杏进清华，是为此，所以欲想菊迟一年出洋，考得教育部官费，亦是为此。无如汝二人不听我办法，致有令我手忙脚乱之今日，我并不怪汝等，亦并不懊悔，我惟尽我力，以助汝而已。惟汝辈亦不可不十分明白，留学譬如乘车，我譬如车之汽机，乘车者倘只知盲进，不顾汽机之马力足否，则汽机力小或至不能前进，而乘车者且有坠下徒步之危险，不可不知也。

菊本省官费，昨得杭信，可以补到，从夏季起，每季六十镑，无论如何应可领到一年。惟几时可领，尚无确期。此项官费，菊归当然停止，决不能移以给杏，不可不知，因杏未入大学前，照例不能补得官费也。

学问求之不尽，归国后不妨隔两三年再至德国，并至英法各处，考求新法。菊目前宜先返国，汝妇近来多病，念汝甚切。我亦异常念汝，切盼汝归，且我力亦实在弗胜矣。我日来到处设法，必可筹得二三千元寄去，备汝购物买归国船票。汝阴历九月生日，终望汝在生日前归来也。

榴哥已归，奔走于电影事业，甚乐。由美还国研究电影者现止三人。据云，美国每月有八十美金，尽可从容留学，且住食两项已甚讲究。我因此决意想请杏改至美国留学，本来是学英文，一到即可入校，不至耗费时间一也；杏体质不强，美国住食视德较丰，物质上不至大吃苦二也；美国经济充足，学校科目日见完备，决不至远逊于德，则与求学目的并无违背三也。我日内款筹到，即与榴哥绍介各信一同寄去，望杏毅然决然照我办法行之，至应学何种科学，由杏自审资力做去。只要学得好，无论何种，皆可产生人物，皆可寻饭吃也。榴劝杏学美术，谓系性之所近，我意土木工程经济银行皆甚得用，由杏自决之可也。

兹寄去前汇票副者两纸，望收入。即问菊杏安好。

四月二十七日夜一时即三月二十四日　衡山字　甲四号信也

日内拟移寓入京，因有一极痛苦之事，他日再告汝二人知之也。（完）

八十三

菊杏同览：

前寄尚字一号信，又由汇业寄汇美金五十枚，想必到也。连得菊九十五四月六日，九十六四月廿八，九十七五月四日，九十八五月十九各禀，又杏九号禀，掰落晓山谷病院邮片，详悉一一。菊四五两月官费，已向使馆领到否？学医不是专为赚钱，意在救世，我亦如此看法。菊的话说得很对，否则同济毕业，即可行道，在京沪悬牌者甚多，出洋岂非多此一举。多实习一年半载，那是最好不过的，菊能如此存心，我为慰极。但家中大家盼汝，实为不了。前函所谓极痛苦之事，我今不能不挥泪以告汝矣。美孙于旧历二月初八日病猩红热，为庸医所误，将来再详告汝，曾有一段新闻，载津报也，止一星期，竟于十四日夜间弃世界与我等而去，柩现停天津浙江义园。我因长孙之故，为另租一房间，拟冬间即与五婶柩一同运南安葬，现又两个月零二十八天矣。人生朝露，怨痛何极，本定不告汝与杏儿知之，现因汝来禀必有“美官好”三字，大家见之即提起伤心，又采媳不肯寄汝信，惹汝种种疑心，大家茹痛含苦，倒不如明白告汝，地角天涯同声一哭也。采媳两月来几至神经患病。最甚时，云中见佛，耳内有人告语，晕倒数次，可痛已极。吃素穿布，哀乐均不能自主。我与汝母初时真无法可劝，因一劝即跟同下泪，反增伤惨。幸得亲戚大家随时劝解，目前渐觉安静，惟仍觉小腹有气盘旋上冲，头上筋肉时时自行跳动，经阻不来，稍一感触，即泪如绠下。我拟劝渠赴南与外祖母亲家太太盘桓，而渠一意愿随我二人同住，不愿离开，现服药中医似有小效。我意与汝母同，均以为非汝归不能解也，所以急急移京，亦是为此。现在家中因为少一美孙之故，竟如换了一个境界，连小妹妹多又是一样，苦极苦极！忍痛告汝，汝亦不可十分痛苦，事已如此，有何法想。汝能归，实家中万分盼望之事也。汝在外能得石屋女士之同情，田彦诸友之互助，我极快活，因以此可证明汝之能合群，且有真实本领也，他日我有撒手之一日，亦可放心瞑目，知汝确能自立自活也。欠债八百余元，并不算多，我自然负责筹寄。汝等在外留学，得求知识与充足自己在社会生活之能力，幸福不小。我虽到死，亦不敢希望有此一日矣。至于稍稍欠债，有何紧要，况尚有我在耶。倘因此即要自己添出种种烦恼，做病痛，则我无汝等诸乐，而止有借钱筹款之苦，应如何耶？竟非死不可矣，岂有此理耶？所以凡事终要看得透，看得开，提得起，放得下，方是有志气人，有作为人，勉之勉之！至要至要！杏儿来信封封终是懊悔清华，实在无谓。昔人有言，“甑已破矣，顾之何益？”人生只有望前进，不用只管往后看。在清华心不定，未出洋心不定，到了外边，又是如此，如何得了。即以前事论，其病实不在离开清华，而在到协和后之不能自奋。天下事尽在自己立定脚跟。脚跟立不定，步步都是差，进退失据，旁人帮助亦均无用，惟有咨嗟叹息而已。我生平别无好处可以告汝等，却有两事，自己非常受用。一是凡已经无法之事，决不懊悔，终是错了，亦不要紧，只要以后留心，并可作为一种参考。无法之事，却因此变为于我有益，如此一想，心头便可撇却多少烦恼。譬如清华之事，汝固懊恼，我便不该懊恼耶？然我才一懊恼，我便赶紧撇开，我想懊恼是无益的，只要杏官有志气，有一天求些学问归家，我就是受点累，多几年噜嗦，有什么要紧。我这个担子很重是不差的，但因此我就第一要保重我的身体，使我可以来挑这个担子。如此一想，心地自然不同了，并且亦不敢懊恼了，因为恐怕伤了我的身体。此汝应当学我几分者也。又一事，就是我终觉人家比我好，我因为想天下坏人多极了，只要我不做坏事，我便胜了人，并且人家有坏事，亦害不了我，我知道他坏就够了。至于嫌恶他，讨厌他，亦可不必。因为这坏事是他的，讨厌嫌恶了，于我没有什么好处，在我心里倒多了一个这种念头，万一见的坏人太多了，坏事太多了，岂不要叫我心里充满了这种念头吗？果然如此，我心就如畚箕一般，堆满了不洁，我也完了，所以我不愿如此。我又想天下人不能个个都坏，一个人不能事事都坏，无论什么人什么事，终是有坏处便有好处，有好处便有坏处，我不要学他坏处，我可不妨学他一点好处，尽管是孔子，我觉得他这事不对，我就把他放开，尽管是曹操秦桧，我觉得他这一处却还是好，我便把他拿来放在我这里。还有一层，可以使无益于我之事，叫他变成有益。譬如从前在杭州有几个反对我的人，他有许多对不起我的事，对不起我的话，我都记住了。但是我所以记住的缘故，不是恨他，或者也有些恨他，但没有到妨害我快乐的程度，因为他有几句对于我的批评狠(很)好，胜过我的先生，我记住了，心里并没有添憎恚的意念，倒比格言还要容易记得，岂不是化恶为美、变苦为乐吗？此亦愿汝学我几分者也。汝能如此想法，勿为无益之追悔，勿增对人之烦恼，心胸自然开朗怡悦，身体自然强健，起居饮食必可较前安舒。然后一心一意，朝夕寝馈于学问之中。勿要专认学校为求学之地，须知学校不过是求学的一种方便，极好的学校内之学生，未必个个都能成就，自来大学问家未必都出身于学校。终之一靠天资，一靠自己之奋勉。至于哲学、美术、政治、经济等，亦是科学，亦是精深博大，并不是空的，并不是专为吃饭而学的，一样有极重大极紧要之发明，声、光、化、电等学，同是一种科学，同是一种应用，结果仍逃不出吃饭范围，不能说止有他可算是学问。汝天资不是不兴，但于学算不甚相宜。协和之事，自己须拿来作为一种极重要的参考。各人有各人所长，各有性之所近，千万自己体察。须用一己之所长，善藏其短，方能有所成就。吃饭亦是要事，不吃饭之发明家，古来不是没有。大半天资绝特，坚苦异常，汝非其伦也。荷兰、瑞典、瑞士经济程度非常之高，比英美还要利害，王揖唐[①]、林宰平周游地球，都如此说，万不可去。汝决赴美甚好，到美时朋友榴哥可绍介几人，信下次与钱同寄。竹媳那里会有钱，他家里亦是窘极，乐家可去借钱吗？汝要竹媳想法，亦汝等不能体察事理之故也。汝与大哥同犯此病，不知国情，不知社会情形，还可以说是没有经验。至于家中的事情都不能清楚，真是少年人之粗心矣。现在我必为汝想法，半个月内当寄二百美金或再多些，未定。已须中币四百元，筹集颇为不易备汝先行赴美。到美后用款，尽一个月内设法寄美，我已竭尽心力。倘汝再

① 王揖唐：合肥人，早年留学日本东京振武学校学军事。抗战爆发后投敌，充当伪“华北政务委员会”委员长，是华北汉奸的头号人物。1948 年 9 月 10 日，以汉奸罪在北平姚家井第一监狱被处以死刑。

无谓忧烦，心思不定，弄坏身体，结果必至改学校为病院，更说不到求科学的智识，那时真悔之无及矣。千万自爱自重，自己谅解自己，各事量力而行，至要至要。学电气我亦赞成。上边所说，并不是命汝去学别种，因来禀太偏，故作此持平之论也，汝自酌之可矣。菊能归，我实盼汝归，不见汝久，亦实在念汝也，汝须知父母精力亦均不如汝出洋之年矣。至于行医，同济毕业的且甚出风头，岂有汝不兴之理，再出到德亦非难事。我无钱，以汝资格才力，我亦能运动别处派汝出洋也，终之非汝回国一行不可。目前寄费，我当于寄杏款外另行设法。买物则极困难矣，回国后可再寄钱托友买之也。倘必须一次筹出，汝等之待我，竟如商务馆之待伙友"榨甘蔗不顾性命"矣。想汝等爱我，只要稍一静思，必能恍然明白也。杏弟汝千万爱之，渠之赴德，大一半是因为汝在德。杏弟天性极厚，视兄如一颗明星，一路又吃于君之苦，以为一到德国，见了阿哥，必如信佛者之到西方见菩萨，同登极乐，汝岂可使其完全失望耶。杏弟倘真有病，汝必为之设法。到德国而不能医好身体，且有博士之兄同在一处，无论任何人不能信天下有此等怪事也。石屋女士必制诗赠之，或再购衣料寄之，无论何人，苟爱我菊杏者我必爱之也。搿落晓片上有渠手写之字，望亦为我二人及采竹两媳小妹问好为要。北京现住西单北首西斜街六十五号尚志里，屋有洗浴间，楼上有冷热水管，房租六十，尚可住。汝等寄信，或迳寄此或由陆宅转皆可。因上海及西城根要揭邮票，且到后往往有耽阁（搁），不能立刻到手中开视也。我身体尚好，无极拳竟是拳家之内功，道家之外功，好极好极。我每日六时起，行之无间。汝母则耳鸣体楚，时有小苦痛。采媳近来可说是通体有病。竹媳[1]近尚健。小妹活泼聪颖，甚是可爱。最可痛者少一美官也。小菊闰弟在津校极好。闰弟功课分数有时较桂小菊均多。我一时不他往，一月内外或作杭行。北京糟极，财政陷于绝地，兹寄去母信一纸，汇票一张，（美金五十个）美官照一纸，采媳信四纸。可见近情大概也。此信到，望汝二人来一详禀。杏千万爱身体，求知识，立意要定，务向活泼快乐方面走去。我几无一日一刻不念汝，不能放心也。一个男子终要有志气向前进，不可妞妞搦搦柔嫟无主意，此种毛病，菊哥较汝好多矣。草草写此。问菊杏二儿好！余下次再详。

六月十五日即旧历五月十四日　父字　尚字第二号信

八十四

夫人如晤：

上海寄治四号信，想到。前日得十八日手示，及小菊来禀，欣悉一一。

妹曾有小恙，已愈，至慰。菊杏又继续有来信否？寄去四百美金，已否收到？杏究往何处？已预储二百元，俟一得来信，寄奥寄美，立即交邮，令人念极！菊官费已续汇出七、八、九月三个月的经费前汇系五六两月。我已去信，望妹与大二媳亦多寄两儿信，至要至要。小菊闰作文甚好。痧药当购归。卯官已取入畿辅，甚慰，学费我当然承认，毫无问题，妹勿误会为叩。日来苏

① 竹媳：沈钧儒二儿媳，沈诚的妻子陆竹生。

浙风云紧极，大约我归期不远矣。如尚未归而已开战，务请放怀勿挂念，我必安乐无恙也。小菊闰又菊不久就要开学，此是他们福气，苏浙学生竟无开学之望。我极念小菊、闰、又菊。今日不及写信与之，下次再写。兹寄去乙百元备用，望收入。敬颂合家安吉。

呀，记得了，是孟婵，取银时印两个图章，汇票上写的是孟婵，是叔羊①忘记了，故封信并写。

八月二十六日　衡山手泐　治五号

八十五

孟婵如晤：

治五函想到附寄百元汇票一张，家中定皆安好。杭州风声日来紧急之至，沪杭车前夜出轨，昨在轨道旁检获炸弹，萄伯母亲及小儿一大群，昨中车赴上海，开至硖石不敢开，停车过夜，今日缓缓行，午后四时方达。今日夜车已停开，一二日内或竟至接触，军阀害民至于如此。我因虑车上危险，决计日内有车亦不赴上海，省垣无事，决计不动，倘有纷扰，已觅得湖上庙宇暂避，或绕道宁波有火车可通至上海，一切小心，务祈勿念。间一日必寄一信，万一津浦出事，则信或不达，亦望宽怀自慰，至祷至祷。我在外必安如泰山也。小菊闰卯学费已措齐否？如不兴，飞函见告，我即设法汇去，或径寄津，无不可也。浙校通令停止两星期

① 叔羊：沈钧儒第三子，名议（1909～1986），字叔羊，小名小菊。

再开课，苏州亦大恐慌。四弟妇挈兰玉皆在沪。次弟有函寄妹否？菊杏有信，挂号速寄我。灯右草草，敬问平安。合家吉。

八月二十八日　衡山手泐　治六号

八十六

夫人如晤：

治五、治六、治七、治八、治九各信，均达到无误否？昨得小菊自天津来禀，知已到校，与闰同住一斋。十一号家中事一字不提，叫人看了闷极。卯姪已到校否。我受岳父深恩，在苏州时不知用了岳父多少钱，从来没有回复过一次，从来没有半句话。其时适父亲多病，赖是以安，我至今想来为之感泣。将来如能有钱，非以数千送次弟或内姪辈不可也。此亦不算什么，不过聊以表意。至于爱我之心，是报答不尽的。妹上次来信似有误会，故偶忆及之。又菊已到校否？家中各事，盼一一告我。大媳亦可帮母亲写几句给我。江浙打得不了，每日伤人不少，可叹可叹。我除议自治法外，百事不问，尤其反对战争。说的话都是假的，其实与狗相打无异，真正伤心。如其奉天动起来，京中亦要惊皇，妹等千万定心，至要至嘱！吉人自有天相也。敬问合家好。

梅生亲家令书通这一回事，老太太是几时？望大媳速告我为要。

衡山手泐　九月九日　治十号

八十七

菊、杏二儿同览：

在北京七月十二以下皆阳历寄尚三号信，二十四日寄不列号信，附汇七十五美金，想以次可到。后来曾接菊百零一号禀，杏十二、十三号禀，详悉一一。我于七月三十一日自京动身，回本省议自治法，八月四日到杭，中间又从京寓转来菊百二号禀七月二十，杏十四号七月廿三，十五号八月五日各禀，又汝二人斯多加城邮片八月十三。我因于九月四日托榴哥汇九十美金至留美监督处我亦有信，谓之美一号信，托其转交杏儿。惟阅近来报纸，似留美入境有种种为难，不知从德境到美又是如何，或较容易，或因德国现在政体之故，比中国还要为难亦说不定。未接到美之禀，不敢放心也。其实美国并不以美术著名，倒不如留学法国与奥国，又近又便宜，且因不能不习法文或德文之故，又多会一种文字，亦一便宜事也。至于毕业迟早一两年，光阴如箭，正可不必计较，止要自己身体强健，殊不成问题也。倘竟因此发生困难，杏儿千万不可又空费懊恼，至要至嘱。惟盼速告我，以便取回寄美国之钱，并按时寄钱至法或奥也。菊有归意，我与汝母大媳皆喜极出涕，我南来即设法弄钱，竟不可得。此次寄家用、寄美款、寄小菊闰弟又卯弟学费，我真力竭声嘶矣。又因时局忽欲打仗，一切非常紧急，幸而教育厅已汇出三个月学费，否则开战以后，本省教育俱明令停办，外国留学生更讲不到矣，危险危险。兹寄去雨农舅一函，可即日寄去，汝再加一信更好，或请叔范转呈亦无不可。据大媳云,必可答应菊得此款,千万即整归装,本省学费,自然不去声明回复,尽他留著。菊回国数月,倘或再去,自可继续支领。即不再去,亦不妨托人代领数月半年也。雨农舅款到能够还款并备川资,自然最好,否则欠款可否少还些否?或约期寄还留物相抵,或飞函告我再行设法,至盼至嘱。我一时不能离杭,卢军决不至败,以人心卜之,曹家恐不能不倒,上海皇恐已极。四公公故后,即将柩出殡,现又全家暂避租界,仅两大间屋,住人至五十七数之多,糟不可言。十一公公避租界,亦两屋,亦有三十七人。苏州、嘉兴皆出分住,两处人民真不了矣。我无日不开会,每日终要写一千左右的字,幸人极强健。住荀伯老伯处,褚君叙即在隔壁,生意清淡之至,人好而短于外才,为天所限矣。京寓均好,大、二媳近来待我与汝母亲热出于至诚,我亦几不以媳妇待之,此次汇杏之款,不独二媳有首饰在内,嫂嫂亦相助,杏亦不可不知之也。大媳近体较好,我屡次嘱其寄信与菊,不知已接过渠信否也。汝母近体大不如前,一心止在你们兄弟几人身上,汝二人来信,每无以慰汝母,令汝母阅之出泪,我不过灰心而已,我学佛久,惟看空一切最难,断爱尤难,汝等千万勿助我断爱,帮我早日出世也。求学做人完全两事,学问是自己事,做人则与家庭、社会、全国皆有关系,与学问同一重要,亦不可不细心体贴。菊有肆应之才,我尝与十一公公、大伯、三叔说起,汝辈弟兄中才具以菊为最长,处事亦以菊为最周到,于将来行医大有关系。至于医学,则研究与经验皆须与年俱进,不可勉强。在德实习固要,回国实习尤要,以中国人体质与德人迥不相同也。最好行医数年,再出外研究二三次,则必可有成名之望。恨我无钱，不能痛快助汝，然如使我而离世，则汝等所遭将愈危险，故我虽窘迫，不能不自祝我身之强壮也。美术中国近有趋重之势，而能者益宽，偶有一二，价值之贵，骇人耳目，不让顾鹤一，吴仓（昌）硕[①]之山水，且此事最能怡养性情，故我极愿杏学此。且以杏性情之厚，孤僻、高洁、乖执各种，皆似古来美术中人也。但除厚外，皆是病态的心理，能去之自尤佳也。忽想起一事，即鹿年忽与双全发生契约尚无暧昧事，送小照、送金表、衣服，双全亦非常愿意作渠之妾，已与大媳说明，大媳极端否认，我因向不赞成娶妾，故暂不顾问，惟男女两方之热度，深恐已难遏阻，奈何。我生平不二色，然极原谅人，不欲动以礼教绳人，汝辈独身在外，能守男子节操，固是美德，苟不能时，亦须自己斟酌，勿添日后无穷之纠葛，勿使俯仰中有愧对夫人之处，则较为妥当矣。草草写去，不觉三纸，即问菊杏二儿安好。

九月九日　父字　尚字第四号

八十八

九日写好之信，因致雨农舅信未写好，他事纠缠，一耽阁（搁）数日，恨极恨极！顷又从京中寄来菊百零三、百零四号禀，杏十六号禀，赴美噜嗦如此，竟为我料著，苦我杏儿矣。凡人希望一事而不得达，最苦。然既如此则须变计，菊哥之言，深有道理，须细细思之，或奥或法，皆无不可。法之美术，本著名也，惟

① 吴昌硕：(1844 ~ 1927)，安吉人，近代书画巨匠。

我此信太迟，不知杏已如何决定，念极念极。凡求学要有三种条件：（一）自己有决心，（二）并要自己程度够得上，（三）要有钱来接济他。前者出清华到协和，必要赴德，最大毛病，就是第二条件欠缺，科学程度浅、德文程度浅之两事也。千万不要尽怪他人，此事他人帮助不得也。菊儿说现在回来，就成了庸医，再实习二三年，就能成功名医。我亦看了好笑，既学了医，就是终身的事，自入校起，到盖棺之日为止，应当没有一天不研究，没有一天不实习。至研究实习范围之大小，则视自己之决心与环境而定。只要有力量，应当再到德国，即到德国，应当多到几国，即须多到几国，如此方是有志气的学医。因汝有不愿为庸医之语，故为汝言之。否则混混饭吃而已，再实习二年三年，且有了博士头衔，尽够足矣。上海北京杭州此类人物不少也。还有一层，菊大误。何至一归即牺牲学问，再出亦易，偕妇同出亦甚好，我不阻汝也，汝母亦不阻汝也。官费可不回复，但战争中必难续汇，故暂归计最得也。余详前信不再及。南门本家最可伤心，以其名为骨肉同居，并无团结之心，和睦之气，小头扳驳，锱铢必较，全是女子小人浅狭的眼光。故吾们大家尝叹其无出息，以为难再有兴旺之望，何以菊杏爱儿亦时有此种景象？菊向杏连说四次要十元，而杏不肯，此何故耶？杏天性厚，吾知过来必大悔。得十元易，得一阿哥难也。菊近信亦多小见，我为叹息不止，慎之慎之。

九月十三日再及

八十九

阿菊知悉：

阳历九月十三日在杭州所寄尚字四号信，并附致雨农内舅信，未知到否。发信后，连得百零五、百零六号禀，顷又由汝母转到百零七、百零八禀，及九月廿一日九人公信，详悉一一。

一、前致雨农内舅函，到否？寄去后有无复音，如何情形，至念之！兹特再寄去一信，防前信遗失也。如竟未寄到，望即以此纸加封寄去为要汝须自加一信，说明我有信，或为浙乱遗失。我两月以来，在杭州则天天开会，在上海则未盥洗即高朋满座，以致未寄汝一字。以每寄信终想多写几句也，因想多写几句，而结果至不寄一字，可恨可恨。至收入竟属毫无所有，两次寄杏美金，均系借贷而来，故未及顾汝。日内如有所获，当以寄汝。至寄美之百八十美金，顷已嘱榴哥函已发赵寄汝备用，不必分兄弟二人谁收谁用为要。

一、九人公函未转到前，我已在褚君慧僧处见此函。当时即由我恳切致函张冷僧厅长，嘱之从速设法。昨又函催，尚未得复。望转致同学，我不另复矣。

一、杏弟此次冒险赴美，竟得如斯结果，实出意外，我不忍再埋怨一句，汝亦千万不可再责之为要。此款留奥-丁充数月学费，汝得之亦可备归国还债之用，今则如掷大海，而杏弟又吃苦，天乎天乎！杏之赴美，汝来信以为由于我之参加意思，实则不然，其最大原因，由于汝对杏弟之冷淡而不热忱。我每得杏弟禀，辄为叹息，因思保全汝二人手足情谊，决计命杏离开法来堡，而又以杏学英文之故，赞成留美。否则何肯拼命筹款供其一掷也。杏弟以后宜如何办法，汝须详细为之计划，我另谕杏弟嘱其一切信汝。杏弟经此险难，应可觉悟。汝亦要觉悟，视同自己之事，至要至要。汝二人在外用款，我何能不管，但我之景况，汝等亦不容不知。两年以来，家中种种娱乐，为汝辈牺牲甚多，几乎有钱尽先寄汝二人。我凡游玩之事，一切作罢，母亲二媳衣服，不能添做一件，汝等须知之也。菊之回家，盼极盼极！寄钱万分为难，菊自已亦须为我打算，能少寄一钱，终要叫我少寄一钱为是。杏学美术，意大利最好，但留学费多少，须先打听。一切俟汝二人商定信来再说。

一、中国乱事尚不知如何结束，江浙间大致不至再生问题，我十日左右或可北归。曹锟已倒，吴子玉①旧而狠，宜无不败。国会如消灭，我以后拟择一我力能做之官为之，暂维生计。褚君穀在杭屡见，渠貌不扬而言语亦不擅长，又无人为之揄扬，故行医不甚得法。汝与之不同也。

一、大媳近尚安好，二媳似亦甚好，均有信寄汝等否？我每寄京信必及此，不知渠等肯听我话否？

一、寄去致雨农信一纸，又母亲信三纸，又菊妹信三纸，望汝二人阅之。

十月二十六日　父字　尚五号信

---

① 吴子玉：即北洋军阀直系首领吴佩孚（1874～1939），字子玉，山东蓬莱人。

九十

菊、杏儿同览：

尚五号信当达。日内又得菊一百零九号禀，杏到美四号禀，布来孟寄禀，柏林一号禀，详悉一一。已过之事，不必言念。深望杏将详细情形写一篇来，当为在各报发表。所谓文明，不过罪恶而已，可叹可恨！惟杏回德何以不即将通讯地址告诉阿哥，岂尚有不满意于阿哥耶？杏儿杏儿，经此挫折，经此患难，再不痛切改悔，未来之事，难得顺遂。我年渐老，以后但望汝等兄弟互助，共相亲爱，要晓得朋友更比兄弟靠不住也。明决和蔼宽恕此六字，望杏信之。身体此次必更大吃亏，千万自己保重，我念汝极矣！迟一年入学不成问题，定学何种？勿再游移自误，未入学亦可自修也。兹汇去美金一百元，即望杏收用。赵校长处已有信去，请其代还陆君百元，余汇菊交杏也。菊留学费已力催，张冷僧面允即汇。菊如得此款并雨农借款，能归千万即归，买物第二步再说。中国乱，我窘，汝须细思之。采妹我与汝母极爱之，然非空言可了，不必不放心。但有心，隔万里，须汝身来家也。还款究须多少，来信亦不言，汝自斟酌，我不暇多写矣。

外附汇票一，母信二，大伯信一，复电一，可并阅之

十一月十二日　父字　尚六号

九十一

闰儿知悉：

汝在校想安好，汝寄家中各信，家中均寄与我看也。我在上海甚好，惟忙些。年假时很想到京一行，不知时局许我不许我。兹寄去五元，望收用。以后如需款，可来信“上海法租界园祥鏖路美仁里廿九号”为要，此问汝好。

十一月十八日　父字

附去字画各一纸，便中替我寄还小妹妹。

九十二

阿菊览之：

我写此信，想汝已舟行在南洋群岛间矣。前五日得汝“归矣”一禀，为之乐不可言，默思古人云“人世难逢开口笑”，我今“五年忽喜菊归来”，能不开口大笑乎。我到京已二十余日，政象一无佳处，苏浙间又将再见兵戈，惟我家庭中则因汝之归来，而生气蓬勃喜气洋洋矣。我与汝母汝妇，日来甚忙，看房子，欲得一敞亮之新居，以待汝归也。汝抵沪即发一安电，同时寄一快信，说明何日何船北来，我将至津迎汝也。车通，自以乘通车，直达北京为盼。四公公处西门内西仓桥四十三号唐家，和民坊十一婆婆处，均须去一拜。榴哥住和民坊，又十一公公均须一见面，雨农大舅一路同行并贷千元，我感谢已极，三月之约必当筹划履行也。兹寄存外婆处百元，望汝取用。有余钱望汝代还无余可不还榴哥廿元，荇阶六叔十六元，说明我嘱还可也。杏弟处已寄款，一切再详。祝汝平安。

父字　新十二月廿二日

大革命前后

(1925~1936)

1925年3月,沈钧儒在北京与黄元操、周秉真等国会非常会议议员联名提出意见书,建议由非常国会起草组织法组织临时政府,以此对抗段祺瑞及其提出的善后会议,但最终无结果而散。1926年北伐开始后,沈钧儒离京赴沪,与褚辅成等发起组织苏浙皖三省联合会,谋求三省自治以反对孙传芳,迎接北伐,他是主要负责人之一。1927年1月,沈钧儒往宁波参加浙江省临时政治会议及省政务委员会成立会,然后辗转赴金华与国民革命军会合,随北伐军进入杭州。2月浙江省临时政府在杭州成立,沈钧儒任省政务委员会秘书长,与参加省政府工作的共产党人宣中华、潘枫涂等合作共事、亲密无间。不久,蒋介石发动"四·一二"反革命政变,沈钧儒与褚辅成于4月14日被捕,险遭杀害,后经人营救获释。之后,沈钧儒回到上海,淡出政坛,从事教育和律师工作。1927年秋,沈钧儒被聘为上海法科大学教务长,他主张民主办学,为国家培养了不少法学专门人才。1928年初,沈钧儒向司法部申请执行律师职务,在上海从事律师工作,因敢于主持正义、不畏强豪而称誉于律师界,时称为"政治律师"。

九十三

菊儿、大媳、竹媳、又菊同览：

昨归虽片刻，亦觉畅然，到津已十二时一刻，田三来接，抵医院小菊弟已睡着，母亲在等。小菊日间甚好，惟我走之后，看我留字，如吃乳之小孩为之出泪，幸我昨夜归来也。今日起坐又较有力，可喜之至。昨夜有了旅行床，我与汝母均未陪夜，我睡旅行床，与小菊近，仅起一为小便。白凤丸灵极，昨夜睡前煎服，今早起烧已停止，睡好人亦较舒，足以告慰。我看菊儿来津之说可以作罢，曲处我自去交涉也。归阅汝十九早信，有“行医之心有减无增，不知何故”云云，万勿再有此种意思。（一）学成而归，且已得有学位，不拿出来应世，自问亦说不过去，（二）见我如此困难，理应拔刀相助，不应再有临阵而逃之意，（三）（1）我之窘迫，并非现在发生的事实，自己早知，（2）蒋曲慨允，甚属可幸，即在我为汝，亦不能算我不肯尽力，（3）搬场费用，小菊之事，皆非得已，以上种种，汝皆须细思，不应稍有怨恨。所业为医，年逾三十不奋起自立，将何为耶？菊须自勉。大媳亦要劝之助之，使其奋发。我应有助汝之处，决无丝毫躲懒，且我不能有丝毫灰心之处，即不为自己儿子的事，能为社会培植一人，扶助一人，我亦乐于为之。但汝自己本身，亦应有自为奋发鼓舞之力，应有希望。天下事只有热心与毅力二者，非他人所能帮助也。且假使上无父亲，汝现在学成而归，又不能继续官费，再去自己打算，应当作何办法。天下事不能尽打如意算盘，留学生涯本来可较舒服，然亦终不能尽管留学过去也。官僚爱人恭维，富家安排钱再作事，此两种亦是幸福亦是恶习。吾辈有意志的人，均不愿犯此也。菊儿：我常说汝有才具，汝活泼，望汝昂头挺胸一思之，至要至嘱！前日从报上剪下一段，叫做“结婚的危险时期”汝可一看，其言似有理也事不同而理同，“经济恐慌”诚为一切快乐之障碍也。此问菊好。并问汝三人好。卯弟为我问候。

二十一日　父字

致大伯信一纸即送去。

九十四

菊儿览之：

接汝除夕及开春十一日函，正深欣慰，然以有李敏斋须大补之说，前数年住张凤鸣家，一乌花郎中耳，何以忽然走起运来，真是怪事，我认识他在大伯父前头，不当他是一个好相识的朋友，刘哲[①]也是国会的朋友，一味好赌，别无可称，甚不放心，曾嘱母

---

① 刘哲：(1880 ~ 1954)，字敬舆，吉林永吉（今吉林省九台）人。自幼聪颖，品格端庄，写一手好字，更懂诗词歌赋和骈文。曾任中华民国北京政府参议院议员、大总统府顾问。解放前夕去台湾，1954 年后以“监察院副院长”之位客死台湾。终年 74 岁。

亲先寄数行。昨得大伯手书春字四号，今日早起又得五号书，知汝于旧历十七日晚忽然晕倒至十余分钟之久，醒后仍胃痛作呕，次日仍觉脑胀。汝自知医，当能于病之来源，研究精细。日来如何，饮食起居一切如何情形，望嘱大媳详细禀我知之。我想太劳苦，太忧虑，以致伤损气血，或则有之。但一面感冒，一面仍天天在街上乱跑，以致受足风寒，亦必不免。千万不可随意服食补剂，万一将病补住，尤为危险。中医徐灵胎①论此最详。敏斋时医而非名医，不免揣摩他人心理，其言不可尽信，汝要自有决断。青年身体止要休养，以饮食只作补健旺甚易，万勿倚赖药饵，要极要极。我昨一时间几欲自己冒险北来，继觉不可，又想请母亲随兰弟同来，今日详细研究，亦均作罢。总之汝与榴哥二人火性均嫌太大，故榴哥亦有时患脑痛，惟榴哥经济较汝充裕，汝则以受经济影响，又添一种忧思。近更积忧成急，积思成恼，气血受其影响，外感乘之而入，日久两通，致有此次病象，不可不早自觉悟，从事涵养。昨吾急极，又恐汝母知道惶张，暂时瞒过，与小菊走至著卿老伯处占卦。小菊路上告我，大哥不知何故容易动火，一点也看不开，能象好爹便好了。我说你想学我么，小菊说想的，我说只要把眼光放得远些。譬如举个例，好爹为什么不牢骚？第一，是退一步想，觉得我能如此，已是谢天谢地他人不如我者不晓得有多少。第二，我是万不能死的，为这许多人，必须

① 徐灵胎：(1693～1774)，名大椿，又名大业，晚年号洄溪老人，江苏吴江人，清乾隆年间的著名医学家。博学多才，除医学外，还通晓天文，水利，地理，懂兵法，还善诗词。

要留得青山在，才有办法。第三，以前两种想法，都是消极的，我尚有积极的思想，对于各方面有种种改革的发见，昂头天外，独有奇乐，所谓书生，所谓傻子，所谓有思想者。如此方能找到自己真正快乐，排除世间一切烦闷，汝其有意乎。以上全是理论，不要说他了。从前止是一个行医问题，到底在北京好呢，在上海好呢，那一处相宜呢，所以有个研究。现在北京情形如此，有时间与事实证明，在行医范围内，北京的不好，已不用研究了。若是简单的一个谋事问题，则既有这么一个父亲，终是与他同在一起的好。况且他在那里恳切的盼望你呢。钱这样东西，是最可恶的。你越是看重他，他越是为难你，索性摆开了手做事去，也不过如此。现在我想毕竟汝与我仍宜同在一起。汝有汝之真实本领，我可以代为吹牛；我有我之空廓声誉，汝亦可以利用而增光。即以谋事论，我少闲功夫，奔走仍须汝自为之，汝又是一个漂亮少年，见者必宜刮目。我现在为汝谋事，有三个目的，一卫生行政方面。履历内添了一行，对于德国公共卫生法规及实际行政办法，均极有研究。二铁路医生。三医院或教育职务。黄膺白、蔡孑民均允为我尽力，并不滑头，且其左右亦均有人帮助吹嘘。倘能即成，我当设法汇款，接汝与大媳、熊熊[1]同来。电告汝云云，非假话也。倘汝能真实信我，即先南来，必可助我力量，使事得速成，俾达父子同在一起之目的，最为盼望。累我不累我，这一类空话，不要说他，终之北京不宜久居。刘哲非可共事，百元不足依恋。医生既无生意，局面亟须收缩，必得迁地为良方

① 熊熊：沈人瑜，沈钧儒孙女。

针，一定神速赴之。我之言句句实在，汝宜细心思之。大媳亦要放开眼光，助汝决定，万勿迟疑。闰弟处前日已汇八十至南开，连日小菊又菊上学，又用些钱，日内又要寄杏钱了，故此次阑行未能带钱，稍迟必即寄款，多少不能预定。余详寄伯父信中。兰带去白木耳可以冰糖燉来吃火腿虾子酱油。此祝菊健康。大媳、熊熊好。

父字　二月十六晚　五十二号

我现在住的对过，有一所房子，二月底可以空出，月租三十，我已留下了，是预备你与大媳、熊熊来同住的。你事成决计如此办法，尚未有事的时候，在我这里住住，在我这里挤挤，是多可以的。两人挈小孩同行，川资是很有限，只要少带东西，便不受累。倒是大媳晕船是一个问题。

九十五

闰儿如晤：

来信均阅悉。分数成绩尚佳，吴柯两世兄分数何如？桂哥老学生，汝弗能与比也。应寄汝十四元，须稍迟再寄，因日内手头窘而用款多也。对号单只要是彩票店均有之。三哥抄去号头一纸，或要一单寄来，或汝往一对均无不可。汝要之训育课信寄去。暑假南开如有招考章程，望寄一份来。余详母信。即问汝好。

六月七日　父字

家中均好，汝不久亦可归来共话矣。大哥十号开业

九十六

接汝信至五号为止，想已有六号在途中矣，塘沽战事，校中闻见炮声否？家中均好，小老虎已解微笑。天气遽暖，恐尚须转寒，汝须小心。兹汇去零用五元。闰儿好！

三月九日　父字

九十七

闰儿知悉：

数日未通音讯，合家均以汝为念。春假未知在校作何事？天热衣服又如何办法，想汝必有信在途中矣。今日有友来访，知昨车已通，渠乘九时开之车，午后六时始到也。前两星期北京殊不了，城外菜都不能进来。人家纷纷逃避藏匿物品，我却都没有动一动，省钱不少。实伯家中四月十二日上午坠落一炸弹，深入土中幸未炸裂，然已合家吓得要命，隔二日始刨出，有尺五六长、八九寸宽，竟系一甚巨之弹，未炸可谓运气。我知已迟，不及往摄一影。大伯大约一星期后可来京，三哥学中国画甚有兴趣。小妹停课数日，今日始到校。姪姪小名叫熊熊，一天一天有趣起来。汝要钱否？即问汝好！

四月十九晚　父字

九十八

闰儿知悉：

今已六日，汝去津五天而无安信，何耶？我与汝母念极矣。兹寄去二十元，即收入为要。家中均好，熊熊秤约二十二斤，因今日立夏也。杏哥来信窘极，亦急须为其设法寄钱。四公公信想已交邮。刻要去接小妹妹，顺便寄此信。不及再写矣。即问汝好！

五月六日　父字

九十九

夫人览之：

我现在写此纸，为十二日午前九时三十分正。新济已过蚝山，航行黑水洋之时也。我住官舱十六元三号，上下两铺，中间靠窗支一桌，对面尚有一铺。我上船时止我一人，因嘱茶房到沪必倍给酒钱，勿再搭入他客，因此颇宽绰舒服，且自由而洁净。隔壁二号，苏州人彭姓，偕其夫人二女一子，占两舱，北京住石驸马大街，其弟二小姐曾请菊儿看过病。昨日午后过烟台，伴其全家上街游玩，恨我身边无铅笔，不及写一片寄家。现在，则其夫人儿女皆晕，不能起床吃粥。蒋九弟之大郎南下赴苏，进东吴理科大学，住房舱十二号，视之亦晕矣。其同房间侯君，学航空，为在石驸马大街设医院侯希民之弟，则尚不晕，与我谈天也。侯君云其兄开销大，而近来进项太少，欲移津而尚踌躇。彭君系教育部视学员，移眷来京已十四年，现因察看前途经济难以维持，故将眷属送回苏州。其大小姐已十九岁，子仅七岁。蒋郎述一事颇有趣：徐志摩①与陆小曼②于七月七日牛女嘉会之节，在北海设筵宴客宣布订婚，男再娶而女再嫁也。徐父对于二人婚事，取放任主义，其母则坚不许，徐志摩因此特南归，再三恳母无效，其前妻张小姐③仍住徐家，称徐父徐母作寄爷寄娘，前生二子殇其一，一切用度仍由徐家供给，徐母极爱之。力任疏通，始获许可，闻不久将结婚。张小姐将于其时作新妇傧相。我笑谓蒋郎，最好再觅前夫王先生④来搀新郎，则更为滑稽有味，恐欧美尚无此文明程度也。如在北京结婚，倘有帖至我处，我必往观，不知大菊有此兴否，可不送礼，去彼当作影戏看。闲文写过言归正传，夫人想念我，我健强可放心也。止要看我此时在船写字之情形，可以知之矣。全舱肃静无声，窗外波动渐大，我仍运笔如飞，且时食一二纸包之花生糖。壶内有茶，小碟置糖。谢夫人为我带物周备。我行后，不免寂寞，小菊搬下楼，如何睡法？叔范身长，小菊之铁床，怕渠腿都伸不直。杏媳肯即回家否？倘大媳二媳能

---

① 徐志摩：（1897～1931）现代诗人、散文家。名章垿，笔名南湖、云中鹤等。浙江海宁人。新月派代表诗人。

② 陆小曼：（1903～1965），上海名门淑媛，民国时期的才女，诗人徐志摩的妻子。

③ 张小姐：张幼仪（1900～1988），名嘉鈖，出生于宝山县，徐志摩元配夫人。

④ 王先生：王赓（1895～1942），早年留学美国，毕业于西点军校，回国后在陆军部任职，是徐志摩好友，陆小曼的前夫。

不避嫌怨，真心练习家事，夫人宜自休息，早睡多坐，遇事指挥他们一二足矣。田三日来如何情形？菊儿办事有才，惟发言时语调太硬，且少遇困难，即容易不高兴，又容易动真气，此与卫生及福分皆有关系，宜自戒之。我顷诵宋朝陆放翁诗“习气深知要扫除，时时褊忿独何欤。呼僮不应自生火，待饭未来还读书”，等饭开不出来，气得止好读书，没有办法自己生火，此种情形自宋即已如此，奴仆一级真须根本改革也。熊熊耳朵不作痒否？小菊学画，终要注意交互与用笔之轻圆，至要至要。又菊午饭想已定，有如何办法，均在念中。杏儿又有信来否？是否五十四号？想必大骂其计仰先。我到南，必先设法汇渠款，及月底家用之接济也。闰儿次日到息游看我，我已行。渠必非常扫兴，想有信寄母也。茶壶未及留出，有好茶叶而无壶，不知如何办法。惟我在船上，则有壶可以泡茶，大觉方便。恨尚无火酒炉也。我顷极想能音乐，且无奢望，只要小菊教我手打琴，此刻即可奏一曲，以与窗外天风海水相应和矣，夫人有此兴趣否？如欲看中医书，可令菊儿取灵胎六种观之。我本想在船中作文，而心仍不定，竟不能成功。看书则已尽数册。忽思徐志摩在英国，何等与张小姐要好，忽然硬欲离去，曾累张小姐绝食数日，现又忽然与所谓王夫人陆小姐者要好起来。全是人欲，全是孩气，那里讲得到情字。我料其与陆仍不能终局也。所谓情者，必单一而专挚，且要双方兼尽，非浮薄人所许言也。天下惟真夫妇尤其是老年，我为此言儿媳辈见之，必要笑断肚肠根，以为我与夫人讲爱情也与母子之间情最切至。我愿吾家人之勉为情种也。中秋转瞬，必不及寄钱。张镕西处，菊儿或亲往一行，并为我望病。王幼山协和第二次检查，如何结果，可不至剖去面骨否。店账中松华惠通，可以我不在家却之。以上船中写十三日午后五时抵沪，今日拟即暂住榴姪书房内。余再布。敬问夫人安好！合家大吉！

七时　衡山手泐于美仁里

外致大哥二纸，即送去。

一〇〇（明信片）

北京转来第一号禀，阅知。我来此已四日，约再三日即可返上海，汝需款，有即寄去，勿忘也。一切小心。即问闰儿好。

九月二十二日　父字（八月十六）日

脚踏车、自来水笔均当有以助汝。

一〇一

菊、小菊、又菊同览：

刻来大妈处，正在写好之信上添注数字。榴哥归，出示廿二日快禀菊系第三号，又汝母亲一纸，欣悉一一。蟹不可多食，隔夜之食物食时宜考察，此其明证矣。中秋居然不够止四十余元勉强过来，可喜可喜。弟顷往复旦回。大伯寄百元，连睡宿尚不敷廿五元，又书籍三十七元，不知叫我向何处去借。外部本月已不能领薪，凶极是。所寄百元，付房钱还不够，如何是好。病人幸而天天有的来，真是天公照顾。天气冷还早，预备买煤亦何多虑。菊真有富贵气，我乃计不及此也。田三近情如何？手帕胡同对子，如来问，可告以我出京，倘要取回，则在壁橱中层，问明纸张颜色，记似上有红笺写款，让其取去可也。幼山先生病究竟如何，我颇念之，菊下次来信，幸告我为盼。小菊所要之平面测距表，“表”字，来信写作“标”字想误，便当购去。姚华[①]字并不见佳，可不往学。苏米[②]字，放大缩小再临几遍。赵孟頫[③]字亦可临摹也。已会的须天天练习，勿忘。温家街及打剑，小菊须念我目前困难，展缓再说。又菊禀，字整齐干净，写得很好。浇花是否小菊、卯二人为之？《家庭新论》须略加入东西，幸小菊告我。我此次在宁耽搁一星期，为向来所未有。写至此，觉得倦不可言，非睡不可。桂[④]弟云侄媳回硖石去了，二叔即在房内榻上睡罢。我说了一声好，放头便睡着，醒来已五时二十五分，睡了三个钟头，舒服舒服。曾与董伯因[⑤]登鸡鸣寺一次，其余尽是与朋友谈天时多，非钱尽，自徐州归南京，自南京归上海，均系陈公侠[⑥]送的车票，否则早已不了，然而自己并未开口，是陈君自动送

---

① 姚茫父：姚华(1876～1930)，字重光，号茫父，贵州贵筑人。於诗文词曲，碑帖古器及考据音韵等，无不精通。久居北京莲花寺，因别署莲花龛主。著有《弗堂类稿》等。

② 苏米：指苏轼和米芾。

③ 赵孟頫：(1254～1322)，字子昂，号松雪，松雪道人，湖州人，元代书画家、文学家。

④ 桂：沈保儒第三子，名沈诚，小名桂，号咸仲。

⑤ 董伯因：董康(1867～1947)，字授经，自署涌芬室主人，江苏武进人，光绪十五年进士，曾充大理院推丞、法律馆编修，时为上海法科大学校长。

⑥ 陈公侠：名仪，(1883～1950)，字公侠，浙江绍兴人，爱国民主人士，曾留学日本，辛亥革命时曾为光复会骨干。

我的，尚须至苏州一转也。余再及。即问汝三人好。汝母绚媳卯弟均好。杏媳能常在家最好。

父字　九月二十七日午后五时三十分

一〇二

夫人如晤：

前寄菊儿一函，系在美仁所写，想达。顷又来此得八月十四手示，又菊十四、十九两次禀函以前共接四函，连此共六函矣。杏信闰信，详悉一一。

妹累得不堪，而为省钱计、爱菊等计，不觉其累，是乃贤母所为，我又何言，尚望能节劳则节些，多坐谈话，找些乐事，至嘱至嘱。又菊辫子仅可剪去，上海中西青年女子剪发者，触目皆是，多极矣。熊熊能发音，可爱。菊儿夫妇勿十分放任，则不至哭也。即宁可先头管，勿要后来凶之意。中秋缺二十余元，月底又缺数十元，愧不能多寄。九月必能顾到，因杏处可暂勿寄也。此月寄杏已二十四号，过迟必令受累，我心中至今不快。闰儿日内当寄渠十元。菊天津之行，非我有事无从进行。幼山可怜，张母糊图，病发就死了，竟是无疾而终。昨往奠送双连箔一方。仲仁尚未归。杏媳身弱而怕事，如何是好，将来渠家庭何人负责耶？敬颂妹安。合家好。

衡顿　三十号

金问泗[1]即住在联珠后面，日内拟往访之。联珠西面之桥靠南一面，已平成马路，极宽展，为无轨电车圆旋之处，与从前大不相同，惟敲石子的匠人丁丁之声依旧。

菊儿如我可在南边为之揄扬，亦必尽力。傅壮民[2]在盛家，月包五百元也。徐州如能有事，菊愿就否军医之类？

大嫂近似弱多病，我南来后今日又见，坐在床中为第二次矣。大致终是食物不消化，或受寒所致，自煎神面等类服食，不请教医生。

一〇三

夫人如晤：

返沪后曾寄两函，想达。此两信均在美仁写，到否，望来信提明为盼。寄杏一纸，想早添信加封寄去矣。日来连得两示，均无发信日期，又菊九月廿七日禀，小菊廿七、廿九两禀，详悉一一。日来天气穿夹已够夜盖棉被。我一切小心，后日拟赴杭州，约五六日仍返沪，当借钱二百济阳历十月家用。小菊需购各物，大致均可购得，托大嫂带去。杏款此月拟停，十一月提早于十几里寄。闰儿需钱，得手即寄十元与之不误。马玉山折恐已作废，明日到大嫂处当取观。不知能写信至总公司否？论理应无不可

---

① 金问泗：(1892～1968)，小名连，号纯孺，浙江嘉兴人。民国时期的著名外交家，亦善诗词。晚年定居美国，1968年病逝于华盛顿。

② 傅壮民：医学专家，曾被聘请为淞沪商埠卫生局(简称商埠卫生局)卫生委员会委员。

也。小菊图章当为留意。岳家拳最好稍缓。姚茫父处愿去尽管去，无须我作信介绍，可打电话与尧承老伯，请其电话一提，即可前往。惟渠不能讲，恐难得益。仲恕[①]老伯处，小菊愿去，亦可于上午往见，并请见其夫人，索观所藏花卉各件，渠必不至吝惜也。如决去，可为我请安。家中夫人与大媳劳俭如此，阅信为之太息。今日南京有人来，传陈陶遗[②]先生之言，略谓"县知事各老友真要做，当然无须考试，惟必须择一相当之处，可以做事者，请先生做一个全省之模范，不能狠速，且以委状加老友，亦有所不敢。又有一事孙馨远[③]返省后须即办一立法顾问机关，其中委员六七人，设主干两人，拟请先生为主干之一"等语，我已允就。望除大伯三叔外，勿告他人。因尚须待孙返宁后发表，又未知是否即能定局。拟杭州回来，即再赴宁一行也。阿菊求学十余年，已得博士头衔，且本领亦不错，将来幸福必较我可加几倍，万勿因区区小事，目前窘困，自坏身体。你们享福之日正在后边，光明灿烂，无穷无尽。正要预备强壮身体，方可享福。我方日夜为汝等祷祝。我日来时时想如何如何助菊搬津，如何如何要开一"汝记"中德大药房，并愿汝等组织小家庭，伉俪二人享福。我稍有办

---

① 仲恕：陈汉第（1874～1949），字仲恕，号伏庐，杭州人。清季翰林，辛亥革命后历任国务院秘书长，清史馆编纂，晚年寓上海。擅写花卉及枯木竹石，尤善画竹。笔墨谨严，极有法度而仍生动有致。藏印颇富，有伏庐印存。

② 陈陶遗：（1870～1946），名公瑶，号道一，上海金山人。早年留学日本，时任江苏省省长。

③ 孙馨远：孙传芳（1885～1935），字馨远，民国时期直系军阀首领之一。山东历城人。

法，即勿欲以我二人及弟妹等累汝，我因日夜希望此事之实现也。菊千万自宽。大媳亦当以此劝菊。所谓内助得力，正在此等此处。来禀有“大人何勿仍北返”及“以全家付给男”，此等语均不宜写的。我如真归，如何得了耶。菊何以胸襟窄得如此，千万从开展一路着想，至要至要。我不愿汝如此也。我日日祝汝等发达，而汝等却日日虑我倒霉，何心思相反如此？千万千万，不可不可！上月底缺短太多，深累叔范兄，望夫人为我道感谢之意。田三马车钱，我动身时似尚短付二十余元，可告以须稍缓给他。搬家其势止可从缓，亦是无法之事。天津行医，不知如何？上海竟是全赖交际。此次潘力山[①]愿打针且肯出钱，菊劝其勿打。用意极好。但如在上海医生，决不肯如此做法也。菊有些处过于呆板。错是不错的，但我有个譬喻，譬如学拳，第一拳如何打法，第二拳如何打法，真有一定，但是到了与人家打架，则不能如此拘泥，要看人家拳头如何打来，才去应付他，非可由我仍照自己打拳时打法矣。菊以为对否？又菊日来何如？中饭三叔处送吃好否？我甚念之。大哥三哥须仰体我意思，勿好与玩，惹小妹哭，或令渠养成一种出言不逊态度，至要至要。卯官有信告荣哥，谓毕业后想留美。我以为勿可遽作此想，阿哥必无此力，我一二年内亦恐未能相助，大概不能不先谋事以待时机。事实如此摆着，亦无法也。熊熊思之可爱，菊勿凶之，亦勿放任之。吃乳外现吃别种补助否？面上痒如何？现能不怕风吹否？舌底

---

① 潘力山：吴虞的女婿，1922年曾主张联省自治支持联邦制。曾任上海法科大学副校长，1927年10月被国民党特务暗杀。

肿是否已消？夜睡小心踢被冻肚子，至要至要。幼山经雷锭治后，是否可以妥当？菊须告我。仲仁老太太我拟送联一、心经轴一。昨日大殓，韫哥来，苏州来客不少，次弟竟不来。荣姪前日见我，我告之，亦不来，太不周到矣。草此即颂近佳。儿媳女辈均好。

衡字　十月四日返沪后　第三函

昨夜写好一信，今晨欲亲赴邮局，而大雨如注，不能出门，因再写此。我此次赴宁住韫哥处，饭菜均系俞小姐亲自动身，甚可口。韫哥亦异常殷勤，各事招呼周到。惟我有甚不惯者，则韫哥之满地吐痰，又客房我睡在前间，而有一女仆睡在后间，止隔一层芦菲（扉），心里终嫌不洁净，以致睡了都有不敢呼吸样子。帐子是张的，但我不敢朝里睡。联珠是独占一小间，可以自由洁净。早晨无粥，每早自己买来吃，五个铜元粥，两个铜元盐花生，两个铜元油炒黄豆，尚可口。还有一事可厌，则为九、十点钟，弄堂里家家倒马桶，臭气排窗冲户而来，惟此为南方通有之病耳。次乾钱不够用，而实在现做之事，每月有一百四五十元已是难得。闻荣官云，每月所以不了，就是利钱多。财政厅有一科长叫吴子愉[1]，有大权，是岳父旧友。渠能维持次弟之事，次弟写信找我，找仲仁仲仁还是写信给吴子愉，皆是错误，止要多与吴君接洽可矣。时局难说，今日消息“江西孙军失败”、“德安为南军占领”、“谢鸿勋[2]部下阵亡二旅长，谢亦受伤”。余再佈。

① 吴子愉：财政厅官员。

② 谢鸿勋：孙传芳部第四师师长。

六日又写

一〇四

菊儿览之：

今早寄又菊第六号信，刻来美仁，又得汝十月三号信，并杏闰弟信照片等，详悉一一。我近来发信立一日记簿，汝亦非立一簿不可，凡事有稽核为妙也。闰弟处，我到杭借得钱，当即寄渠十元。医院事与同学商量起来，看是如何，我意不如独做带开药房，比较可自由，而且专利也，汝自酌之。汪伯棠处又去过否？外部新裁要想即进去，恐是很难。北京天冷已如此，上海昨起亦穿薄棉袄矣。熊熊认错，逊先姑丈发松之至。张澄志借款，我不在家，当然谢绝。做县知事，褚慧僧亦大反对，谓“他人可不拘，衡兄你决犯不着”。杏弟电汇款到后，又已一文俱无，叫我如何来得及接济，真是要命。五百美金三百美金，谈何容易。褚计骂得一塌糊涂，杏弟亦可谓糊图极矣。褚郎不呈明回国，而延长一年，可见補费之难，慧僧待我完全好意，而杏弟乱骂，我真气极。我明早赴杭，一切再函。附还两纸。

父字　十月七日夜　第七函

倘杏不守秘密，将此事破坏，不独对不住朋友，又是与从前破坏我清华计划一样矣。母亲与汝速函劝杏弟勿胡闹，至要至要！止要我略能活动，必有款寄渠也，汝等千万要寄杏信并杏弟妇，如不每礼拜寄一信，我要气杀矣。何薄情如此也。

一〇五

夫人如晤：

此次回杭返申，匆匆寄一信。是夜即趁车赴宁。十七日即阴历十一日，汇杏中币一百八十元，闰十五元想已到。十八晤陶遗，及实业政务各厂长。十九在赴徐路中。二十晤陈公侠、高子白①，并游云龙山。二十一返宁，趁夜车归申。在镇江相近七里地翻车，车头陷入泥塘，碎三车（均系空的），破两车，我坐头等在后，仅闻轰然一声而已，幸无些些惊吓损伤，可称天幸。故二十二晚始到上海。廿三四两日人多事杂，未获寄函。然借到二百元，故于昨日托兴业汇去。今日又发一电，想俱接洽矣。连日得妹十七日手示，菊十三、十六、二十一各禀，小菊、又菊禀，杏、闰、陈介人各信，又法权讨论会条等，真是甜酸苦辣一齐来，详悉一一。上海天气尚不冷。唐与菊同学衣件，迟迟带来，尽不要紧。家中可爱之事，惟熊熊之色笑，似从纸上跳出。菊勿尽急，稍写几句快活话，以慰我为要。拟来办法，竟是与实甫二伯伯一样口吻，我从未作此想也。我在外奔走，实在谈不到政治上去，无非各处联络，为自己谋事，即是为家人谋生活。自出京到现在，已借八百元。付德三百九十三元第一次二百十三元，换美金百元。第一次一百八十元，换金马克三万，京三百元，兰三十八元，车钱赏仆用去四五十元，身边尚有廿余元。日来正备买物之用，家中

---

① 高子白：民国元年曾任浙江财政司长。

外部停去，我拟寄二百。现法会亦停，自非三数不可。下月我自随时设法寄去。兹寄去致汪伯唐[①]王幼山各一函，菊须自去一行。因自谋，故未提菊事一字。

在杭寄一函，想到。重阳夜车返沪。至美仁，得十月五、八、九、双十四函。中有手示，菊禀、小菊禀、杏函电等，阅悉一一。本在杭借得二百元，拟于明日十八，星一汇京。现杏既如此情形，只好先尽他了，真叫我恨极灰心，杏不像有希望之人也。顷已另设法，月内必寄家用，仍二百元。菊儿爱父，小菊画有进步，扇到（倒）不见好，松极佳。为之稍乐。熊熊有趣如此，惜不在家也。香槟票不能买，闰已寄十五元与之。勤勤公司药物有钱当买，甘露茶擦面期不忘。时局大变，我自小心，请勿念。此颂夫人安好。儿媳女孙辈并吉。

十月十七日　衡字　第二次返沪一函

一〇六

菊儿览之：

大伯母北上，附去一函并各件，自可无误。此信到，大伯母或尚未到也。近日天气渐冷，我昨已购毛绒衫裤及袜穿之。北京非煤不可，母亲房内生一炉，大家咸聚于此，亦一办法。汝房

---

① 汪伯唐：汪大燮，（1860～1929），字伯唐。浙江省杭州人，清光绪举人出身，1902年任留日学生监督，后任外务部左参议。先后任驻英公使和驻日公使、熊希龄内阁教育总长、行政院院长、交通总长，外交总长及暂代国务院总理等职。

内，晚上亦可少生炭火，以备熊熊睡觉。金同学昨晤，知周、顾皆返苏，日内仍将来沪，我拟再访其一谈。陈定日内在宁，我已以京寓址告之。勤勤公司账，汝可一算，再以总数告我，并寄还为要。杭州乱不可言。陈公侠今日返沪，未下车，故我亦未往车站候之。日内拟至杭，政务厅已属傅专士，其标准谓与(1)县有关系，(2)又于政事有经验也。我只好弄到那里是那里。日来又已向人设法，有得即寄。余再佈。即问汝　母亲以次安好。

十月三十一日　父字　第四函

经失败不作颓丧语，处困苦不戕贼自己身体，终必有翻身之一日。菊儿勉之。

一〇七

夫人如晤：

此次十二日不作家书，怅恨已极，劳夫人与家中各人盼望，今日果得来电，顷已电覆，想速到也。此十二日中，共得家信四函，内有五日、十二日、十一日有两封四次手示。菊儿五日九日信、小菊十日信、熊熊照片、小菊又菊字画一卷，详悉一一，时时欣慰。前二日曾来美仁写信，以无纸笔而罢。我近来所忙，一为自己借款，二为三省联合会事。客人喧豗，笔墨繁杂，幸夜睡尚早耳。兹分别作复如下：

一、借款尚有头绪，阳历月内必寄北京三百，杏儿处或能寄美金三百元，闰儿今日已寄与五元。

一、分居亦是办法，请夫人与儿辈决定办理惟搬时我之书籍纸包及其他物件，勿可遗失。否则饮食太苦，煤亦不买，决非妥当，我实驰念不已。如竟作此办法，亦须详细计议。戴家如何有空屋可住，一也；大嫂愿意否，二也；菊儿尚未有事可就，须住何处，三也；诊所附设何处，四也。幸勿草草，并先来函与我商量为要。

一、熊熊照片好极，病了一回，何以能得到许多智识，妙极。又菊生日，我不忘记，我要想买一旧玉雕刻之蛇，赠之，尚未得也。无意中得到孙中山银币三枚，大者送菊，小者送小菊闰儿。又在徐州买帖数张，拟留给小菊。常州木梳四个已买来，均便带京。

一、又菊雀斑药尚未买得。我之治血管硬药科发没有，明后拟托金同学购之。

一、此次到苏州，仅在次弟处坐一小时，吃了两碗菌油菜花面。见次乾夫妇、金姑娘、采采四人。周家九夫人分送两元。黄尧承父分已过，止好由我自上海迳寄为妥。

一、小菊画梅甚好，惟枝干交互处尚少变化。少鹿先生画不独龌龊，并乏清劲古秀之气。南长街美术研究社，内容恐未必佳。如能南来，我必偕小菊至顾鹤逸家，请看字画十日或一月，则造诣必非时下画家可比，多看实切要也。小菊云，看书在有用与详尽，不在博闻，竟是扼要的话，学外国文恐亦是要精一国，再兼通各国，不知对不对。德文教科书是何名目，写在桂官信上之两书，我已剪下来，俟便购之。摄影学月报已寄，到否？

一、菊需购之药物，便当购寄。

一、我现在江浙两处谋事，竟谈不到，一切小心，决勿鲁莽，务请大家放怀为要。

兹寄去三弟信附兰姪信，汪信菊儿自送去为要，杏六十二号信，又菊字画各一纸。余再及。敬问夫人暨家中均好。

十一月十八日花　衡山拜　此为第八函也

此信太厚，字画取出，再寄。

一〇八

大哥尊右：

久不通禀，至罪。前日得覆电，敬慰之至。惟何以先到津不走京汉路，是否坐长途汽车？想多辛苦，不胜悬念。所谓岩墙之下不可轻立，诚至言也。日来想可在京休息。时局在东南一隅，虑一周内即有变化，后事正多不知从何措手，吾辈为人民者，未免苦矣。三弟目前不来亦好，转告为幸。兰姪需二十余元，日内当措与之。祇叩大哥嫂大人双安。桂姪妇好。

弟钧儒禀　十二月五日

寄姪辈谕详极，慰甚慰甚。此纸写完奉百十八号

一〇九

闰儿知悉：

得来禀极快慰，汝能考得好些，想汝自己亦必高兴。汝望我回家，我意亦同，不知能天从人愿否也。家中五日九日来信，我均已接到，兹先于汝信内转达各语："母亲终要自己保重。榴哥，

第一要与嫂嫂细心伺候母亲,叫母亲喜悦,使母亲勿劳勿烦恼,减少头响。黄元蔚[①]、徐梦岩[②]到此,晤必托之。家中各事均须母亲与大哥嫂解决,我暂时不顾问矣。治血管硬药片带南三瓶,吃完后停了半月,寄来一瓶又吃完后又停,最近五日托金问淇[③]买来一大瓶共百粒,今日正第四日也。吕健秋[④]带去之'司迭克'是大伯伯之物,须即送去。小菊画三张甚好,剑价目前尚不能寄,苏州国画社闻极好,申报上曾有记事两则,我要想剪寄小菊,苦于寻不着,不料小菊已见之,好极好极,他日南来亦不可不去一参观。少鹿先生虽不见甚好,然系小菊开蒙有力指导之师,不可轻视为要。熊熊小心受冻。柏林学费一有即寄大伯三叔。菊哥言语均要小心"。闰儿汝亦要小心,兹寄去十五元,望汝收用。余不多及。此问汝好,

十二月十六日　父字

又附去致吕健秋老伯一纸,望同寄家中转致可也。上海尚不甚冷,出门可不穿大衣,较京津和暖多矣。

---

① 黄元蔚:广东南海人。早年赴日本早稻田大学留学。回国后,历任吉林公署三等、二等秘书兼公署副提调,财政部荐任佥事、司长、财政善后委员会委员、驻外财政助理员等。1925 年 12 月任财政部次长。1926 年 1 月任参议。

② 徐梦岩:名傅霖,字卓呆,号筑岩,别署阿呆、李阿毛、徐半梅、徐梦岩等,吴县人。近现代小说家,同时又是中国现代体育事业的奠基者之一。

③ 金问淇:(1899~1968),字恂侯,平湖城关人。1919 年入上海同济医学院就读,翌年赴德国哥丁根大学和佛莱堡大学医学院深造,获医学博士学位。

④ 吕健秋:河北涿鹿人,早年留学日本学法政,期间加入同盟会。1911 年回国参加辛亥革命。北洋时期复任国会议员,解放后曾出任过河北省副省长。

一一〇

夫人如见：

各示并菊、小菊信，均收到。如此时局，家中又如此情形，不独菊欲哭，我亦欲哭也。现在何从图事，就是有事，一月四五百元，也算顶好。我目前北京柏林两处，月寄亦在四百以上。上月京寓三百，杏二百七十余元，合美金一百二十。而仍旧海外急叫，家中大哭。菊儿菊儿，杏儿杏儿，叫老父实在没法了。现在我想如此办法好否：

一、凡我欠之账，如松华斋之类，告以老爷不在京，拒绝之。

一、凡我有关系之红白事，可不应酬者，均不应酬。

一、妹与小菊、又菊，搬一与又菊学校相近之屋，如从前英子胡同一样，暂当他租一客寓。卯姪请暂住苦水井。

一、菊仍留住东河沿，后门小楼上医诊室照旧，暂组织小家庭试试看。与心徵商量，余屋均退租。前欠之款，由我于明年一二月间措还。

一、如此办法值得否？望妹与菊儿细细计划。用人一切更无问题，田三可以歇去。

一、小菊不要心焦，一切就力所能为者为之，不可勉强。我日内款一到手，即寄去。围领上海便宜，亦当购来寄去。日内紧急，可找他人设法。叔范累他不了，不安。如他无时，大伯镕西之类，均可找之。菊有硬挺，千万不妥，如夏天不买蚊帐之事也，屋中至少须生白泥炉。我一切小心，现住美仁楼上，即大嫂前住之屋，阳光充满，甚好。明年春天，无论如何必须请夫人来南，即菊在北京与一班朋友指同学不合，恐亦非别求活动方法不可。杏寄来证书照片图样，甚完备，叫我喜欢。但如现在亦说不到补费事也。此问夫人暨家中均好。

十二月二十四日　衡山手泐

一一一

夫人如晤：

得二十九日手示，附有小菊一纸，又得菊儿三十一日禀，欣悉一一。我生日竟忘之，乃劳寄柬相贺，殊惘然也。熊熊知识日增，而爹爹不能与之玩耍，真是无法。又菊手足俱冻，望即令停止到学为要。我前信欲小菊南来，实因觉得寂寞之故，明知办不到也。分居之说，亦因菊函欲我想切实办法，叫我从何想起，所以有此主张，以为如此，似为一种切实办法而已，对于菊毫无意思。天下父母之爱，乃是无孔不入亘古常新，不能因一件事一句话，就误以为父母之意有所改变也。菊以后勿存此念，小家庭乃我向来所主张者也。年事废止一切，止要做得到甚为赞成。叔范愧对之至，为我谢之。年边桂兰俱北，我不获同行矣。大伯三叔赐函均收到，无事不作复，为我请安。朱鲁珍处，菊须为我一去请安，并言年边金融太紧，前移之款竟无法筹还，请其见谅，我极不安也。徐梦岩到此竟不来看我，顷访之不晤，已致渠一函。

曲荔斋[1]不知现在何处，询明大伯交邮寄宁为要。兹再寄去五十元，荀伯允为我迳汇百元，有得再寄可也。杳处我阳历每月并无间断，止有十月系三百马克，十一月即美金百廿，十二月美金百十也。寄闰之十五元收到否？双全出嫁，我乃未有以赠之，祝渠嫁后安乐也。余再及。我今日赴甬一切小心。但望店内生意勿受战事影响也。敬颂合家安好。

一月七日　隐佛和南

围领已恳榴少奶奶代买寄去。

一一二

闰儿如见：

久不寄你的信，日来连得你十九、廿六两书，十九所寄写的是津二号，大约这是津三号了。春假放一星期，可勿回到北京，以省车钱。我非常想大哥来，而大哥对于南来踌躇的态度叫我看了心灰意冷，汝如去信亦可一劝。解析几何教得不兴，能以自修方法补助否？汝此次用大伯父多少钱，须告诉我，汝如不能还，我可寄还也。四公公处前借之款中有四元须送城内五叔叔，素分我已送出，汝还时扣出否？家中均好，三哥美术工课，三哥对他多还满意，惟中画是吴仓（昌）硕公公一派，是画虎不成而类狗者，三哥不甚赞同，然无法可以补救，英法在青年令补习脑部，似毫无问题，亦一可幸之事。小妹到惠中，是一教会办的，学费、

---

① 曲荔斋：沈钧儒留日时的同学。

英、算尚好,惟有祈祷讨厌。寄桂哥一牋当为汝寄去。汝体育甚努力否?篮球进境如何?赛远跳高不可勉强,至要至要。图章刻得尚有意思,惟要刻得好,先要写得好,颇不易也。大公报近又去投过稿否?总编辑为张季鸾①,是我的熟友,星期日不妨去一见,代我请请安。其姪即前来安仁里与汝辈同从黄先生读书者也。此问汝好

三月四日　衡字

一一三

夫人如晤:

久不寄信,愧极愧极。各函及照片等,均收到。惟我自到省后,其忙冗殆不可言。幸现已脱离,一切经过情形不欲多述。想寄家款,想寄德款,想为菊谋一事,想为杏补费,想移家南来,率以终日事乱如麻,对付不了。回想一月内,殆如梦也。昨夜五月二日今三日也自宁趁专车来沪,得最近菊儿小菊信。移居洋溢胡同,好极好极。我看国内大乱方亟,以后必欲与妹同在一起。闻左腿筋骨牵痛,医治不能见效,念不可言。日内即汇三百元去,专备菊儿送妹带又菊小菊先来,现在止有海道可走。房子我当预备。简陋者大而愁,不如小而乐也。我必为菊图事,先寄详

---

① 张季鸾:(1889～1941),字炽章,陕西榆林人,1906年留学日本,期间加入同盟会。近代中国最富自由独立色彩的报纸《大公报》首任总编辑和主笔,民国时期最具声望的报人。

细履历二三分(份)来为要。雷行[①]老友菊尽可找他,不必有函介绍也。菊少奶奶俟菊事定在何处再移动。熊熊我极想见他,现止可稍缓。房钱是否分数期还,即告我。杏款每月照汇寄去,阳历二月十八日来信二纸,近尚无来信。

补费事仍奋力图之。我事非面谈不可。此问合家好!

衡沩

一一四

阿菊览之:

昨寄汝母一信,想到。目前时局,汝想明瞭,完全不是和平时代,过去以后或再要紊乱,皆未可知。非要立起志气,提起精神,将自己的能力发挥出来,向社会去奋斗,求一条生路,殆无办法。门第交情全靠不住了。我本来想在杭州替汝谋包月医生,现在无从说起。昨寄母亲信,决计图南,汝想赞成。汝电光灯等搬运不便,到南后有办法只好再买,现在或竟卖去,备还他债,汝可酌之。我之纸片书籍字画,勿为我弃去。门簿夏承碑闻已取回,如在三叔处,可往要来放好。卯弟经手之翻印照片,曾否取回?杏弟我顷寄一信与之,大责备青年不提起精神立起志气,不

---

① 雷行:原名刘天达。山东肥城人。1938 年加入中国共产党,同年入延安抗大学习。曾任《晋察冀日报》记者、《察哈尔日报》副社长、新华通讯社鄂豫分社社长。建国后,历任新华社湖北分社、河南分社社长,《湖北日报》总编辑、社长,《长江日报》社长,中共湖北省委宣传部副部长,湖北省新闻工作者协会会长。

独将来无望，连目前舒服亦不能保也。我嘱他速预备自己能力信用，父亲是靠不住的。此番险遭不测，幸而免耳。余再佈。即问合家好。

五月四日　父字

一一五

夫人如晤：

近寄各信，想到。大哥归更可详悉近情，路上如何辛苦，代我请安，日内当寄书。顷由榴姪处转来手示，及菊小菊五月五日禀，为之欣快无已。妹腿痛渐见减轻，一也；杏四月廿八有信来，二也；菊禀中有“父字子画医”五字，我阅之顿时心花开到十二分。不想我乃有如是快乐之家庭，朋友中何人及我耶，三也。菊医是很好，小菊画闻蔚弟说甚有进步，倒是我的字与文章，恐怕卖不出钱，如何是好，或者竟来合作一次，试试看。省吃俭用，找寻家庭真快乐，我是求之不得的。我不相信我尚有如是幸福也。今番在上海，碰见福建人林学衡，有名的看八字，著过一部书叫人鉴，渠看了我八字，云先生六十二岁后，尚有十年非常好运，可做很多事业，目前亦并不坏，不过有风波，不及将来顺当。我真是要笑死，六十二岁后如何尚能办事。现在已觉智识才力精神不够用了。故菊所说，看了真有几分动心，且俟来后面商。房子已托榴姪找了。小菊勿灰心，看书不在多，止要是有用的书。看二十页要头痛，那末少看些。每天五页，一个月便是一百五十页，一年便是一千五百页，何况每天不止五页乎。若是无用书，看多亦是白费目力，白费时光。此意甚浅，小菊想能知道。我现在每天至少看五六十页书，惜乎记忆力不及从前了，但我决不敢自弃，书真一日不可不看也。人会老，知识是不会老的，世情淡薄千古如此，不始今日。一个人全在自己，俯仰有以自立，希望别人对我不要淡薄便已错了，止要自待不淡薄可耳。大哥今番必能告妹以我各种事体。日来在此又大游古迹。蔚弟事我必力成之，望告三妹为要。吴復斋用款前数日内查清，系剩二十九元。北京有一种《远东》杂志，去年阴历十月至十二月间出版，云某一册中有《遗产税之研究》文两篇，望菊为我觅购之为要。茗恩叔范望菊为我谢之，霆轩致意。心薇款分期还之。余再佈。即问合家好！

衡启　五月十六日

右臂筋骨隐隐作痛已有三四月余，忙时不觉得，日来细自考察，似系冬天中了些寒气，好在菊来必能为我看好也。我有诗数首在大哥处，望令菊写了送伯唐丈一看。

一一六

夫人如晤：

前寄各信，想达。顷得九日手示，及菊儿八日禀两纸，又履历等，详悉一一。我此次并非从容搬家，(一)因半年不见家人，盼望南来就我，(二)为金钱计，不能不打算精工。但希望妹与小菊又菊先来，其余且放在第二步再说。熊熊没有法子只好迟几月再见。上海房子，已托榴侄寻找，说明止要一开间的三层楼，即一楼一底又多一层也，决不愿租二房东之屋，亦决不与那一位朋友亲戚同住。即菊儿有事来南，我亦决计令其另租独立，自成一户。杏儿将来回国，亦须如此。现在杏儿尚未回国，我家在京，杏媳犹常日住大姐处，若远还南边，岂可强其同来，千里思母，不如老老实实，即令其暂住大姐家，想大姐二媳亦必均愿意如此。俟我宽裕，南边房子较大，再接他来住之。二三年后，杏归，则独立组织小家庭，最为妥洽，请将此意婉告大姐及二媳。本想写信与绍勤，现在偷懒了，渠想亦窘甚，甚念之，望为致候。此我很诚恳之真意也，什么面子客气话我都不说。床只要有三个就够了，小橱桌椅等能交栈房搬些来，最好，省得买也，但够用即可，多恐无处摆。骆群同行甚好，菊不来，俟南边有事再来亦好，但我实深盼其来南一行，面商各事。天下事都有一定，随他自己作主罢，我不再絮絮矣。北京欠账一塌糊涂，乃当然之事。又岂独北京，夏宅房子太坏，菊如不南移，自须另搬。菊儿放心，父亲要汝独立，仍是爱子之心，经济方面，止要有办法，一定尽力助汝，除非是我与世长辞，那就说不得了。叔范我感激之至，有一口气在，必有以报。至于其他朋友亲戚，势利疏远，不必怪他，乃是他们太无识见目光太近之故。所以我终要儿辈看书，此等事情，正史小说，不知载了多少，乃是本来如此，如要多心动气，肚子早已破了，不犯着也。卯官我很对不起他，但目前实无法兼顾，他的学费零用，我决不勿管，他既有本领，我决然推荐。今年暑假，是否可以毕业，即告我知之。妹家惟卯为可爱，我必助之，望他要明白，并体谅我现在一时的苦处也。此信并可给卯一看。今年下半年，时局变化，必当有不可思议之事，失学失业，不知尚有多少人要吃此苦。目前现状，毫不足凭，逐之于目前之得丧，与止知道羡慕他人者，正如狮子滚绣球，狮子的眼睛跟了球转，球转得太快，狮子的眼睛与头颈，真累得要死也。所以我们要明白，切不可去做了狮子眼睛。雨农近心绪如何，议论如何？渠向来是明白人，应与他人不同，菊儿为我问好，并向老太太请安，余再佈。即问合家安好。此信大媳二媳均给一看为要。

五月二十一日　衡沏

我心爱之字画，及我母所供两佛，又我房内两个方书箱，即在我座后者中有许多稿件一扁箱，又壁橱内各件，能带则带，须打开理好垫好。不能带则菊为宝藏之，至要至要。

五采花瓶须宝爱，又风兰等勿糟蹋也。（完）

一一七

菊儿览之：

我几乎日日想写你信、大伯伯信、杏弟信，因为一想不知道有许多话，反而写不成功。今日母亲小菊多来责备我了，劝我了，不能不拼命来动笔，我想以后一定要常常写，两行也好三行也好，你必然赞成这个办法。视察员是做的什么事，何以忙得不了。哈尔滨去我是不赞成，千万不可冒昧前行，非有预先约定之事，薪水多少，所办何事，性质如何，都晓得了，然后可去。若碰碰运气看，何不南行。现在上海市政府各局长，皆汝同济工科同学也。北京医生方面，营业如竟不兴，住房必须搬过，另在闹市街道分设诊所。余云岫、吴忆初等皆如此办法。顾祖仁我去请教过了，他要拔去我指甲，我怕痛不肯，现搽一种油，据顾云，能落去，自生新指甲。受累极了，早晨洗脸，连手巾多要他人给我绞，已一个多月了。据周顾说，他们多是勉强够开销，出诊可以说是少极。谋事极难，我先在中央银行设法，现在中央银行连他本身的开幕，多是遥遥无期。其他的事，薪水要有二百是很难。他看如何办法。我自己是窘极了，不要说起了。我顷与母亲说，阿菊说他要哭，实在没有这资格。我们家中第一可哭者，要算十一公公，真是不了，第二或者应当轮到我，我不怕穷，不怕忙，只怕老，气力不及从前，筋骨转折不及从前，此我之欲哭也。然而我倒是一个顽皮的孩子的脾气，还不肯就哭，你说对不对。我日来又须举债，如数目较多，当分一点给你。你前头要我写信给荔斋老伯，我不写，不是不肯，因为是无用，你们是不明白的。你替杏弟通过信否？手足之间不可如此。外寄熊熊一纸，朱老伯两纸，都勤甫一纸，连沈信一封，要你加封寄去。此问你与大媳熊熊好。

十一月四日夜十一时三十分　父字

此间有一朋友王晓籁，有子女共二十六人，糟掉了七个，现在有十五个男子，四个女子。他们家里真是一群一群，一堆一堆，未免太无聊。但是你连再来一双都不愿意，也是不对。

一一八

菊儿览之：

实伯到京，想能言南中一切。我日日想寄钱与汝，日日想寄钱与杏弟，而不能，乏味之至。一星期内不知能借到一笔款子否，如能则达到目的矣。采媳日内计应分娩，日与汝母祝得一小娃娃，祝采媳身体康健。我昨在路上，见一贫妇怀抱一小孩，坐在地上吮乳。我已走过几步，忽动一念，回来给予一只角①。此妇竟从地上蹶起，连声道谢。我急逃，默自语，曰：汝勿谢我，汝谢我儿我儿妇可矣。我盖为我儿我儿妇祝福也。我以后当随时为汝等祝福以济贫儿，惜无钱也。汝大概不久可来，我想汝独住，小家庭须置办一付，动用器具，亦是太费，最好在我现住之屋隔壁，以十元租一二楼前后两间，汝夫妇可以够用，开一门走来走去，岂不热闹有趣吗。再器具桌椅必须带来，上海贵极。将现有者卖去，到此再买，这是有钱的办法。我现用之桌椅，大半系从榴桂处借来，竟抽不出钱来自买也。又我所有书箱，必须全数带回。我要用要看的东西太多，真不方便。以上所说，皆非有钱不可，到时或可寄一二百元去也。庄思缄处双钩本，终想取回，亦须百五十元，可恨可恨。我学校忙极矣。日来又进行律师事。如此事妥，或可希渐离学校也。此布。即问我儿我媳好，熊熊也好。

五月二日　父字

一一九

大儿、采媳同览：

---

① 一只角：苏州一带俗语，即一角钱。

前在来禀注了许多字，寄出后连日不快，因请母亲并嘱三弟寄信，想览及矣。刻得七月十一日禀，谓恨不大哭，我亦恨不大哭矣。只要汝无他意，说话不要太任性，我本无一毫误会，汝可放心也。我所以欲汝来者因(一)汝与我离开之后，非常吃苦，还不如与我仍在一起，(二)又以大局而论，北京以后将一天不如一天，非到南方来奋斗不可，(三)我以律师奋斗，汝以医生奋斗，或有相得益彰之日。汝告桂弟谓，赴南似冒险，果然，但住北终无办法，此险不能不冒耳，不冒险将无出头之望，汝须志之。日来热极，适于此时查妈请假回家，母亲几乎终日与女仆同操作，苦极。汝处王妈走掉，媳妇自亦不了。幸熊龙乖觉，丈母帮助，如何安心北京。大儿来南后，暂时如何布置，我难遥断，汝两人细细斟酌。不过汝来南边，我自有办法，决不至像蔚叔，半年一年后始接家眷也。至于我的窘实在是窘极了，要想买新皮鞋，竟买不成。屋内桌椅至今不连牵①。汝云不带东西，到一处买一处，乃是有钱人或在他处已经有了事的人之办法，否则买新家伙谈何容易。杏弟处寄钱，我真要象小说中遇见强徒一样，要喊一声大王饶命罢。但是家内甚为快乐，并不因此稍有噜嗦懊恼。我是感谢上苍，已经心满意足。小菊要刻字刀，随便买一把好了。五婶娘柩事，我已禀请大伯父负责到寺察看，再定办法。汝来禀说吴款六层甚是。我律师事务所现决在家，俟汝来南再作道理。信封信纸则糟蹋矣。此问汝二人好。熊龙乖吉。汝云北方无一可靠亲友是不错的，止要自己兴隆，亲友也会可靠起来的，汝说

---

① 不连牵：苏州一带方言。不象样、不完整之意。

是不是。

父字　七月十六日

一二〇

母亲惦记熊熊极矣，嘱我写此。以下皆母亲口授之语也："千万不可搔痒，恐怕指爪有毒。千万勿去化他痰，减少他咳嗽，因为痧子是要从咳嗽里出来的。终要自朝到晚，从头到脚上湿露露，刚是身上潮妞妞[①]，是不够的，脸红不算数，终要皮肤上一堆一块一片，终算是透。香菜非吃不可，龙顺均出过痧子，可以请教榴嫂，香菜气闻闻是不兴的。千万注意喉咙有无毛病，第一发得透，哭哭挤糟都不要紧，大人千万不要怕，中医看痧子会看的。倘菊心活，请顾渭川好不好听他说说也好，如请他，可用好参片去请，他必就来，且认真。一切请教请教榴嫂嫂。第一勿要透风，火炉太热，是不对的。阿妈不够使唤，可以添叫一个，川如家如有熟的，借用最好。痧子呛是顶好，向来不呛，是要用茄枯薰起他呛的。菊官防伤肺，防得太早了。龙龙能避终是要避避，不能说是终免不了的。二楼上生个炉，叫他在楼下坐坐也好。又菊也是要避避，不是我爱他这么说，他病了谁去服伺他。嫂嫂更不了，亦是叫他在楼下坐坐，骗骗龙龙。现在还不要紧，回的时候，更是要避的"。以上均是母亲的话，有几句很有道理，菊儿采媳细细想想。小菊喉痛，快用双蓉水漱口，千万自己小心。又

---

① 潮妞妞：苏州一带方言。湿漉漉、粘乎乎之意。

菊棉袄寻到了没有？车夫擅自买车，有点不妥当，菊要注意。

父字　即刻

闰腿上搽的药膏，菊能在中西办否？如可，叫闰明日到中西来看，或带些药膏回来，在家里换，望菊在意。

母亲胃药片，菊如已买来，即交来。胸口自昨日起终归非胀即痛，不敢多吃，受累受累。亭子间里，我的箱子要锁好。

一二一

母亲今日起坐大好，明日决计归家，因母亲念汝及熊熊甚也。且母亲不回家，我亦不能活动，不讲别的，措钱即须奔走也。汝云无“大拉司”是不错，但无此即听母亲长住医院耶？顷闰弟回时，汝是否在那里火冒。阿菊汝要明白，第一汝身体不宜火冒，第二千万勿与采媳无端口角。渠亦苦痛极矣，渠不宜有所责备于你，汝亦不宜责备于渠也。和气生祥，乖气致戾，记之记之。家中无钱，勿必懊恼，此吾家常事，母亲所以可感，即在于此，从未向我啰嗦挤糟也。我今日未出门一步，明早回来用款，暂向榴移十五元，亦不得已事。汝小便仍有蛋白质，千万静心静卧，至要至祝。熊熊耳后仍肿，水仙花根恐靠不住，汝有何妥法否，何无一语报告于我？此付菊儿采媳。

顾药第二剂，万照服，勿吃剩。

父字　即刻

一二二

三、四儿如见：

汝辈俟车开后想即回家，卯哥不及来送，必甚懊恼也。汝二人何人睡至二楼侍母？甚以为念。明日始是否四儿即须考试，千万从容，勿慌为要。汝兄有信来否？我昨日早晨六时五十余分钟抵下关，即偕常云湄[①]先生雇一汽车四元二角进城，至中正街江苏大旅社，我住4号房一元二角一天，常住9号房即在我间壁，洗面略坐即同访经子渊[②]。以后分路，我至大学院、中央大学、司法部，接洽立案事，尚算顺手，随在一饭馆很小的，独饭菜甚好吃，化钱一元。饭后访陶公衡、汪纪南，即在他家里睡觉，约三个钟。因天热，街上竟不能坐车，走路天将黑，因经子渊生病又去拜望，即在彼晚饭，饭后回寓睡觉，甚好。今日起七时矣，而

---

① 常云湄：作家、学者。曾与徐志摩、瞿秋白、杨仲甫等常来常往，过从密切。曾著有《世界商业概要》、《世界商业中心》等。

② 经子渊：(1877～1938)，原名经亨颐，字子渊，号石禅，晚号颐渊。别署石渊、渊道人、秋道人、老渊、颐才、白马湖叟、长松主人、午湖村人等。室名有长松山房、大松堂、松蟀楼、临渊阁等。浙江上虞人。早年因推行新法，被捕入狱。1900年获释后赴日本留学，专攻教育学。毕业于东京高等师范，归国后兴办教育事业。曾任浙江省立第一师范学校校长、浙江省教育学会会长、中央训练部常务委员、浙江省政府委员、国民政府委员等职。

天气较昨更热，又是星期，无友可看，仅于晨间访陈晴皋[1]许季黻[2]二人，即至经子渊处午饭。午后偕常云湄、朱少卿[7]游鸡鸣寺，望玄武湖，直坐至五时始下山，又同赴昨日吃中饭处晚饭。饭毕至经处一转即回寓，有客来长谈顷已十一点，因写此信。我拟俟学校立案事办妥始回，大约星四，不知能否就道，殊闷人也。天气今日热极矣，上海如何？大家须得小心，电话局去缴费结果如何？家中无要事可勿寄我信。余再函。此问汝母亲以次安好！

父字　七月二十二日夜十一时三十分

一二三

闰儿如晤：

正在驰念，顷得汝二十三日禀，知汝好，甚慰。惟中秋不归，令我扫兴、悬念不已，望汝在校一切加意谨慎斟酌，万勿累我苦苦挂念，不能安心，至盼至要。下星期可归即归，何日能上课，均望即速来信告余，切盼切盼。父亲体本系日日健痊，因两日来多食，昨又腹泻五次，实不小心所致，后当注意也，勿念。专此即问汝好！

星期四　母字　廿年九月二十五日

（以下为沈钧儒在信后附笔）

---

① 陈晴皋：戏剧家，1921年11月，曾与陈大悲、封至模等人组织北京实验剧社。

② 许季黻：许寿裳（1883～1948），字季黻，号上遂，绍兴赵家坂人。现代著名教育家和传记文学作家。

此次日本之事，我国国家的人格可以说是完全扫地以尽，从无论那一方面讲，其痛等于亡国。交大同学亟应共同研究挽救办法，所不待言，惟停学决非永久办法，暂停一日或三日甚至一星期以誌哀痛亦无不可，终要有一个限期，否则无甚意义，亦无甚作用，宜速自纠正也。

一二四

闰儿如晤：

自汝行后，几乎无日不思，每天看报终要与大哥讨论几分钟。廿五日得汝新加坡信，其时英国态度已甚分明，知汝一路可无问题，日来则已安抵德国矣。此行完全仗汝自信心之坚决，喜能达到目的，真使我愉快万分。本可早几日即寄汝信，一因来信所说之林世京，大哥说是王世京尚未打听清楚，二因我想找刘崧生君写一信与刘公使①致耽搁了几天，殊以为恨。程天放②现病肠窒扶斯，须十二月中间方能启行。刘信取得下次当寄去也。

---

① 刘公使：后信提及的刘崇杰（1880～1956），外交家，字子楷，闽县（今福州市区）人。早年于日本早稻田大学学习政治经济科。回国后，曾任福建法政学堂监督兼教务长、教育部福建学务视察员，后入外交界。时任驻德意志兼奥地利特命全权公使。

② 程天放：原名学愉（1899～1967），江西新建人，生于杭州。早年留学美国、加拿大，回国后历任江西省政府委员兼教育厅长、国民政府参事、中央军官团政治总教官、政治部主任、中央宣传部副部长等职。时任驻德国大使。

汝行后,我曾访青来先生[1]两次,均未遇,我意与文绮先生夫妇及青来拟常常亲近。此次,我心中确有些感动,并佩其好意也。汝在哥伦布寄大哥信亦经接到。汝此行我与大哥均未闻有人对汝加以非议。我尤十分了解汝之意志,并无丝毫不以为然,汝误会矣。我实在没有钱,无法送汝出洋,读书终是早一年好一年,有此机缘,出我意外,真是万分痛快。我在汝未从真落回来以前,想到你们大家出去非常感触。有一在晚上,忍不住的悲痛,饭都没有吃,大哥劝了我一番,后来看汝办事周到细致、独断独行,颇有自了自治能力,为之心绪一宽。反是自己不免拖泥带水,不及汝之沉着洒脱也。所以汝动身这几天,我倒觉得欣慰之意多于惜别矣。汝信内说自七月以来已变为情感破产之人,又说天下女子虽多,实再无心去爱他人,三哥亦云已变为一无情感之人。青年男子遇此挫折自然禁受不住,所谓少年维特之烦恼是也。三哥实不能与汝相比,然其失望情形在心理上自亦大略相同,我劝三哥不要将此等事毁伤了自己精神,亦不能不以此劝汝,望汝深谅我意也。金价日来一天高一天,汇款大成问题,日本兑汇已将到一元换一元地步,欧洲自尤可虑。汝现抵德,不知尚胜马克若干可供几个月用费?必须早些来信说明,使我知之,我虽无力量亦要叫我放心也。航空委员会来文说已令驻德使馆相机办理。汝到后想已接洽,究是如何情形,滑头话耶,果真有好意耶,不能不为之悬悬,一切得汝信后自能明白,然须俟之十一月底

---

① 青来:诸青来,1881年生,上海市人,名翔,以字行。清末留日学生。参加过宋庆龄发起的救国入狱运动,参与发起成立了上海文化界救亡协会。

矣，真要闷死！家中目前都好，房子暂时不拟即搬。三哥常有信来，要我寄各种书去，文学、美术、经济方面均有，信内言及耳聋程度似有增加，故我去信力劝其勿努力过度，并注意睡眠等等。汝如通信亦望劝之。二哥前日忽来一电嘱我汇三千元，我当来无法照汇，且不知系如何事，须渠有信到方知之也。小妹照常，汝母灵柩再加漆细砂一次即拟推光。做坟日期已近，但视时局且勿剧生问题，等我将葬事办好，真是谢天谢地。余俟下次再详，附去航空委员会公文一件，照片一张，三哥记笔两纸，即问闰儿旅外安好！

十一月八日晚二时　父字　源字第一号

因我明早车赴杭，须后日方归，故匆忙作此交与大哥封寄也。

一二五

闰儿如晤：

自寄第一号信后，曾接汝自埃及凡尼斯两岸，又到德后十一月九日第一函及十四日更正地址邮片。一路平稳，惟这地中海颇有风浪，幸已安抵。黄远晟君殷勤可感，现居住柏林，已达一月，一切必已自己均能照料，驰念之至。高中文凭一层，似二哥曾已言及交大黎校长。伤足尚未见客，窃料交涉未必果如所愿，兹先寄去法学院证明书一件，刘崧生先生致其弟刘崇杰[①]公使函一件，倘有办法则最妙矣。中国一时不像有战事。母亲葬期旧

① 刘崇杰：前信提及的刘公使。

历十二月廿一日即国历一月十七日。灵柩漆已退光,小妹届时拟归,二哥归否未定。上海两日来天气渐冷,可穿皮袍,柏林何如?诸家汝想一路寄信,已接渠等回信否?匆匆即问汝好。

十二月四日　父字　第二号信

一二六

四儿如见:

前寄两函想到。法学院之证明书可用否?极以为念。汝来函皆收到,汝寄大哥、小妹信与寄我信是一样,因他们多寄与我看也。大哥说我忙是真的,想作汝信已五六日矣。三哥说汝要致陆军,我恐办不到,且亦不如制造飞机好。学校不弄好,心不定,进行如何,想必有信在途中矣。快乐健康皆望注意。大哥说鼻要去一看,甚是,汝试往医院一请诊视可也。母亲已定一月三日即旧历十二月初九安葬,此间拟于一日起灵或十二月卅一日尚未定,小妹必回,三哥十分之七八可归,二哥则十之八九也。我极健,惟夜睡每过十二时,必致此恶习也。即问闰好。余再及。

十二月十六日　父字　第三函

一二七

四儿览之:

我自汝母葬事完毕,沪上归来之次日即拟作汝信,并寄去二哥在坟上所摄各影,不料到现在尚未写信寄出,真是憾事,思汝盼望，皆我之过也。

我忙大哥懒，我曾以汝通讯地址分寄二哥三哥及小妹，渠等想必有函寄汝，不负我之所嘱。自汝赴德动身之日起，我连晚睡不安稳，陷于失眠状态，其后痛自懲艾，旋即恢复，而因抗日情绪勃发，不能遏止，与朋辈中之为大学教授者、作家出版者共同组织了一个上海文化界救国会，自发起以至成立执委会、常委会、各界联合会，每次大概都是我主席。事务藂（丛）集，回家常常过十二时，一直到现在，尽力想纠正到晚十时至十一时必就枕，尚未能办到，并且中间惹起了许多烦恼。中央党政对此会极端嫉视，要解散及逮捕会中重要诸人。应付环境亦极费力，其他学校律师公会等等事务亦多，此为写信迟迟之主要原因也。

又想寄汝各书件，如《东方杂志》、《世界知识》、《中国呼诊》之类，又以无人代为包扎并开信面之故亦为迟延原因。从前母亲写信，往往以捉人开信面为苦，我今亦识此味矣。

我家务、律务皆须人帮助，现已函约安庆来此。三叔终想为渠谋事，但皆未成，我因为筹款一百八十元领了律师证书，俟其来，写家信等亦当委托，至少每月三函详告各事。

汝母葬地即在老坟之右，我同时筑了一个生圹。三哥小妹适在假期中，故均到禾。二哥因期迫，自郑州坐飞机赶来。坟工各事皆托蒋家铿叉姑夫供为计划。现在铿叉姑夫亦又病故，天下事之不测如此。汝母二周年，我曾一人到坟上省视工程，甚好，清明边尚须预备种树等等。大哥嫂等亦须赴禾扫墓，除服拟定旧历四月初八日即国历五月二十八日扣足二十七个月大礼也。照普通习惯略长一月，是否须再开一次吊，尚未决定。

桂哥即可回国，闻四月可赴德一视汝，闻之极慰并羡之也。

大哥医务忙得多了，勉强可够开销，三孩均好，大嫂近曾怀胎已堕下，睡了约半月，榴嫂已有六孩。

一二八

闰儿览之：

我自葬汝母回来，即拟写一较详之信与汝，而因此一念，遂致迄今未作一字。其间得汝各次来信，如最近十二月廿八日信、正月十日晚信、一月十九日片，皆一一收到无误，曾嘱大哥小妹寄汝信，想均到也。小妹昨到南京矣。自今晚始，我又将开始度独居的生活，晨出晚归，独自登楼就榻，惟亦渐成习惯，当不至过分感觉凄凉。且近来为文化救国会事，忙得要命，几令我无暇忆及家庭。人生终得有一个归宿，或者倒是求得归宿的顶好办法，亦未可知也。汝决学航空工程，我甚赞成，不要游移。文绮[①]老伯一片热心，以后不应当对他再怀疑。我所虑者，是中日战事发生，渠之商业或有影响，则大不了。为汝计，不能不祝其发财也。鼻患完全好了，真是快慰。身体矮小，何足懊恼，凡已竟如此，没有办法之事，皆不必放在心头也。弱却是不好，记忆力及思考力尤不可任其退步。（一）早睡，（二）少作无谓思虑，（三）少看与我不相干之书，（四）食物注意营养及消化两点，（五）统制大便，

---

① 文绮：诸文绮（1886～1962），名人龙，原籍江苏武进县南门诸家村，出生于上海。纺织实业家、教育家、近代色织工业先驱者。

(六)洩精等病绝对注意,要使点滴不漏。以上云云,汝能办到,自有道理。兹寄去交大证明文件,即察入为要。时已十一时五十分,不写了,祝汝健康快乐。

廿五年二月八日　髯第一号书

一二九

前晚又新添一女孩,桂嫂之宁馨已殇逝,不知曾告汝否?

二哥西安学校已脱离,窘到不堪,近建设厅改薪两百元,最近东北大学工学院又请去担任课程,当可勉维生活。三哥常有信。我所虑者中日战事一启,交通汇兑必受梗阻,现在不愿考虑及此也。乱笔又有一纸寄汝观之。小妹常有信,渠对于宗教即基督渐起信仰,我亦听之,汝意如何?

诸青来常见,因抗日组织有他在内,文绮老伯则不常见,拟请他吃饭尚未得暇。汝各信皆收到,刻又得二月二十七所寄之函,交大证明书,我不识外国文,莫明内容,但大哥云实习各事均已会容在内,予以证明,何以绝不能用?如必需此可再来一信,我当持往交涉。德国科学发达,汝能多往各厂各公司及展览会等参观,所得必多,并可先饱眼福。入学事是否已无问题?并是否已经入学?念不可言。我竟如乡下人之想念城里事矣。一切务必从大处看,汝在兄弟中意志最坚强,识见最澈(彻)底,应有成就,我热望汝也。有烦闷时须自省察,是心理方面或是生理方面,从其来处研究方可谋根本解决。我近真放下一切向前进行。不过要做事身体非强健不可,知识非增多,并有系统不可,望汝来信有以助我。三哥日本文语进步甚速，汝德文语如何，想亦日有进步。文绮老伯汇款事如何情形，有信与汝否，千万告我知之。有话勿闷在肚里。在中国的朋友常通讯否，柏林最近有无发见可交之友，我生平嗜好朋友，觉得与好友谈话极可藉以为解除烦闷之助，汝以为何如？

饭后拨冗草此寄汝并祝汝安好。

二十五年三月二十日　父字　第二号

以后当努力多寄汝信，已三时半，乃不能不出门矣。

一三〇

四儿览之：

汝信均详悉。以我之碌碌，每催大哥安庆又菊妹速复汝信，而我自己则竟迟迟迄今。日前见二哥有一函寄汝，不知汝阅兄弟妹各函后作何计较也。神经衰弱诚属可虑，然欲图挽救，以我理想，自己心理上之振奋实关重要，且似较药饵为尤要。药饵方面，大哥想必有较详之指示。我意头脑要令稍清闲，襟怀旷达些，一个人自己不要太自薄，徜汝是硬性人，而亦能虚心，我常在汝所阅书中见汝所写警惕语，觉得汝确能自有见地，且颇透澈（彻），即最近五六月来书各语亦令我阅之低徊震荡不已。四儿，汝诚为一可念可爱之青年也，万勿过分自责，万勿过分灰心，至要至要。

以上数行不记为何时所写，大概适得二哥寄汝信时抽暇为之。其时三哥小妹均在我侧，小妹且督促我甚急，谓四哥说父亲不理不睬，难道父亲真要不理四哥，泪随声下，我亦为之相对泣然。四儿，我岂能忘汝耶，今且先问二哥由沪转寄之信已否收到。信中尚有照片一枚，为我忘记封入，今以附去本寄德，今寄英矣。我所以屡写信不成者，一以汝所说者，多是难题，解决颇难。我是赞成学航空工程，且以为诸老伯之款既出，诚意接受亦无所谓。愧怍惟汝既屡函言之，如此则亦应当尊重汝之意旨。第一使汝心安，方能谈及其他也；二则我是实在忙极，只要事来便负责去干，不愿有丝毫退怯推辞。为生计关系，则又以其余力稍经营律师事务，然因此致写汝信多耽搁，真可恨也。汝现已赴英，应当另作一番计较。以前各话都不用说他了，我的意思（一）望汝提起精神，不要颓丧则苦痛自愈，求学亦容易进步，（二）经费自然要节省，望速定一最低之预算表。1. 每月需寄若干，2. 从某月起，3. 须于每月之那一天寄款为好，多把他定成呆板，详细写一信来使我照办，（三）我少写信不要责备我，无论如何，汝每月必须给我三封信，数行也可。想汝必能许我耳。此次不及细告汝以家中各事，兄弟妹当能及之，我则须下次为之矣。可告汝者，我之空明透亮或等于汝而无汝之消极情形，身体亦强固，可任劳苦，汝闻此当为一慰也。此问四儿安好。款已照筹，交大哥由兴业汇去。

九月廿三日晚一时　父字

汝寄各函及世运照片均收到。

“七君子”事件期间

（1936~1937）

1931年“九·一八”事变以后，沈钧儒义无反顾地投身到了抗日救亡运动中。1936年1月，在成立上海各界联合会时，沈钧儒被推选为主席，在继而成立的全国各界救国联合会上，沈钧儒又被推选为执行委员兼常务委员，负责组织工作。沈钧儒等人的抗日救亡活动遭到国民党当局的压制，同时也引起了日本帝国主义的仇视。1936年11月23日，沈钧儒与章乃器、邹韬奋、李公朴、史良、王造时、沙千里被国民党政府逮捕，是为著名的“七君子”事件。在狱中，沈钧儒置个人安危于度外，正气凛然、不屈不挠，坚决抵制了反动派的劝降迫降活动，并把国民党的法庭当作了宣传抗日救国的讲坛。“七·七”事变后，国民党迫于形势不得不于1937年7月31日将“七君子”交保释放。

一三一

大儿览之：

昨日饭后，黄科长[①]忽来关照，即须移送苏高法院。大家立刻打叠行李，汽车来即行一时半，约四时半抵苏。经检察官侦讯一过，送至"吴县横街江苏高等法院看守分所"来信即可照此写法，待遇甚优。汝昨午后必大懊恼，今日或已与章[②]邹[③]先生诸夫人来苏，现在途中矣。我昨行太匆匆，因将零碎各物内有辛汉先生一扇，检得否？托袁先生[④]交回，现仍想要，即褚先生嘱写对子及联语刻本在事务所靠窗抽屉内，亦要带来。又菊处已另寄信告之。杏弟、小菊、闰弟亦当写信寄汝转寄。褚老伯、镕西先生、

---

① 黄科长：上海公安局司法科科长黄华。

② 章：章乃器(1897～1977)，原名章埏，字金烽，青田小源村人，著名爱国民主人士，少年时投笔从戎，参加辛亥革命，后长期服务于银行界、工商界，是救国会"七君子"之一。

③ 邹：邹韬奋(1895～1944)，原名思润，祖籍江西余江。出生在福建永安。中国卓越的政论家、出版家，著名的新闻记者，救国会"七君子"之一。

④ 袁先生：袁仰安，浙江镇海人，曾任律师，后为导演。

杜月笙[①]、钱新之[②]诸先生，均望一一电告到苏情形，将来如须辩护，须添江一平[③]律师，亦望去一电话。余再。此问大儿、媳好！

1936年十二月五日　上海

一三二

大儿如晤：

杏弟来，各物均已收到。惟联语小册未见，此书共两本，在事务所沿窗第二只抽屉中，便望取来，或电稼轩一寻，渠识此书也。又镜屏两扇楹联，即托戴继先同学寄青岛为要。我日来甚好。杏弟今日午后偕联芳李夫人[④]同赴南京。家中想皆好。天

---

① 杜月笙：(1888～1951)，是近代上海青帮中最著名的人物，原名月生，后改名镛，号月笙，出生于江苏川沙(今属上海市浦东新区)高桥。时任上海地方协会会长。

② 钱新之：(1885～1958)，名永铭，字新之，晚号北监先生，原籍浙江吴兴，生于上海。早年留学日本。曾担任过国民党财政部次长，交通银行董事长等职。

③ 江一平：(1898～1971)，字颖君，余杭镇人。律师。在五卅运动中为爱国学生作辩护律师。抗日战争爆发后，与上海各界人士联合组织上海难民协会，募捐救济难民。1946年任“国大代表”。1949年初，在上海审判日本战犯时，被指定为日本侵略军总司令冈村宁次的辩护律师。南京解放前夕去台湾。

④ 李夫人：李公朴夫人张曼筠(1901～1975)，上海书画家张筱楼的次女，曾就读于北京师范大学，擅画。1928年初与李公朴在上海结婚，婚后追随李公朴奔走抗日救亡，积极参加爱国民主运动。

气渐寒，熊熊、康康[①]、小康要小心。此间吃饭处可装一火炉。苏州同学送我一棕棚床，故昨已将板铺易去。又送我汤婆、热水袋各一具，尚未用也。阅镕西老伯即可来，至慰。余再佈。即问汝与大媳好！熊熊康康小康都好！

七日　父字

五时与联芳夫人同赴南京，明日如事毕，再返苏。详情返后再禀。敬请大哥嫂双安！

弟诚叩上　二五、十二、七

一三三

闰儿览之：

此次惊汝矣。事发即嘱大哥函慰，想必达到。我于四日由公安局移苏高院，当晚略讯一过，即送吴县横街江苏高等法院看守所分所安置，一切颇优待。韬奋、乃器、造时诸先生皆有学问人，朝晚谈聚，故亦不感寂寞，惟自由释放则尚难定时日耳。此案政府所指各节，殊无证据。我本心安理得，无不可告人之处，应不至有十分危险，汝可放心勿念。二哥自西安来，顷在我旁，先此布慰。顺问汝好！一切再函。

十二月七日　父字

各信及报想到，顷兄因好爹事请假一月来南，现父在苏看守所尚健。兄今五时赴宁，三日返苏。待解决相当程度，即拟回

① 康康：沈人骅，沈钧儒长孙。

陕。此候闰弟旅安！

兄诚上　二五、十二、七

一三四

大儿如晤：

日前，二弟来此，曾写一纸，并附寄三、四弟信各一纸，想已收到。昨得小菊照片一张，不胜快慰。熊熊、康康、小康能有最近照片，寄来伴我寂寞否？我日来甚安。小妹前日又来视我一次，惟回京系一人趁（乘）夜车，又在一时许上车，我极不放心，如何办法。汽车有人愿买去否？汝不必多来，日来医务如何？此次事变，却妨碍你的生意不少，经济上实大有损失，可惜我国尚未有冤狱赔偿法也，一笑。我日来每晚十时睡，早七时前起，生活甚有规律，包饭亦尚可口，诸友终日谈笑甚乐。书此以报平安。即问汝及汝妇安好。熊熊、康康、小康都好。

父字　十日

张信一纸即送

三四弟远在海外，念我必甚，汝如乏暇，即盼大媳随意多写几字去。

一三五

大儿知悉：

各位伯母返沪，停止接见，想已告知。汝若来禀，千万勿提时事，以在法不应告我，一经检查，必致连信多接不到也。汝必十分念我，故特作此相慰。我深愿一切不闻不问，且出于法院特别监护之意，汝辈可放心也。我日来甚安好前晚洗澡一次，非常舒服，每晚十时必睡，到时书亦丢开，已改向来习惯。饭菜亲友送来太多，家中带来炒酱，想系采媳亲制，极为可口。惟无事坐下，深恐消化阻碍，故每食不敢太多。写字尚未能多写，因磨墨麻烦。朱祖谋[①]先生所编联语小册，计共两本，找得到最好，否则可向西泠印社购之，书名似叫《○（此字忽然写不出）橛録》。杏弟只得稍缓再去。张镕西及褚慧僧老伯必甚念我。钱新之、杜月笙、徐采臣、黄任之诸先生，通电话均须代我问好，并告以近状。顷忽大雨且有雷声，上海有否？写至此雷声尚殷殷然也。此问大儿夫妇、二儿及熊熊、康康、小康都好。

十二月十六日午后五时　父字

一三六

大、二儿同览：

昨日寄快信，到否？同时寄十一公公一禀，通电话时，望一问到否。昨日，赵祖慰律师来苏相视，并代表几位老伯送我二百元，我以经济尚能应付，心领望谢，但是实在万分感激，亦望亲往

---

① 朱祖谋：（1857～1931），浙江归安人。原名孝臧，字藿生，号沤尹、疆村、上疆村民，室名无著庵、思悲阁。光绪九年进士。历官编修、侍讲学士、内阁学士、礼部侍郎、广东学政。朱氏为近代著名词人，与王鹏运、况周颐、郑文焯称为清末四大家。

一谢。赵老伯住白克路永年里，号慰三。我日来确是安心静养，惟大便不见十分通畅，想是天气热燥的缘故。镕西先生已愈否？在此间的五位先生都很好，我们终日是谈笑快乐。韬奋先生每天要写一点文章，是写他从前二十年以来经验。汝等与各位太太通电话时，亦须代为报告平安。此次忽然接见停止，实在感觉不方便。不能阅报，亦是一椿闷事。我与五位先生商量，还是要继续向法院请求也。小妹处昨亦寄了一信，本来圣诞节她是要来，但如不能接见，又何苦要累她白跑一躺（趟）耶。汝日来医务如何？二儿西去，不论准许接见不接见，想必来苏一视我。写至此，因亟须大便，故不再写了。草草即问合家均好。

十八日　父字　午刻

一三七

菊、杏儿知悉：

昨天因急要大便，同时又急要发信，以致草草结束，不免要费你们的挂念了。现在可以告诉你们，昨天的大便虽不见很好，今天早起却得了一次通畅的大便，身心都感觉愉快。这几天你们因为不能来苏接见，定多种种愁虑，我要你们放心，顺便替你们解释几句。第一是关于本案，我自信无他，不独是我，就是邹、章、王、李、沙各位，还不是除了抗日目的以外，真是纯粹到如白纸一样洁净吗？万事只要问自己，我自己没有了问题，还有什么问题？根本不是一个微菌，他人用显微镜来照也好，用千里镜来照也好，反正是观点的错误与自扰，过几时自然而然会明白。你们是知道父亲的,应当相信我这几句话。第二我身体好,是的确的,就是不看见我,当然也可放心。还有一层,说起就不免有些愤慨。天津的青年,天津市政府不是拏到了就直接送进日本宪兵营吗?这是报上登载过,大家都知道的。同在一个国家之内,我们现在是受我们国家法律的裁判,不应当再有话说,接见不接见,争他做什么,尤其我是律师,相信法律是公平、是正直,决不至会歪曲了事实,公道自在天壤,你们放心罢。再,我要购的联语书,盼你们早日寄来。我挚爱的菊、杏、采媳、熊熊、康康、小康祝你们平安。

十九日午后四时半　父字

他们五位都好,望告知各寓。

一三八

二儿知悉:

前后共寄过四次信,(十日、十六、十八、十九)想均到达。接见家属,仍恐未能解决,只得盼汝等以书面来替代谈话矣。杏儿回去,一时想尚无从谈起,如手头有钱,不妨先汇几个钱去,亦是紧要。北平有信来否?我曾允自十二月起,每月接济二十元,旧历年前如得出外,必仍如数补寄,以践我言。现在自不能再以此责我,望告孝通[1],通信时可提则一提,何如?君茂曾来此视我,便望谢之。我现有鞋三双,家中带来一棉一氇裹,日前女学生项

[1] 孝通:前面所提及的卯官。

景新特自沪来，又送一双棉的，顷以脚偶踏火炉，毡裹的鞋竟然焦了，此鞋还是青岛买的，恐怕不能不换了。牟子明的对寄去了没有？地址可询戴继先君，或竟托其代办亦可。我经手的事，有人来与汝等麻烦过否，何不见写信来问我耶？今日天晴，较昨为冷。我自己搓洗了三块小手巾，指上竟掉皮一块，无用极矣。兹附去杨信一纸，便望即送。此问大儿夫妇、二儿并好。熊熊、康康、小康吉。

十二月二十一日　父字

一三九

大、二儿知悉：

今日我们大家甚为快乐。冬至夜本已忘记，二舅忽送一火锅、菜二碗、荤素碟子八只入内，饱餐了一顿。公朴先生又唱了空城计与骂曹两出京腔。现在大家拈定次序在这里洗澡，我是不洗。大家力求排除一切烦恼，几忘身在羁押之中。我今日尤其快乐者，昨晚接小妹信，顷午后同时接汝十九午刻所写之信，内有熊熊、康康各一纸，又他们照片三张，这一乐真是非同小可，大家传观，称羡不已。十一公公、大伯、三叔均有信到，都是十九日所寄，看了又看，痛快已极。汽车居然送换，得款凭你支配。小菊应俟放假再回，嘱其勿急急为要。桂弟调沪，大伯处未免寂寞，钱能稍多否？榴哥事知仍未了，均代问候为要。潘冰父所要卷宗，在公事橱内，第几只抽屉，不能记得，外面的包纸写明潘律师云云，或约冰父一同开橱检寻，必可得到。十一公公小病，快代我请安。大伯此次奔波，闻甚吃力，叫我不安已极。

此问合家都好。《家庭新论》望买六本寄来为要。

十二月二十一日晚八时　父字

一四〇

大、二儿知悉：

连日寄各函，想皆到无误。今日沙太太来，传入各语，知我寓亦均安好，为之宽慰。元旦大家拟烧菜送来，我们是异常欢迎，但是各家各烧，不免重复，各友意不如合作，只须六样，各家烧一菜合成一桌，至什么菜好，望转告商定为要。我的图章，都放在公事橱内，最好将黄杨木的“衡山”、水晶的“衡山”、紫晶的“钧儒长寿”，又中号及最大的石章上有雕刻桃子的，一并检来，极盼！李太太函内有什么解释云云，我想解释等于辩护，原来无所不可，惟不必由我们出名，且我们亦并无此层需要，倘系他人文件，使同情我们者及不甚瞭解于我们者，阅之可以格外同情，格外瞭解，自亦甚好。望告子婴夫人①、乃器先生意亦相同也。前日午后又传讯一次，与前二次大致相同，无特别问题。曾雨雪，今日却晴，天气并不十分严寒。

此问合家均好！

---

① 子婴夫人：胡子婴（1907～1982），章乃器夫人，原名胡晓春，笔名宋霖，浙江上虞人。时任上海各界救国联合会总干事，并在全国各界救国联合会中担负日常重要会务。

十二月二十五日　父字

大家劝我开荤，然我殊不愿，亦无法之事也。元旦勿烧纯素之菜，荤素混合最好。好火腿烧烂，黄芽菜美味也，闷蛋亦好。

一四一

大儿知悉：

今天爆竹声如连珠似，有过年光景，想见社会大家的欢乐。顷检察官来，我又当面要求接见家属，元旦日或可邀准许也。杏是否即须回去？如过苏，想必下车来此一看，纵使不能握手，亦可藉笔谈以代面话，至盼至盼。舜庭来函顷接到，望于电话中先为问好，稍迟再作答也。慧僧先生函亦接到，字件即写。周世荣钱，须查明月份有无遗漏。兴业银行卷宗，冰父想已来检去矣。又菊有无信来，渠乃无函慰我。杏无事何不写数字寄我耶？此佈，即祝合家安好。

父字　十二月二十六日

一四二

大、二儿同览：

写至此，忽然想到三儿也回来了，哈哈！大儿廿五的信，廿六到，送检查。廿七是星期，今日28，此刻已三时廿分，而我方得寓目也。元旦深盼能准接见，汝等三人可以同来，又菊亦自京来，倘熊康亦来，则我将大开笑口，忘其身之在何处矣。来时图章千万勿忘带。此谕,即祝合家安好。

父字

熊熊、康康,送刀枪的李先生,现在在我旁边,他刚才与韬奋先生打了一架,与你们一样的吵,哈哈,哈哈!

十二月二十八日

一四三

邹嫂夫人:钧儒恳求即送为感。愚园路桃源坊五十三号,沈谦医生,电话二〇九九七号。

大儿览之:

昨日汝等远来而不获面,实为一可气之事,小菊终算谈了一次,又菊一定十分愤慨,然无可如何也。已过之事,不要说他了。闻杜月笙、钱新之、杜重远①、王晓籁②诸先生为我等事非常负责,曾到京递呈文,不知结果如何?呈文是如何说法,汝千万访徐采臣③及褚慧僧、钱新之三先生,又陶星如④先生,要问得详细,记得

---

① 杜重远:(1897~1943),吉林怀德人,著名的爱国主义者、革命活动家。

② 王晓籁:(1886~1967),名孝赉,别号得天,后改号晓来,浙江嵊县人,上海商界名流,曾任上海市商会第一、二、四届主席委员,全国商会联合会理事长、国营招商局理事等职,抗战时期,先后出任上海各界抗日会常委、中国航空协会总会理事长、上海市临时参议会参议长等职。

③ 徐采臣:当时上海地方势力代表人物,爱国民族资本家,与杜月笙有师徒关系,常代杜出面处理问题。

④ 陶星如:名洙,常州人,为清末江苏巡抚陈筱石中丞幕客,长于丹青,俞樾曾赠过陶星如一副对联:杜少陵诸侯老宾客　王摩诘前身一画师。

清楚。他们未必能够讲得最详细，你要分别记清，一一写出，把他综合起来，方能晓得的多些，并且不要加入一点自己的意思及判断，方能得到真相。以上是指我们的事。再有时局，那有几个要点：一、抗日的决定、时间、做法，外长是否更易；二、山西、广西的表示如何；三、陕甘军事及政治的大概；四、蒋是否要以出洋作为一种对日的掩护。其他你看罢。至于消息万不能写信直接寄来的曾经有信被扣过，最好寄给李印泉[①]先生，托他转交，地址如忘记，可问镕西先生，说明要秘密，他自会想法。就是我们的事情，如其说不通，要起诉，也不要紧，汝千万勿瞒我，好叫我有一个准备，至要至要！小菊、又菊学费如有问题，速告我，我好设法。闰弟处，望汝等大家先写一详信去为要。印泥已向张仲仁舅舅借得，不要了。现在家属不能接见，而小孩则可进来。今日韬奋先生之世兄小姐又都进来，此信即托其带出。昨日熊熊来谈了许多，此儿真可爱，大家说他好，脸庞亦胖了些，我极喜欢。汝那（哪）一天搬家？赵升为什么不叫回去？二弟陇海路通宜速归，盘川如发生问题，汝须为宽筹些，至要。余另函。此问合家好。

二十六年第二日　父字

---

① 李印泉：李根源（1879～1965），字印泉，又字养溪、雪生，别署高黎贡山人，云南腾冲人。近代名士、国民党元老。早年留学日本，学习陆军军事，新中国成立后，历任西南军政委员会委员、西南行政委员会委员、全国政协委员等职。

史良[1]到后，常通条子，并送食物去。我又送他汤婆子、热水袋各一件。渠极安定，在所内，并替同押者起信稿及状纸，真不错。如与其家通电话，可告之也。

一四四

大、二、三儿览：

元旦日未得一晤，不能不为之怅然。顷阅李夫人寄李先生信，知二儿已接有娟友安电，自可宽心。不知归路是否已可通行无阻？未见来苏，想尚有问题耶？至于建设委员是否业已摇动，现在大可不必想他，倒是肠病最好在沪仔细看一看，会不会是慢性盲肠炎，不可不防，千万勿大意为嘱！三儿何日赴大阪？国家整个形势务必研究清楚，如有急难，必须预为计划，可避即须急避，至要至要。又菊来苏之后，是否翌日即偕恩贞女士返校，我竟完全不晓得。今已四日，又菊殊无一字给我，叫我念杀，真要命也。三儿、二儿最好能赴禾，到汝母坟上一看，最盼，切嘱！日来天气晴朗和暖，连丝棉襖都穿不住，甚为可怪。我身体极好。闰弟日来又有信来否，我明后日必作一详信寄之。冰父所要之案卷，已否亲来取去？《家庭新论》便望寄来。青岛牟子明律师之对联，公会已来取去否？便中亦望告我。兹附去致榴哥一纸。余再及。即问合家均好。熊熊想已到校。

---

① 史良：(1900～1985)，字存初，江苏常州人，女，著名"七君子"之一，中国著名律师、法律家、政治家、社会运动家，中华人民共和国司法部首任部长。

二十六年四日　衡山手谕

何日搬家，一有定期，须即函告，勿迟为盼。汝等托次舅母处烧菜，是否有钱交去，便望告我，因我亦常有托买鸡蛋等事，可总算也。

一四五

闰儿：

元旦日接你去年十二月十三日所发的信并贺年片，又在波赛港口铜像下所摄之照，欢喜到万分。悉汝知我事矣！我自十一月二十二日夜二时半及二十三日夜一时，两次被拘。经过法院讯问，二十四日晚即移送至上海市公安局，甚见优待。十二月四日由上海移押苏州高院看守分所，在城内吴县横街所居之室系新筑，本专备在押犯人之有病者居住。一排六间为一独立之院，有一个较大的天井，室内均有地板，墙壁瓦椽，均甚清洁。法院亦予我等以优待。该院内再无拘押其他人犯，六人分居三室，每二人卧一室。另一室为吃饭、写信之所，并许装一火炉。余二室住看守者。在内一切起居、饮食均尚自由，惟不准阅报，甚为苦闷。自十二月十二日起，又停止接见，并家属亦在禁止之列。元旦大哥、小妹均来桂哥、卯哥亦来，惟小菊以自大阪远来，于前一日得特别准许入内一谈余人均不得入，聊胜于无。今现已二十四日今日一月五日也，屡次请示尚未获准许。六人者邹韬奋、李公朴、章乃器、王造时、沙千里及我，尚有女律师史良另押一处。我与王造时、沙千里同在沪执行律师职务，沙并系在法学院毕业之同学。王与二哥是清华同学，班次相离甚近。李先生是汝俄文补习学校校长。邹、章两先生的文字，汝想必看过不少。我与诸先生得同在一处，朝夕相亲，亦为不可多得之机会。至于所犯何罪，连我自问亦不得而知。即以问诸先生，恐亦无一人能自为解答。幸交司法机关办理，想来法律公平，不久当能自然结束。我固应静心等待，汝亦放怀勿念可也。汝谓中华民族之优秀，不下于自命世界最优秀之德人，并谓德国亦即西方之日本，诚然，诚然。使中国可亡于东邻之强盗国，天下岂尚复有公理乎！汝现在海外一小城安心修学，我极想如此。恨我一生乃无此幸福，且逆料幸得无罪释归，而国难日重一日，我辈担负，从何诿卸。前途之艰难险阻，必将百倍于今日，此心尤惴惴勿获宁止，惟当鼓勇气以赴之耳。休息我从未计及，汝亦幸勿以此劝我为要。三哥知常与汝通信，渠所处似不安稳，我不大放心。此次回国视我，不日即去应付大考，昨函嘱其留心时势，事急即速设法归来，汝想亦以为然也。家中事弟妹必及之，我不复赘，大哥上海本月或须移居，地址已告汝否？此问四儿好。

二十六年一月五日　父字

汝常拍照片否，不拘风景或汝学校及所居之处，均望寄我视之。汝处有中国学生几人？有与汝相投者否？上海旧朋友何人与汝通讯最多？余再及矣。甚盼下次来信能多给我话，想汝必可允我也。

一四六

大、二、三儿同览：

顷得汝等四日来信，计各一纸。我连日所寄各函，不知是否统统到达？下次来信，望查明收到信上发信日子开一单来，以便查核为盼！三儿八日即行，为之黯然。我自参加救国会后，为避敌人注意起见，凡汝动身，我皆未能送至船上。此次甚至不能在家中一握手，强盗之害人乃至于此，实在可恨已极，真非灭此朝食不可。我不能见中国之复兴，虽死不瞑目也，誓之誓之！此信到沪，盼汝尚未上船，寓目以代握手，一切保重小心，至嘱！此次又菊迄无一字，至怪，已有信到家否耶？明日似我生日，已备面与诸友共食。二儿问太极拳是否照常操练，我确未有一日间断，在静安寺巡捕房内亦是照常做的。大儿此次为我不在家骤增抚（负）担，真是不了。安庆妹何以连这一点多想不出，还来信要你为之筹款相助，天下事所以难也。冰父案卷何以未来取去？汝须电嘱褚稼轩，告以俟冰父约好时刻来取，以免误人家的事，至要！此问大、二、三儿、大媳、诸孩好。

一月六日　衡字

一四七

大、二儿同览：

顷得昨七日汝二人及小菊手书三纸，阅之快慰。小菊已定明日趁(乘)浅见丸返校,甚好,公园合照甚盼寄我视之。大儿筹给学费,还能为三叔借钱,极以为慰。搬家又即在目前,想见应付之难。陈时鸿件只须将写件带来,糖果、香肠可留与熊、康吃之。杏儿如能得宁事,我甚赞成。肠病千万再细研究,汝身体强盛,即用手术亦不要紧,因如是慢性盲肠炎,到后来还非施手术不可,就是要化几个钱,亦是没法也。造时先生的夫人,年来患腰痛,渠甚以为虑,汝出门时可过地丰路一为诊视为要。我昨日生日,恰好有朋友公朴的朋友我也认识送了一桌菜进来,于是大家热闹了半天。史良买了些食物,又大皮球,造时、公朴、千里打球本事很不差,本来自己所买一个,已经用得脏到不堪,甚为得用,飞机等玩具两件,已分送给朋友,又航空奖券一张,倒花费他钱不少。志皋[1]适来苏,赠四元,无可却之,买了一罐麦乳精,可谓极苦中作乐之能事矣。附致徐采臣先生函一纸,又造时致汝信两纸。即颂汝二人及大媳、熊、康诸儿安好。又韬奋等两纸。

一月八日午后七时半　父字

一四八[2]

最近,邹、章、李、王诸先生家中寄来安报,均有被扣情事。原因尚未判明,惟顷由检察官通知,嘱我们转告家属,来信勿提时事,或者就是这个缘故,与禁止阅报用意相同,即望阅后以电

① 志皋:陈志皋,上海著名律师,沈钧儒的学生。

② 此为致沈谦之明信片。

话告知各家为要。再汝与各位夫人务必隔两三日约定见面一次，庶能消息相通，想本来如此办法也。此问合家均好。

大儿知悉。

一月十二日晚　父字

一四九

大儿、二儿同览：

顷王世兄来此。来信及钞票廿元、羚羊牌粉、豆付干好吃好吃、花生油炒花生不要再带，上次的尚未吃完，大家不甚吃的缘故等均收到。小菊、闰信不带来，甚使我失望。兹详说如下：(一)来往信件均须受检查，我曾有五封信寄十一公公、大伯、三叔、菊儿、又菊妹，同时被扣。因为说了陇海路断云云。最近褚慧僧老伯有一信被扣，想是写了时事或我们的消息，须告褚老伯，(二)明信片是“走私”，不受检查的，然亦不可太明显了写，太多写。明信片这三个字，通讯亦不可提及，(三)小孩进来是可带信避过检查的，是要明白。所以我可惜小菊、闰信此次勿带来给我看，此层下次务望注意。前次二舅处妹妹进来，望函告二舅知之，把你信拿在手里，勿放在衣袋里，几乎成问题，此层亦须注意，并告知进来的人。再，你们信件亦须要注意，或者邮局检查，也许我过虑。此问合家好。

此函各点，望告知各家属。李太太、章太太为我问好。邹太太此次并有物送我，为我谢谢。

一月二十日　父字

信写完，恰好又收到菊十九日信，又菊十八日信，欣慰之至。次舅处第二次鲟鳇鱼烧得很好吃，我有条去称赞道谢。余再及。午后添注。

一五〇

大儿、二儿、大媳、又菊同览：

好像有几天不写信了，你们一定要记挂。我告诉你们缘故，因为有两天是日间写字写得累了，晚上不高兴再写信，也有的是因为要看书下棋。今日觉得非要写信不可了。早起又得到二儿廿号所寄之信，非常高兴，但不知何以今日才到。顷看邮局戳子，上海是廿二，苏州是廿三，耽阁（搁）还是在自己家里，廿四一天大概耽阁（搁）在检查。铁道部二儿要找的事是否是技正是何人的线索，张公权[①]处大儿可以去找找钱新之先生，部长处秘书金侯城君，亦我熟人，大儿可找镕西先生商量商量看，能否写信试一试，看何如。娟友是否可电令南来，二儿千万勿徒然懊恼，至要至要！前问照片，只须复一字，何以信内不提及？写至此因为要洗澡。我们每星期洗一次澡，我不一定洗，今天洗了，洗完止八点四十分。睡太早，故再来写，昨天才看见小瓶花生上，有小康画的圣诞老公公，或者是他涂的颜色，旁边的字似是二儿写的，为我谢谢小康。从前我睡的床架，一向放在五一号晒台上，千万勿丢掉，我还要修好了配棕垫用他的。熊熊带来之布单，是

---

① 张公权：（1889～1979），名嘉敖，嘉定人，号称“中国现代银行之父”。

被单还是褥单？望告我。如是被单，拟将厚被头的换一换，但是止好拿到二舅处去一办，当天想是来得及的。旧历年底已届，菊儿经济情形如何？友朋又有愿助我者，我拟受之。同葆妹①学费，已函请大伯父代付。大伯父昨有信，对于又菊归时不肯用大伯父的钱而借恩贞钱，似有些不高兴。《家庭新论》要十本，盼寄来。此问合家均好！

一月二十四日夜九时五分　衡山手泐

万通酱园有何事否？告我。商务近有版税否？摺子是与小菊各摺放一起。

一五一

大儿、二儿、大媳、又菊同览：

今早菊来，精神为之一舒。腰痛处贴了膏药，稍觉绷紧，晚睡想仍用热水袋熨了，静坐片时，明日或可完全不觉，则大快矣。昨、今两天连写字都停止，甚以为苦。以后拟每日写两三件，自可无碍。菊当许之，望大家放心可也。菊到车站想赶及，归寓必将所见情状详慰大家。各友夫人想亦通过电话。我胖是的确，两手自握觉得温软了许多。说也好笑，一月来安闲舒适，真是饱食终日无所用心，为生平所未有，又不能不为之感叹也。又菊在家，熊、康三孩必为大乐，闲时想必常出访同学，曾定何日到校否？旧历初一、二、三不拘何日来苏，最盼！想届时接见问题必

---

① 同葆妹：沈钧儒堂弟复儒的长女，名沈诤。

已解决矣。杏西行如何决定？我前信所说办法，是否可行？曾访新之、镕西两先生否？均以为念。熊、康何日开校。嘉兴申公公曾来两片，晚境可悯已极，顷嘱菊寄十元去，千万勿忘。又正行女子中学似训育处有检查学生来往信件事，如晤龚省明、宋立峰两同学，告以宜即将此办法取消为要。余再及。即问合家安好。

父字　一月二十七日晚八时

一五二

大儿夫妇、二儿、又菊同览：

前日寄函想达，昨得菊未来前廿五之函，中有又菊廿四、廿五各一纸，又附张镕西老伯信一纸，详阅快慰之至。惟我寄去之信，汝辈似有时未加理会，如榴哥函及对纸，于收到日即于函中提及，嘱即转告，今既忘却，须再告为要，日内当即为一挥也。又如二儿所照相片及《家庭新论》二事，殊令悬悬。二儿铁道部事不成，亦无法，只好再商。能准备在沪做工程师否？曷访通尹谈谈。又菊以同学不能回家为苦，我以为这倒不成问题，还是要看她在学校所得究有几何，是否值得牺牲家庭快乐为成问题耳。仙人指花盛开，阅信如已归家与汝等并立花前，此花不但年来常在我侧，并亦常在汝母心目中也，二儿曷为摄一照寄我。日来天气真暖，昨夜临睡，耳边嘤的一声，竟发见一蚊子，但蚊子它亦发见了我。二、三点钟醒来，头上痒得不了，睡都没有睡好，可恨之至。余再函了。即问合家均好。

一月二十九日　父字　上午十时三十分

外附致张信一纸。

一五三

大儿夫妇、二儿、又菊同览：

我自三十日起，有四天不写信了，你们怕要疑心我生了什么病，其实是因为写字、看书、谈天兴致太好所耽误了。上月三十日共接大媳、康康、大儿、又菊两张三信大媳、康康廿八写的，菊、又菊廿九写的，却分做三次寄来，昨日接菊、熊熊、康康信，又二儿信，均系上月卅一日所写，详尽之至，快慰已极。

我腰痛完全好了，写字亦不敢多写，看书兴致大好。在外边的时候，白天事情太忙，往往到临睡，坐在被窝里看十几张，那里有现在这样舒服，一口气看八九十张不放手，倒要谢谢政府的。二儿问邹思润是什么人，原来就是韬奋先生，已问过他了。原书说是买不着，是从 Asia 襍（杂）誌里译出来的。韬奋的文章和见闻理论，乃器的经济和金融，造时的政治学，三位先生都可以做我老师。你们想一天到晚和他们在一起，这不是幸运吗？我真是老运亨通，这也是要谢谢政府的。苏州天气很好，三十下过一天雨，或是卅一前日的午后，昨天便均是畅晴，上海如何？现在家中挤极了，怀彝来了都没有地方住。

大媳被单不要带来了，因为褥单是用不着换，便可以拿来换在被头上面，昨天我把厚被头的横头拆下，托次舅家替我洗了，再缝上。康康廿八出痧子，卅一日已回，可谓痊愈迅速。您也可以少辛苦几天,为之欣慰,只要他人不染及,那就一无问题了。戴倪氏还不转湾,真是糊图。有许多事情,人家终是想不穿。就是严俊叔为什么再要续弦,也替女子一样,尽管再嫁,再嫁有什么意思?

大儿,我腰痛真已一点不觉得,膏药还没有揭去。您将杏妹、小菊两处寄款均汇出,好极。禾款亦寄,甚妥。大通里事务所我的写字间,是否叫他们关好,信件想当然是没有了。此间再没有发见过第二个蚊子,望勿将帐子带来。

二儿、娟友好,最慰。汝忽想到诗画艺术一类的研究,只要能有此余力,亦是很有趣味的。照片因为没有照完,所以不能晒,最好在未动身前把它照完了。肠病我终觉得是一累,最好与大哥仔细商量,将这病根本治好。

又菊,此信到家,汝想未行,赴京时或在苏下车一转,或者已能接见亦未可知。昨日我们六人又有公函向法院请求也。侦查期到二月四日已满,日前接到法院裁定,又展长二个月,这是一种法律手续,没有关系,不要不放心。

熊熊、康康,今日夜间再写几句给你们,这封信要紧寄,不及写了。熊熊做的文字,韬奋先生说很好。余再函。即问合家安好。

二月三日　父字

一五四

又菊吾女览之:

顷寄一函，未知已到否。汝是否定于五号早车赴京，倘能过苏下车，我必力请於检察官俾汝入见，作五分钟之握谈，少慰父女相念之殷。人情、法理似无抵触，否则抵京入校以后，我亦不愿汝之请假再来苏州，只好俟我出外到京视汝矣。二哥不知何日作西行，亦深盼念。我日来的确甚健，起居安适，实为从来所未有。只就早起洗脸一事论之，我竟觉得好笑，似乎向来洗脸未免草率一点。最舒服的以两手掌放在热水中四五分钟，浑身不要用气力，极为受用，汝莫要笑我否。小娜可爱，告卯哥寄一照片给我看看。熊熊寄来一文，如无人为改过，确尚不错，此孩我真爱之也。章乃器先生之女湘华、湘谷，亦殊可爱。兹有复熊熊一纸，并附还渠所作之纸，望转交之。又致湘华等一纸，亦望设法交去，寓处及电话，大哥知之。余能面谈最快，否则再函矣。此问汝好。大哥、嫂、二哥、三孩并好。

此信未经检查，来信可勿提及，但云熊熊文字如何如何，我便明白矣。

二月三日午后五时卅分　父字

一五五

大儿伉俪、二儿同览：

旧历元日后尚未接到来信，非常惦念。今日午前，翁检察官来此云："关于接见的事，如其各家属真有要事，可以格外通融准许接见，惟尚不能公开，暂不必向外宣布"等语，情法兼顾，我等闻之均为欣慰，特此函告，并望转告各家属。造时先生半月以来，晚睡后常起小便，右胁内部时作隐痛，又说不定是在某一部分，是否病在神经系方面，王先生自己非常忧虑，甚盼大儿能拨冗来苏，为之仔细检查一番。如其能来，韬奋先生颈后生“头皮癣”，望与顾祖仁医师研究，有无好药可以带来，亦所深盼。存贮母亲照片的玻璃纸袋，亦勿忘为要。孝通弟带苏之网篮内有火腿等物，今日已送来，但知君茂同在外面，未能接见为怅。余再及。即问合家好。

父字　二月十四日

一五六

四儿览之：

前月曾得汝去年十二月廿四日所寄函及拜年明信片，又在波赛港口铜像下所摄之影，我即置在枕旁，未知近又有照片否？我因在此，人家索书者纷来，又赶看几种紧要之书，得暇则下棋、打球，为集体生活所扰，以致未及详作函寄汝。今日大哥来此视我，携来有汝一月十日、十四日、卅一日三次来信，看得我心花怒放，快活非常。目前最可慰汝者，即我之恢复自由当亦不远，在旧历元宵左右耳。惟出外后，必须暂住南京，一时未必即能回至上海。身体则极健。同拘各友皆有著作三万字至八万字以上不等，极可羡慕。我亦有二、三十首不好的新旧诗，如印小册子，当寄汝阅之也。家属已可接见，大哥、二哥均来过数次。二哥日内即返陕，或拟收拾家具南归找事未定。汝能从事节省，我是极端赞成，至用诸家的钱殊属不成问题。来日我必尽力助汝清偿也。

我出外后，只要有机会，必为留心官费之类。至中日战事，今年秋冬之间决难幸免。欧洲战祸亦有随时爆发之势，两者皆可引起世界大战，极为可怕，但怕亦无益耳。余再布。即问汝好。

二月二十日晚九时　父字

一五七

大儿如晤：

今日邹、王二夫人来，详悉一一。兹将我所欲告汝的话分别写在下面：（一）家中均好否？小孩中是否有人不舒服，我甚记念，汝忙不要紧，采媳写几句信给我，至盼至盼！（二）杏弟、小菊、闰弟各处，千万抽空写信，亦望采媳助汝。杏弟处住址门牌我忘记，又大阪及德国住址，均即分别开明给我，以便我可直接寄信。又阮毅成[①]住址告我。（三）三叔要我写信给新之先生慧僧处当即写信，是可以的，但须要消息再确实些钱任财长，望函告三叔。杭弟事亦当在意。（四）杏弟所照相片如已晒出，便须带来。（五）衬绒袍及玻璃纸套，要比上次拿来的大一号，来时均勿忘。（六）派克牌自来水笔，我的一枝已送给造时兄，故要另买一支，刻上我的名、号均可。（七）我们的事，侦查期间法定两月，可再延长两月，但法律限制只准延长一次，十二月四日来苏至二

① 阮毅成：（1904～1988），本名阮冠华，字静生，号思宁，自号适庐老人。祖籍浙江省余姚县临山镇，出生于江苏省兴化县。中国近代法学名家阮性存之子，曾任中央大学教授，浙江大学法学院首任院长等职。

月四日为止，现在延期中，以至四月三日为止满限，依法应在期限未满以前决定办法，故三月内如无法解决，法院即不能不起诉。蒋方推动，新之、布雷①诸公均无魄力讲话，只有李协和②要星如推动、杜月笙要任之③推动二先生可靠，汝要放在心里。（八）前讲不起诉云云，也要考量。此问合家安好。

父字　三月二日

一五八

上海方面，地方协会、律师公会、市商会、银行公会、新闻记者协会等五团体呈文，未知已否发出，最好细问黄任之先生为要。同时于无意中探问吴铁城④对此意态如何。

再访褚慧僧先生，问明蒋先生对此确实情形，是否已无问题。然后研究要不要进行下面说的一种办法。

有人说我们的事，要等大会的释放全国一切政治犯提案：（甲）通过，自然也可无条件释出。（乙）不通过，则尚有问题，另

---

① 布雷：陈布雷（1890～1948），名训恩，字彦及，笔名布雷，畏垒，是国民党的“领袖文胆”和“总裁智囊”，素有国民党第一支笔之称。

② 李协和：李烈钧（1882～1946），原名烈训，又名协和，字侠如，号侠黄，武宁县罗溪坪源村人。现代史上著名的爱国将领，曾任江西都督，国民政府军事参议院院长等职。

③ 任之：黄炎培（1878～1965），中国人民政治协商会议第二、三、四届全国委员会副主席。字任之，号楚南，上海市人，民主革命家、教育家。

④ 吴铁成：吴铁城（1888～1953），广东香山人，国民党元老，曾任上海市市长，国民政府立法院副院长，行政院副院长兼外交部部长等职。

想办法。

我们对（甲）不满意，并且认为有错误。因为第一，我们在侦查期间，尚未能判明是否犯罪、或不犯罪。因此不愿牵涉在赦免范围之内。第二，既受侦查，如可释放，应当有一种公开手续，说明释放原因，不能糊里糊图（涂）的释放。我们意思，最好是受些大会提案的影响，而仍由司法机关依合法手续公开办理，就是检察方面不起诉。如此则手续清楚，本案有一结束。还有一个好处，是维持了司法尊严，此层王必赞成。（乙）其实与我们的事无关系，并且最好是不要牵扯在一起就是犯罪不成立。

你们弄清楚以后，我的意思可照后开办法一做。如不清楚，或再与镕西先生谈谈亦好。

（一）请十一公公将上海及其他方面接洽情形，秘密些告知郑钺①高二首席转达王部长②。

（二）或不拘菊、杏到京一行，将详细情形各方面告知大伯父，请一访王部长。

以上办法只须用一个办法，因为要秘密。

一五九

大儿如见：

---

① 郑钺：早年留学日本，获法学学士学位，在日本参加了同盟会，曾任上海复旦大学教授，还担任过国民政府的检察官。

② 王部长：时司法行政部部长王用宾（1882～1944），字太蕤，号鹤村。山西猗氏（今临猗县）人。

邹、王夫人来，函件及衣服照收。今日适奇热，竟即穿上夹衫，快乐之至。惟顷已在发风，或仍转冷耳。玻璃片套前已收到。今日照片亦即交与千里。我昨日得大伯来信，兹录如下："九日早七时即持弟函到右军王①家，候其起来，谈甚久，并以弟寄我原函示渠，谓日内总可恢复自由。苏州曾来请示，我已有所指示。又云令弟意侧重在法律，我亦不能不从法律立场上着想，尽请令弟放心。后云张、杨②等此次举动尚可拉倒，况赤军亦由中央改编，又况其他，真不成话也"等语，似乎切实之至。刻见李夫人致公朴函，述蒋告居觉生③语，亦甚切实。想必无问题矣。二舅处尚未通信，明日当去一字。小康痧子是出过的，自不要紧，然亦要小心透风也。汝母三周，在家上供甚好。晤任之、采臣诸公，为我谢之。法院如不起诉，保人亦并用不着了。余再函。即问合家好。

三月十六日　父字

外致青来先生一纸，又照片十一张。

---

① 右军(王)：前信提及的王部长，王用宾。

② 张、杨：张学良、杨虎城。

③ 居觉生：居正(1876～1951)，湖北广济人。原名之骏，字觉生，晚号梅川。1905年留学日本，同年加入同盟会。1925年参与发起西山会议，反对国共合作。1929年冬，参与反蒋活动被捕，后获释。抗日战争期间，任国防最高委员会常务委员。1949年去台湾。1951年11月23日在台北病故。

一六〇

四儿如晤：

前寄一函，知早达到。上星期大哥来苏，带来汝三月一日寄我之函及照相一张，欣快之至。我事本星期或可解决，此信到德时我已出外亦未可知。出洋云云，全是上海朋友幻想，查非事实。大约行动上如受限制，则必先到南京住几时再说。本来上海方面是吴铁城、潘公展①诸人最与我们为难。今日阅报吴已调粤，反对者少人，回沪阻力应可减低。惟以后作事，非力求与政府得谅解不可。能在南京多住若干时间，多向各方接洽，于救国前途自有好处。我以后必常与汝通信。前信太少有数因，未被捕前忙，到苏后找我写字者亦几日不暇给，我又想赶看几本书以补充自己知识，还有汝之通讯地址我不知悉现已从大哥、小妹两处抄来，均是障碍。现已决计排除一切障碍而与汝亲近，写至此我心已觉愉快也。大哥为汝找来之事，深盼其能有成功。汝谓"在此殊感生活单调"，我意必须物色好友及获得愿看而且好看之书籍，极为重要。我在羁押中三月以来，能坦然无不快之觉者，对于自己问心无愧，固是一因，而同拘数友，性情学问颇相投

---

① 潘公展：(1895～1975)，原名有猷，字干卿，号公展。浙江吴兴人。1934年5月任国民党中央宣传委员会图书审查委员会常务委员，国民党上海市党部常务委员、上海市社会局局长，是直接镇压进步文化运动的主要成员之一。抗战期间任国民党中央宣传部副部长。1949年去美国，任华美日报社社长、总主笔。1975年在美国逝世。

契，而得到数种自己认为必须阅读之书籍，藉以开拓心胸，解除枯寂尤为得力之至也。每礼拜日晚上洗澡，身上竟胖了不少，为民国以来所未有。每日午后打排球，指节常因挫觉痛，数分钟后即能恢复，出我意外。我生平负债在万金以上，此次又增债三千元，我这样的岁数殊不去想他。汝用诸家区区之数又何必在意。青来上星期曾来苏省视，近与我甚好也。诸小姐既不属意于汝，汝又亲自允其毁约，即不必再行放在心上。汝见解向颇透澈（彻），千万努力，冲破环境，勿可堕入迷茫之中，至要至要。性欲问题亦为青年烦闷之一关，我意用别种方法，如游山玩水花木之类，或移其注意力于体育，以求性欲之升华一也。婚姻问题亦须解决，随时留意对象二也。第二层我亦尽力为汝留意，如有满意者必报告于汝，汝亦须以汝之意见随时告我，实为至要。汝谓“今日似乎不可收拾”，我殊不解。若我之年龄，则真欲收拾已来不及耳。此信从苏发，再寄信恐在南京矣。前嘱小妹转寄照片十张，想已到。此问四儿好。

三月二十二日　父字

去年十二月四日来此，算至今日已羁押一百零九日矣。

一六一

有表为公朴所书，公朴习字最勤，每日必临张墨女誌数千字。此书极工整有致，颇似一纸公文书也。我辈自沪移送来苏，为二十五年十二月四日午后，到分所时已傍黑。所屋一排朝南六间，前面有一天井尚空敞。最西一间为第六号室，看守等居之。五号韬奋、乃器卧室。四号千里、公朴。余与造时第三号室。二号室则为公共阅览、作事及会客、餐饮之所。第一号室由所内储藏杂物，与我辈无关。初时作息各人自由，嗣觉须有一共同规定之必要，故公朴所书之纸，已为二十六年元旦日矣。表内规定早晚餐饭及就寝，意义一望即知，无待说明。惟工作到底所作何事，据我辈实际情形可以“阅书写作”四字包括之。早晚餐饭后所余时间，完全归之休息，不准工作。唱歌、说笑话，往往闹得不堪。五时后至晚饭以前为运动时间，最近大家喜玩排球，在院内东西以一绳代网界，三人分南北对打，乐此不疲。作息表所未规定者尚有二事：一洗澡，于每星期日晚行之，其入浴次序，以拈阄决定。一室内扫除，所内为我辈专雇一人，姓名叫王树山，司杂役及清洁打扫等事。我辈认为不够，因定每星期各卧室须清除一次，拖地板抹墙壁皆由我辈躬自分任。又每室靠北窗下设有便器，外形似方凳，中置瓦缸，破其底，通于壁外。初时室内臭气颇甚，后每次大便后须由本人用水冲刷令净，遂无臭气，亦为清洁重要工作。至所谓值日者，其规定责任：一为唤起各人注意，遵守时间。例如早晨起身时，何人未起，可以手敲击窗户令醒等类。二每餐饭前，须将各种食物支配停当。三每日零碎事件，如每物缺少应依人添购等类。再在规定作息时间外，我辈还有一种经常的事务分配：乃器主管会计，造时主管文件，千里主管卫生，公朴主管事务，韬奋及余则仅于各事负补助之责。此为我辈整个实际羁押生活，特加详释，以资纪念。

二十六年三月二十二日记于江苏高等法院看守分所第二号室北窗下。

去年十二月四日系星期五，昨二十一日为自移苏羁押后之第十六个星期日，计算到今日为止，已经过羁押一百零九日。

又今日晚上系我辈四个月前在上海第一次被拘之。钧儒又记。

此稿寄汝阅之，已以素纸另滕（誊），不必寄还。

一六二

闰儿览之：

前日寄函想到。我事因侦查期间已满，不能再事拖延，自明日起至四月三日为止，在此五天内必须要解决。照目前情形推测，必不至于起诉。惟颇有改送南京无形的软禁之说，亦不一定。汝接到此信时总之我已早离苏州矣。以后通讯寄大哥或小妹处均可。我日来较忙，因来此接见之人渐渐多起来，找写字的人亦多，颇应接不暇也。体次甚健。祝汝亦平安快乐。余再及。

三月廿九夜十时　父字

一六三

大儿如晤：

寄片想达。昨日，俞、李、张、唐四律师来，今日志皋来，知汝尚未好全，正在记念，得采媳与熊熊来片，汝仍发热，千万小心。我甚安好，虽起诉并不为之烦忧，汝与采媳尽可放心。兹将各事写在下面:(一)律师各事已托张志让季龙[①]、李肇甫伯申[②]、俞钟骆詠华[③]合力主持,组织律师团体。因为事情是整个的,专为一人辩护,反而无言可说。起诉文今日已载各报,汝等可放心,因其内容甚为牵强,很易攻破也。律师邀齐后,有种种事情。第一要写委任状,伯申先生自会来找汝盖印的。第二各家属与律师应当有一聚会,以资接洽。律师中间与我大半均是熟人,公费现在不谈,先由乃器先生代垫两百元,即交与李、俞张先生收用开支杂用。(二)我事一时未必即能结束,大通里事务所拟暂时撤销牌子自然不要卸下,所谓撤销指楼上房子。昨已与伯申先生言之,汝亦可一提。房内有写件一包抽屉内亦有,便可检来,但不要紧。(三)我要上海律师公会之最近会员名录一本。(四)小菊弟学费,我要想函请慧僧先生每月由校代汇,汝看好否?倘汝赞同,告我再函褚办理。(五)韬奋先生头上之癣不见好,晚睡痒极,苦不可言,盼汝有好药。我两小腿亦有红点,痒不可言,怕是癣,亦想搽药。"药肥皂"好否,是否刺激了反而不好?(六)天气渐热有蚊虫,帐子须带来,表修好亦甚需要,短衫已在苏州托二舅做了两件。(七)小妹、闰弟、小菊有信来否?大伯父十日赴禾祭扫,汝是否同去,还是另外再去。倘无暇,在家上供亦可也。

---

① 张志让:(1893~1978),号季隆,又号季龙,江苏常州人。中国当代著名法学家、法学教育家。

② 李肇甫:著名律师,四川人,曾出任过第一届北洋政府的参议员,时为"七君子"案辩护。

③ 俞钟骆:上海一位著名、正直、爱国的律师,时为"七君子"辩护,解放后任最高法院顾问。

坟上去，我意不必定要上供，倒是得空要去看看，亦不必定要清明。（八）湘华女士之字不装镜框送去亦可，渠昨日来此问起也。此问大儿安好，千万小心！采媳、熊熊、康康、小康均好！

父字　四月七日午后两时卅分

学校中曾来苏一次，汝想知之。容照、岁恒对，便想带去矣。

一六四

大儿、采媳同览：

顷寄平快信想到，匆匆又漏了许多要说的话。你身子太不强健，似不如我，必须自己研究吃药，或如何练习使其健全，至要至要。王书记官药钱已还来，我即留用了。二舅曾来，我再三劝其再速向银行与律师商量，菊有心无力，至多卅、四十，请你原谅等语，二舅似尚谅解。熊熊放假十二为止，尚有好几天，现在接见较易，因姜先生权比前较大，可以尽量爱助于我，汝如来能与同来，亦甚盼望，如自开汽车，千万小心。带来许多照片好极，千里自以为不如远甚，所以寄来各张，大家一分而尽，我止拿了康康、小康双个小脸孔轧得紧紧的一张，有趣极了。其余各张无须寄来，放在家中好了。此间尚有我照三张为汝所未有者，两张打太极拳，一张写字照，均千里所照，甚好。惟因已寄给杏弟，当再去印来寄汝也。洪送食物，吃掉了好，不必带苏。杏弟信、照片均收到。我曾写字一张寄去，但是寄北院门街，已去信告知。闰弟公司事已成功否？我曾直接寄渠两次信，明、后日或再须寄三、四弟各一函也。此问汝二人好。三小孩好。

附还闰信乙纸

父字　四月七晚九时

一六五

大儿如见：

连寄两平快信及一片，想皆到。顷邹太太来，汝八日函已阅悉。汝力疾办事，我非常记念。苏州无事，尽可不来。我日来甚健，接见较易，故来客亦渐多，写字做诗均暂行搁起。律师方面各事，亦已渐有头绪。自我三日致函镕西，托其代邀季龙张志让、詠华俞钟骆同来。五日伯申①偕张、俞、唐三律师同来，并携有镕西先生函，附有意见，均甚切要。当日有几种决定：(一)律师虽由每人选任三位，但仍为一集团组织。(一)辩护意见只有一个，决定后许多律师共同签字，庶发言时不致有参差不一，甚至抵触等弊。(一)事务由张、俞、李三律师负责。(一)公费现在不提已有人愿尽力相助，他们亦不要。但费用是有的，如抄录案卷购买状纸等亦要钱、印刷文件、往来车费等类。所以先由乃器先生垫二百元，交与张律师收用。(一)辩护状由律师方面共同商议，推人负责起草。我们七个人就我们自己及共同的见解起草，提供律师以参考文件(就起诉书内证据一至十各点，叙述事实与理由，推乃器、韬奋、造时三兄写成，大家看过讨论决定。另又录出凡救国会文字有利于本案各点计共二十余纸，已于昨晚

① 伯申：李肇甫。

用快信寄出)。辩诉状草成后,送我们看过后,再誊正递到法院。以上各点,大致决定如此。尚有数事欲告汝者:(一)本案开庭大致须要迟至本月底下月初间,因在我们方面递委状、看卷、起草辩护书等,固需时间,而法院方面,同样亦有派定推事、阅卷及等候我们递进辩护书等等麻烦。(一)本案闻已定由第一庭审理,庭长"方闻",推事"斯文"、"朱建勲"。(一)我的辩护律师,除镕西、伯申外,已商定委任刘崇佑崧生[①]、秦联奎待时[②]二律师,皆本来极熟之友。(一)此外王,李国珍硕远[③]、汪有龄子健[④];沙,徐佐良侠钧[⑤];章,江一平[⑥];邹,陈霆锐[⑦]、邹,孙祖基[⑧]、邹,俞承

① 刘崧生:(1877~1942),字厚诚,号崧生,福建侯官县人,早年留学日本学习法律。

② 秦联奎(待时):上海名律师,无锡人。(以上二人和镕西、伯申为沈钧儒律师)

③ 李王国珍(硕远):王造时的辩护律师。

④ 汪有龄(子健):(1879~1947),浙江杭县人,毕业于日本法政大学,上海名律师。

⑤ 徐佐良(侠钧):沙千里的律师。(以上二人为沙千里的律师。)

⑥ 江一平:(1898~1971),字颖君,余杭镇人。著名律师,先后担任东吴大学法学院教授、复旦大学校董、上海法政大学校董、上海律师公会常委等职。时为章乃器的辩护律师。

⑦ 陈霆锐:(1890~1976),江苏吴县人。东吴大学法科毕业,早年留学美国。历任东吴大学、暨南大学、群治学院、中国法政学院教授、国民政府参政员、制宪国民大会代表等职。

⑧ 孙祖基:毕业于东吴大学法科,曾担任上海学联委员会委员长,上海著名律师。

修[1]；王，江庸逸云[2]、王，刘世芳[3]、沙，汪葆楫[4]；李，郑森[5]、李，陈志皋因为顾[6]、任[7]二人律师，要我们代请，其余我尚不大明白，请张章、俞邹、李沈三位主持；苏州律师为陆鸿仪棣威章、吴曾善慈堪、刘祖望孝纯、莊骧仲腾、薄铸公雷[8]，大半与我均是极熟。(一)数日来，我与律师方面已通信五次，皆系寄至大通里伯申处。汝可索观，并望汝关照稼轩，信件到时如伯申不在，须即时送至其家，勿迟为要。(一)还有一点，即政治方面，凡有可疏通之处，皆仍照旧通行。一、二日内陈果夫秘书长罗君须来，接洽如何，俟再告，望秘之。(一)律师方面接洽，及此间各种讨论，我皆负全责，尽量注意，汝可放怀。闻明晚家属与律师有一聚会，故特将各种经过情形详细告汝，望阅后注意记之。

小菊学费已商由校寄，好极。惟数目及汇出时间须有一定，又如何汇法最妥，望汝再与慧僧先生说明为要。律师公会无最

---

① 俞承修：字志靖，常熟城区人，时为上海市律师公会执行委员、中华法学会上海分会理事。（以上三人为邹韬奋的律师）

② 江庸(逸云)王：(1878～1960)，福建长汀人。早年留学日本，曾任清政府大理院推事、北洋政府京师高等审判厅厅长、司法总长及政法大学校长、朝阳大学校长等职。时在上海做律师，义务为“七君子”案辩护。

③ 刘世芳：王造时的辩护律师。

④ 汪葆楫：(1908～?)，苏州人，上海著名律师(沙千里的律师)。

⑤ 郑森：李公朴的律师。

⑥ 顾：顾留馨(1908～1990)，著名武术家，又单名兴，上海市人。时任救国会常务干事，受“七君子”案牵连被捕。

⑦ 任：任崇高(1881～1974)，字仰之，四川省泸县人。早年从事教育工作，时任救国会常务理事，受“七君子”案牵连被捕。

⑧ 陆鸿仪、吴曾善、刘祖望、莊骧、薄铸：皆为当时苏州的律师。

新会员录，则比较最近者亦要一册。镕西先生处晤及望为请安，云我万分惦记，律师各事仍盼其尽力主持，尤祝其健好，届时能出庭为我辩护也。王述樵[1]事，日前面讬张季龙律师代为援救，如其夫人来，可以张律师住址电话告之。又季龙、咏华、伯申三先生家中、事务所两处电话，望汝皆查明记出为要。又采媳亦要接头，则汝不在家时，可无问题也。又禾中祭扫，汝止好勿去。余再及。即问大儿、采媳均好。熊熊、康康、小康安吉。

四月九日午后五时　父字

一六六

四儿如晤：

曾直接寄汝两函，信面是请邹韬奋先生开的此信亦是他开的，想均无误，不觉已一个月矣！此一个月内，因为本案居然起诉，请律师七人共二十一个律师每人三个参阅有关系文件，讨论辩诉状等等，不免要忙了一些。开庭大约须迟至五月中旬国历。现在各方面热心朋友有种种设法进行，尚可有早日恢复自由之望。倘须出国，必来汝处作比较长时间之磐（盘）桓也。三月十四日来禀，近始由沪转来。我体极健，近想学英语，因为同属五友英文多是好的，请教极为方便。韬奋来此后曾做两书，一是整理留美时日记与调查游历各稿而成的《萍从（踪）忆语》已由（有）欧洲各国第一集、英第二集、苏联第三集。一是叙述自幼至

① 王述樵：上海著名律师，沈钧儒的学生。

目前所有经过见闻事实《经历》。这几天又在整理从前在伦敦图书馆随阅随抄的稿纸，分成两三万字，为此出版，亦易易也。汝看书能用心，思虑亦锐刻，惟脾气少嫌拘执，易陷于褊狭，少为留意则其弊自去矣。对人容易误会，似亦不免，我亦有此种种毛病也。此问汝好。俟再函。

父字　四月卅夜九时

一六七

大儿如见：

顷来此，各事皆得接洽，极为痛快。兹寄去致朱、张两函，即望收入。铎民先生处，须将(1)上海最近交涉大概，(2)及我与各友质直坦白，过去绝无背景，(3)本案虽起诉，尚有几种挽回办法，(4)除悔过一点外，其余均可接受，(5)若再进行审判，在政府方面亦有很大不利等情形，逐层详细告之为要。渠在邵手由甘调陕，必有交情，与乃器亦相熟也。余再函。即问汝与采媳、熊、康、小康都好。

父字　五月五日六时

一六八

四儿览之：

昨大哥来苏，得汝四月十一日来函，云近患神经衰弱，自觉不能用心，有辍学回国之意，欲得我一言为定。阅之驰念无已。

兹将我意分述如下：一、休养身体自较求学尤为紧要，惟不知汝所苦究达如何程度，或尚不至如汝自言之甚。二、回国做事亦不必专就电机服务，倘觉此种科学过于劳苦精神，不妨换换口味，另选他种学之，不知汝以为何如？三、汝之病源究为何事，就我所知，自己常常爱虑，亦为神经所由衰弱之一因，千万想开为要。四、我事或可解决，惟有非出国不可之趋势，一切俟我到德面商，最为妥当。五、最近来信仍寄与大哥处转此。祝四儿珍重自卫。

父字　五月六日

日来一面为法律准备，一面作政治接洽，烦而且忙。惟精神极好，心境亦坦平开展，足以慰汝。

一六九

大儿如见：

刻惠心可来，云李协公得冯先生[①]函云，我等在短期间内即可保释此字待考，不过交保出外而已，非释也，特以相告。兹寄还弟妹寄汝各信，又致刘良模[②]君函，此间照相底片共分四处，一千里、二榴哥、三刘君、四即汝，如统统取得，即完全矣，又韬奋致顾医生信，均望收入为要。闰弟处我已直接去信，约俟我到德后一切面商。昨晚商事如何，将来救国会或尚有募捐等事，不可以

① 冯先生：冯玉祥（1882～1948），安徽巢县人，原名基善，字焕章，民国时期军事家，爱国将领。

② 刘良模：（1909～1988），浙江镇海（今宁波）人，著名指挥家，时任职于基督教青年会。

个人事妨碍之，一也。不可太多受人之惠，二也。于家属及我们个人亦不体面，三也。彭文应九日在中社结婚，我们已送礼，望汝代表我去道贺一下。我身边物件太多，想有便带回家中，无便即先寄存次舅处，汝以为何如？余不一一。张志让、李伯申、刘崧生诸先生处，可告以近情，辩诉书仍恳其从早商定也。此问合家均好。

父字　五月七日

一七〇

大儿如见：

李夫人来，得七日函并上各辩诉意见，极好。此事尚未可乐观。昨南京李杰才来，知张岳军[①]亦在上海，蒋又到，或容易解决，仍要看杜、钱诸公之着力与否也。上各辩诉意见，望即找三十分找雪寒[②]兄，送张季龙先生处。上海廿位律师、苏州五位均须送供参考，至要至要！又苏州高院检察处翁赞年、刑事第一庭庭长方闻，又推事朱建勲，又高院院长朱，最好每人各寄一份，勿

---

① 张岳军：张群，字岳军，四川华阳人，曾与蒋介石一道东渡日本留学，并在东京加入同盟会，回国后参加革命活动，成为讨袁军中的一员。后又受蒋介石召唤，辅佐北伐军事，任国民革命军总司令部总参议，为蒋氏上台出谋划策。蒋氏后期北伐，张学良东北易帜，张群的作用是相当大的。

② 雪寒：徐雪寒，原名汉臣，浙江慈溪人，是我国资深的经济学家、编辑出版家、经济管理家和政策咨询家，时任上海文化界救国会会刊《救亡情报》主编、全国各界救国联合会副总干事。

开封，用五分邮票函达，俾其一看，于本案颇有益处，望汝注意，黄任之先生可送渠数分。杏弟妇处当寄信勿忘。汝宜早睡，并吃牛奶，有空休息即休息为要。此问大儿、大媳、熊熊、康康、小康安好。

五月九日　父字

伯申、季龙诸公望用电询辩诉状事，勿说是我催为要。

一七一

大儿、采媳同览：

昨日汝行后，待时、季龙诸兄先后到来，谈极详尽。我对于出国一层，认为既非如此不可，即便决心遵从，且以能速首途为尤惬心愿，我个人本对于司法制度有许多怀疑之处，从前曾托留学德、法各国朋友代为调查，他们搜来材料，终仍于自己所企求之点不能满足，倘能自己亲去一行，就机会论，亦属求之不得的，还有何话可说耶！昨询各友，他们亦均有各人愿意研究之目的。据待士先生云，已由杜先生负责筹经费。我个人对于杜先生此次对于我们热诚正谊，真是说不尽的感谢，惟此事如已认为一成不变，颇望从速进行。汝如晤采臣先生，望为切实言之。杜先生事忙，关于出国一切可否请由采臣先生负其专责，如护照船期等类，均先为设计起来，不胜祷渎之至。汝或专访采臣先生一商尤好。今日热极，斜纹布短衫裤竟穿不上，竹布的有否，或即做两套如何？北平蒯晋德[①]律师号叫什么，因为要写回信，望打电话与志皋问明告我为要。此问汝夫妇及熊、康、小康均好！

五月十八日　父字

汝送我之德国长剪刀，我最喜欢，便望带来，结镊[②]有亦要。

一七二

大儿览之：

汝日内曾否晤待时先生及采臣先生，有无重要消息可以告我，极以为盼。顷打长途电话，汝适出门。知汝将于星期日来苏，惟我们现有几句很要紧的话，须汝于接信后即往访杜月笙先生一谈。事缘昨日彭文应[③]、张定夫[④]二先生来信报告，渠等于前日晤潘公展先生，潘先生意似甚好。对于撤回公诉，定夫陈述理由，渠并未表示反对，仅表示"他们出来了，做了自由人，怕就不肯出洋"，兼以"救国会必将借此作大规模欢迎运动"为虑云云。午后又有友人来，特别提及本案消息，说"南京反省院是在从前晓荘师范的地方离和平门约二十里，那边造有新房子"，又说"到反省院可以看我们态度"，言次又谈到南京方面传来消息，谓"政

---

① 蒯晋德：北平律师。曾任我国历史上第一个正式成立的冤狱赔偿组织冤狱赔偿运动委员会常任干事。

② 结镊：苏州一带方言。即镊子。

③ 彭文应：(1904～1962)，字爵园，江西安福县寮塘乡人，著名爱国民主人士。

④ 张定夫：爱国民主人士，曾任复旦大学法律系主任，与沈钧儒一起发起成立大学教授救国会。

府对于本案态度本来还可以好些，因为中间接有陕方寄来一种什么印刷品，所以改变办法”云云，我们听了实不胜忧虑，第一，觉得如果接到任何方面发表文件，都可以归狱到我们身上，那真是所谓欲加之罪何患无辞了。万一开庭消息传出，苏沪各地来了无数旁听者，或是一经宣判，社会受了刺激，在某一方面又发表了任何文字，这都是我们所没法阻止的。届时政府难保不又藉口说我们不好，将“说定办法”有所变更。第二，既是说到反省院不过是一种做法，那末，为什么必须要有新房子的地方，并且还说要看我们态度。所以我们感觉到前途确尚有考虑必要，万一到了最后的时候，一无办法，不但我们是无异上了当，尤其是拖累杜先生，对不起杜先生。这不是我们凭空怀疑政府，从前杜重远的事件，明是一个例子。所以我们想一星期以来所听到的议定办法，不无危险。假使真如所料，竟要我们多住反省院，则与其此番枉劳杜先生为我们费尽心力，依然不能取得自由，何如再暂时静待一下，俟时机成熟，更想办法。盖因我等受屈事小，使杜先生为难，我等殊感不安也。倘照公展先生意思能撤回公诉，那自然最好。个人遵从政府，固不成问题，潘先生所虑各点，自不成问题，杜先生一定就可以为我们担保的，即在政府，其实亦没有什么扫面子，我觉得如此乃正所以明是非，立威信，示国人以宽大，有合于团结一致御侮之本旨。杜先生能否再向楚伧①先生切实要求，并约潘先生一商。我们决不是畏罪，尤其不是对

① 楚伧：叶楚伧，(1887～1946)，名宗源，笔名小凤，江苏周庄人，为著名的南社诗人，政治活动家。

于政府办法不肯遵从，实在愿意做抗日工作，愿意接受政府领导。因为要做抗日工作，所以不愿以救国行为而卒受判罪之辱，使凡有爱国者或因此而伤心。因为要受政府领导，所以不愿在我们与政府之间，再添上许多痕迹，留遗憾于将来。凡此都不是为了自己，我此种等于痛哭流涕的话语，为政府前途，为个人人格，其他皆不暇计矣。望汝与杜先生及黄任之先生细细言之，至嘱至要。此问合家安好。

五月二十一日　父字

一七三

我等有被放逐消息，如确，我必来德，特寄此书，使汝可先认识几位先生面目。凡人都有经验，一经韬奋先生写来便觉有味，这也是他做的文字读者所以多的一个原因。汝可细玩之，此书因我辈尚在羁押，故印好而未发行，望勿多示人。

闰儿

二十六年五月二十二日　父记

一七四

大儿、采媳同览：

康康来信收阅，为之欣慰。今日我等寄杜、钱两先生快信一封，系说明对于判罪送反省院之不愿及怀疑，请其另求适当办法。用意并不是专要推翻过去成议，惟深感前议之不利，思有更找妥善解决之道。望汝即电采臣先生约会一晤，与之细细商量，并催促任之先生来苏商谈为要。彭文应、潘大逵[①]二君，闻受威吓，望转慰请其注意。职救之姚士彦[②]、周肇基[③]、金菊如[④]皆与特务有关，汝要留心。日来凡有找汝探听消息者，均宜小心说话，至要至要。附抄致杜手函底稿一纸。即问合家安好。

父字　六月二日晚

一七五

大儿如见：

十一日开庭，有一庭结束之说十一日开不完，十二日接连开庭。镕西先生日来体次如何，深盼其能到庭。兹寄去一函，即望转致为要。旁听闻限制止许容百六十人，法院自己留四十券，其余须先日登记。我想去登记三个名字，一汝、一采媳、一沈造一人，届时二男一女任何人皆可用也。是日五友皆穿西装，我一人不愿，独穿中装，替利拖鲁[⑤]，家中夏天用白色学生装，务即检出带来为盼。今日千里配眼镜，我亦对了一对光，右眼100，左眼75，右眼能看近而不能看远，左眼能看远而不能看近，因此我亦配

---

① 潘大逵：（1902～1991），四川开县临江镇人，早年留学美国，上海法学院教授，“上海文化界救国会”执行委员，“大学教授救国会”常任理事。

② 姚士彦：上海各界救国联合会干事，其实为混入救国会的特务分子。

③ 周肇基：救国会干事，其实为混入救国会的特务分子。

④ 金菊如：救国会干事，其实为混入救国会的特务分子。

⑤ 替利拖鲁：苏州一带方言。意为穿着不整齐。

了一付眼镜，专备看近之用，将来仍须请教周医生也。任之、采臣、待时三先生日来曾见面否，汝开庭日前最好再来苏一次。余不及。即问合家安好。

自来苏后所寄信，汝是否皆保存？汝前次归后，我次日即伤风咳嗽，尚未痊愈。

父字　五日

一七六

大儿如见：

昨归不累否？孩辈想没有受热。季龙今日来谈，极畅。镕西先生日来体次如何？崧生、季龙互相推让，异常客气，我想还是请伯申先生发言，伯申先生同是我信仰之朋友，镕西先生能挟病到苏一行，不须多发言，即是表示友谊与正义，即可增加我们律师方面的力量。望汝亲访张先生为我代达此意，并与伯申先生接洽为要。旁听券已托律师办去，我报了六人，一汝、一又菊、一假造、一张菊生先生、一仲仁舅舅、一某女士也。余不及。我伤风已好了，望勿念。此问合家安好。

父字　七日

一七七

大儿如见：

昨函想达。镕西先生顷有函来，知日来体次不舒益甚，不愿再请其劳动,已函复遵办。并快函崧生先生,请其允为兼任辩护矣。汝可再一访之。判罪万不甘服,决计尽量拖延,不能任令一庭结束。旁听券每一被告止能得两张,无可如何。汝明日能来一谈,最盼,因有要事告汝也。此问合家好。

谭薛氏案卷,法院如来查,其住址望为一查。此案本为盐局巡警之事,卷内似有张〇〇[①]片,可送张处,勿寄,谭薛氏处恐迁移也。

父字　八日

一七八

大儿如见:

邹夫人来,带信阅悉。镕西先生意见是很对,但是只要经过庐山一行,无论是判决或撤回,法律尊严终已不能维持。其实法院吃亏,我们尽可不管,不过我们是顾全政府并且愿意顾全法律的。在看守所多住几天,倒不要紧,所以最好是法律手续先弄清楚,俟判决或撤回后再赴庐山。汝可速以此意与镕西、伯申、季龙三先生切实商量。如以为妥,再与杜、黄、钱诸公言之,至要至要。季龙今日交来速记稿已看过,还有家属出面声请停止羁押状稿,亦已略改,如送来签名,汝可照签。又立报听说要来访问,立报中人与我们都是很好,小记者就是严谔声,汝可与谈。我想“在父亲未被捕以前救国的一切是从来不向我们说的”,又“我们

---

① 原信件此处是两个小圆圈。

弟兄妹子没有一个学社会科学”，这种都可以公开披露，是与你们有利的。又五月廿一日家信一段，如在立报披露，与我是非常有利，故特抄去。如已来过，务即送去请其插入为要。苏州报上曾有家属在法院门口照片六张，又律师照片一张，已托人去觅，觅得即寄汝。兹寄去苏州明报上剪下来的速写一条，颇有趣味，可放在照片一起也。三弟款想已筹妥，小妹恐怕亦须寄钱，渠之“经历”与照片，则可俟其归家面交矣。天津七娘娘事，我忘记了，今朝已不及写信，月薪须八十元，教国文、公民、乡村教育、历史四种，担任训育主任，汝如有暇，试与正行之宋安同学（号立峰）一谈，告我为要。余再及。即问合家好。

父字　六月十六日

赴庐拟止带一箱，余件送存次舅处。

一七九

闰儿：

前寄信想达，昨由又菊处转来五月廿三日函，阅之非常欣慰。近来大哥常来苏，因此得悉关于汝之各事：（一）汝将赴柏林。（二）大哥曾汇汝五百。（三）文绮先生往视大哥，始知其病了好久，并云汝留学多久，则渠必汇款多久，愿汝予以谅解。（四）陶星如之世兄赴德，带去经历一书。至关于我事，十一日开庭。到柏林看中国报或汝亦能详知种种情形矣。近来又有转变，或可由政府自动撤回诉讼，或判决无罪。惟我等说不定于下星期中即将离开苏，到庐山与蒋谈话。倘能融洽，则政府与人民打成一片，真中国之福矣。我近来自己最受用处为身体强健，心气和平。汝千万要学我才好。精神衰弱，原因复杂，亦最苦之事。但自己能决心注意，自行治疗，必较医药为胜。债有两种，有还款期限有利息者，即普通债务，是不要利息，不定还款期限，俗谓之情债，因彼此情愿而发生关系也。曾与韬奋细谈，渠谓亦有此类负债至今未还，渠亦劝汝不要放在心上，借此专心研究学术为是。汝在兄弟中为最有思想、最有志气之人，我不懂为什么要如此自己责备自己。千万不要如此着想，保重身体，光明磊落的做人，谁敢来疑心我。金钱身外之物，不要理他。四儿好，余再及。

你的父亲　六月十六日

一八〇

大儿、采媳同览：

廿五开庭，传票已接到，时间是上午九时。上海律师大致廿四日即须来苏，迟恐不及。此次由家属招待，家属亦均住铁路饭店。廿五午饭是云抟三舅请客，在其长春巷家内。又菊廿三四放假，我函嘱其来苏也。昨正行、龚、宋、郭四君来此，带来汝函，并致二舅廿元。适徐调笙病危告急，即以廿元付之而去。次乾二舅处又须另筹矣。天津七娘娘事，已与正行各同学商妥如下：（一）住校火（伙）食由校备。（二）担任训育名义，并任高中三班国文课，每周二十一小时，月薪六十二元以上，可至七十元，再多则因其他教职员关系有所困难，即望转告六娘娘，深盼七娘娘不要看做就学校事作为是南来帮我之忙，将来学校发展增薪固无问题，即不然缺少一、二十元，我亦必负责设法补助也。伯申欲于辩护时为我个人讲话，须搜罗济南事件发生时，我在校内军训照片之类，又东方杂志去年元旦号所载我的新诗等等，望汝代为向校中搜罗，并与之在电话中一谈为要。余不及。即问合家均好。

六月廿一日　父字

一八

大儿览之：

昨日回家不累否？当夜是否即出去看病？须得稍为休息休息为要。看见的朋友对于昨天开庭的事如何议论？此间吴县日报又有漫画，甚有趣，当再剪去。顷找陶星如先生，已赴沪。昨日开庭结果，对于调查证据，只调取张学良军事审判案卷。当时审判长是李协和先生，我们深虑检察官意思太不好，党部又如此，亦难怪我们要过虑卷内文书或有故意窜改，加我们以不利其实万不至于。望汝速访星如先生，托其将昨日情形，详告协公注意援助，切要切要。好在星如先生昨日亦来旁听，完全接头也。又菊刻到次舅处，次舅夫妇俱病。兰妹新生之孩又急病，似已垂危。糟极，不了，已将汝前日寄来之廿元送去备用矣。余再及。即问合家均好。

父字　六月廿六日午后

一八二

四儿如见：

前寄信皆寄往柏林，而最近大哥来此云汝并未到柏林，不知信会遗失否？陶星如先生之子赴德，大概是到柏林，托带一书《经历》，不知渠会寄往汝处否？大哥云有照片等寄汝，不知关于我等之起诉书、答辩状、速记录等亦有寄去否？汝近来体次如何？下半年计划如何？暑期中有何工作？极以为念。我事真太复杂，有一点无从说起。蒋对我等似有谅解，曾由杜月笙、钱新之、黄任之等到苏州来过两次传蒋意，欲我等往庐山面谈。而中央及地方党部似不愿我等与蒋直接解决，种种破坏。于是要判我等罪，要我等写悔过书，要于判罪后送反省院，要于赴庐山时对外宣布。是将我等改押反省院，因此我们设法拒绝一切，只好庐山也不去。在法院方面尽量有法律手续来对付。本来他们想于六月十一日一庭结束判罪，我等反对。法官不肯调查证据，声（申）请回避。于是改至廿五日再开庭。我等仍力持须要调查，法官允调张学良军法会审卷，因此到现在尚未得到三次开庭消息。无论如何，救国无罪，是非力争不可。外间朋友以扩大入狱运动相援助（小妹信已及了）。最近到庐山替我等讲话的人甚多。芦沟桥事变发动后，空气似较转好，一月左右或能有解决消息，告汝未可知也。至在此间饮食起居甚好，我身体尤强健之至。日来小妹晨夕在我侧，大概三哥两、三日内亦可来此。我所闷闷者，即是驱逐出国之说近又沉寂耳。家中均好。杭弟毕业南归,桂哥调常州车站,不知有信与汝否?二哥欲来视我,苦无川资。大哥医务不见甚佳,整个社会一天天贫乏,真是不了,此信结束了,汝到底到阳城还是在柏林,即告我。此祝汝好。

七月十六日　衡山安字　第一号函

德国热不热?此间前几日热度八四至九二,最近两日均雨,稍凉,曾降至七四。德有西瓜否?我等今日大吃西瓜,甚甜美也。

一八三

大儿、采媳同览:

昨日二、三弟同来,我非常兴奋而快慰,惟未见熊熊偕来为怅耳。二弟十二时即返沪,我得握手固乐,而仅此极短时间之谈话,亦殊怅然。费如许金钱,尤感不经济。昨日晚间果行否?极以为念。汝昨日无信,竟不能知杜对汝说些什么。杏弟只云,杜说蒋意思很好,仅此一语而已耶!盼详告我也。上海如有牵涉战事可能,我等应作如何准备,汝须详细思索。公朴家有迁移意,汝可与曼筠夫人共加研究为要。杏弟说,上海有德文报竟骂我等为汉奸,凡叙事必标目为某大汉奸等,此事务望设法调查,如其确实,拟与乃器联函黄伯樵①、翁之龙②诸君,请从德、奥同学

---

① 黄伯樵:(1890 ~ 1948),江苏太仓人,名异,柏林工科大学获工学博士,曾任交通部路政司总务科长,汉口市工务局局长,京沪、沪杭两铁路局局长,上海市公用局局长,中国工程师学会总会会长等职。

② 翁之龙:(1896 ~ 1963),字叔泉,江苏常熟虞山镇人,皮肤病专家,时任同济大学教授。

会方面去信更正也。三弟、小妹现均住二舅处。今日天又热，幸尚有风。余再及。即问合家好。

父字　七月廿一日

抗日战争期间

(1937~1945)

1937年8月,沈钧儒受聘为国防最高会议国防参议会参议员,在参议会上,他对抗日工作提出了不少议案。11月,上海沦陷,日军逼近南京,沈钧儒赴武汉,并与李公朴等创办《全民周刊》,亲任社长,宣传抗日救国。1938年7月,《全民周刊》与邹韬奋的《抗战》合并为《全民抗战》,沈钧儒任编委,该刊是抗日时期最受欢迎的刊物之一。在保卫大武汉的日子里,沈钧儒先后两次不避艰险代表武汉文化界到江西前线慰劳抗日将士。1938年10月25日,武汉失陷前,沈钧儒抵达重庆。1939年2月,沈钧儒加入重庆律师公会重操律师业务,利用律师身份来推进抗日民主运动。1942年春,沈钧儒与救国会加入了中国民主政团同盟,不久,由于沈钧儒坚持抗战、坚持民主,要求实施民主宪政的立场为国民党所不容,国民参政会将沈钧儒等救国会参政员全部除名。1944年9月中国民主政团同盟改组为中国民主同盟,沈钧儒当选为中央执行委员及常务委员。1945年12月,救国会改称"人救会",沈钧儒当选为主席。此后,沈钧儒为争取人民的民主权利,争取和平,反对内战,辗转于重庆、上海、南京等地进行斡旋。

一八四

大儿、采媳、叔羊同览：

我此数日，因足指间破烂淌水不能行路，不得已入鼓楼医院治疗，今已第五日矣。两三日内或可痊愈，心中急不可言。身体之不自由，比在苏时更甚苦闷万状。又菊足趾亦有破烂处，现不许其走动，已两日不来医院矣。我因中山文化教育馆交通太不方便，与孙晓村[①]夫人商量合租一屋，在鼓楼三条巷聚槐村五号，现晓村已于前日下午释出，更无问题。医院中大家待我都好，惟来客仍多，亦是无法之事。飞机仅前日下午七时来过一次，可以说在最近一星期，晚上得以安枕而卧也。兹将各事详述如后：

一、国防参议会，共设参议员十六人，除我外尚有张伯苓、胡适之、蒋梦龄、梁漱溟、蒋百里、马君武、张君劢、晏阳初、毛泽东周恩来代、李璜、曾琦、傅斯年、陶希圣、黄任之、张镕西。每星期约开会两次，系永久性质，隶属于国防最高会议。主席为蒋、汪，秘书长彭学沛。

---

① 孙晓村：(1906～1991)，浙江余杭人，是民建卓越的领导人之一，著名的爱国民主人士、政治活动家和农村经济学家。时任救国会常委。

一、我先住中山文教馆，在陵园，交通不便已极，每日包汽车，一天须廿二元。现移三条巷，拟坐人力车。会内每人每月送公费五百元，八月止送半月二百五十。我已用去汽车费等百余元，装电话六十元三二〇一八，捐助人五十元，故已所余无几，医药亦不够矣。杭州同葆学费，三叔有信来，已托人汇去矣。下月当可助汝百元，无问题也。

一、大儿医务情形如何，何以无一字与我？大家千万少出门，吃饭方法简单些，大媳不必天天出去买小菜。三儿脚到底好了没有，非要彻底好了才妥当，不可丝毫勉强将就，至要至要。我足好了决须设法回上海一行。届时三儿愿意做事，再定同来办法，现勿轻举妄动。火车甚多危险性，一个人来我不放心也。

一、闰弟有无信来？诸文绮先生最近寄款情形，大儿知道否？千万弄清楚。我此间亦拟为设法，望将学系、在德学校名称及经历、现在地址，开一张寄来。

一、藤箱内有我写件、半年来各种文件稿底、诗稿、大小图章，竟然失去，深为痛惜。放行李地方如在租界以内，三儿务为我亲自去检查一次，号头或有错误，勿可拘泥。如竟遗失，颇想登报访求，送还给以酬谢可也。

一、大伯是否仍在洑院镇。榴处想有信。十一公公当安好。

余再及。即问合寓安好。

九月七日午刻　父字

一八五

四儿：

久不寄汝信，想能谅我。我自七月卅一日出外即奔走于京沪之间，八月十九日到京，迄于现在未离京一步，已一个月零三日矣。国防参议会地位似乎重要而实无力量，现在大家正在设法想他变成一个有力机关，抗战能支持到明年便有办法。汝七月二十号信，昨收到，快活之至，使我在忙乱中如与汝接谈，真乐事也。汝想回国从事国防工作，是很对的。八月二十六日，我住在中山文化教育馆，那天晚上十二点钟，后面紫金山上无线电台设计处被炸死一英国留学生，名叫蒋德彰，听说是一位专门研究无线电的人才，大家均为可惜，那一天投弹，有人计算，只要投的时候迟二秒钟，即中了文教馆，我亦牺牲矣。近日仍连日在敌机威协(胁)下过生活，幸足已大愈。汝事我日内拟与政府中人商之以决行止，俟再告，余详小妹信。

父字　九月廿一日

一八六

大儿、三儿同览：

昨接快信，悉一一。大康不舒服，终是饮食寒暖的问题，如此环境种种不便，甚盼小心为要。大儿经济我必能为相当援助。三儿以留日学生资格去登记，我不甚赞同，因为我听见说是一种间谍训练，好在登记了也不要紧，去不去由我，一切等我回来商量决定，我大概下星期必回也。至于医生二十年之说，尤其无谓。一、医生的话，未必完全可信，从前病的时候，说是要如何如何，现在并未与医理所预测完全相同。二、廿年标准毫无根据。三、再廿年汝将五十，届时医学或较现在太有进步，亦未可知。四、以我经验，身体之运动，饮食的营养，均与支持健康有很大助力。而心理上之自信，尤能增强其机构，如“看得开”、“对于各事、对于自己前途常常乐观”，亦为却除疾病增强体魄之要法。总之全在自己，至要至嘱。我一跷一拐，飞机日在顶上盘旋，而奔走研究，一心救亡，不敢稍自馁怯。虽坐以待毙，仍心神泰然，三儿曷以父为师乎？小妹已加入此间妇女界慰劳分会，每日赴下关车站招待伤兵，为之喂食裹疮，暇时为制衣服，入学事决作罢论。此间捐款事太多，我为之应接不暇。寓中地室明后日或可挖筑成功，稍可躲避。余不悉及。即问合家均好。

九月廿六日　父字

小妹侍侧，不另作函矣。

三哥：恩贞送去钥匙一个，望能设法即托人与被单同带来，因系小学校藤箱上的，小学校需要箱中东西，可否和父衣服同带来？

三哥：妹一面忙公，一面家中一切杂事都须妹料理，今日恕不作函矣。　小妹

一八七

四儿如见：

各函皆收到，因无空作字，而三哥、小妹又皆有复，故不寄汝函也。近得二哥亦在此，此信面即嘱二哥所书，汝回闻将直接来汉，极为快慰。但祝届时长江一带不至出险，则我与汝可于黄鹤楼边握手畅谈矣。数日前，晤交通部长张公权[①]先生，请得津助返国川资乙千元，今日托外交部为汇至使馆，汝可亲往问明具领。可买些必要书籍、器具带回亦是好的，不知能有马克若干耳，归交部当不至无事可做。余不及。

五月十三日　父字

一八八

大儿览之：

真好久好久不寄汝信了。记得一月前，曾得汝函，中言行医等事。近未得汝函，极以为念。因不知各事，似觉无从问起。熊、康想安好，汝与采想尚快乐。一切细心耐性，即家事亦须以互谅互助为基础，至理自在其中。我在外无论何事，皆准此而

---

① 张公权：(1889～1979)，江苏嘉定人，中国近代以来最著名的金融家，有“金融钜子”之美誉，号称“中国现代银行之父”。1913年进入中国银行并任参议院秘书长，1917年任中国银行副总裁，1928年10月任中国银行总裁，1935年任国民党政府铁道部长。

行，似甚得力，故以赠汝。重庆每日走路上坡下坡，一碰[1]就要走两百三百个石级，出一身大汗，因此腿力增强，亦免湿气。洗澡比在上海时多，可以告慰。俗传蜀犬吠日，言见日不易，以见日为怪也。近来晴时较多，他们说是下江人带来的，可发一笑。常日在阴阴的天气中，云雾填满山谷，因此飞机亦少来。小妹、沪妹、小菊、杏弟、榴哥、桂弟、同葆，皆不断通信，皆极安好。惟有数事可述如下：(1)小妹想割扁桃腺，路远又不便，与汝商定，我最近到成都看她去。(2)杏之娟友[2]，忽去香港，留信与杏永诀，杏甚为之痛心，我去函慰之而无复。(3)小菊在衡山，有一次遇机伏土墙下，弹落附近，四周泥土飞起，落身几满，幸未伤一毫发，险矣。(4)同葆大长成，比沪姐还要长，脾气也似好些。(5)沪妹来信，教员极好，渠所选系地质学，到昆明后身体亦好，经济方面我可以完全负担。(6)孝通亦通讯暂无问题，想调部不甚容易。卯弟妇之妹妹方澄敏在此。逖先姑父在此常见。再有一汝之学生苏姓，是一个日本医学博士，亦来谈过。王炳南[3]之夫人，住拉都路一百六十五弄三号，汝能德语可往访之。渠日内要来此，可托带物件我每晨吃野蓼豆七粒，此间买不到，能在中国药

① 一碰：苏州一带方言。动不动、经常之意。

② 娟友：沈钧儒次子沈诚之妻，德国人。

③ 王炳南：(1908～1988)，陕西乾县人。我国著名外交家。早年曾赴日本和德国留学。建国后历任外交部办公厅主任、部长助理、驻波兰大使、外交部副部长。在驻波大使任内兼任中美大使级会谈中方首席代表，与美方会谈长达九年之久。中共第十二届全国代表大会代表。第一届、第三届全国人大代表，第五届全国政协常委，第六届全国人大常委和外事委员会委员。

铺买一包托带否？闰弟消息详告我。余阅致大伯、三叔函。即问大儿、采媳、熊、康好。

衡字　十二月廿八日午刻

新之开会时未遇见，寄港函，无复，最近来此当面切托（汝及贤兴弟事），兹附去一纸，望收转，嘱其加封持谒也。

一八九

大儿、采媳同览：

二月一日寄函后，曾得一无日期之信，中述大伯所作四婆婆挽联等，因冗未复。昨又得二月十四日函，详悉一切，深以为慰。汝二人身体皆健，最好。每月收入较差，一切自增困难，惟万勿以此累及心胸，致损家庭乐趣，至要至要！康康说话清楚，中气甚足，闻之极以为快。熊熊身体强，固最为可慰。几何、化学不及格，自应用功，但亦非紧要，英文必须努力。熊熊性格大概近于文学，前所作之公园游记，似有文学天才，我至今喜之。汝必须注意此点，即从此点加以培植可也。看小说亦不要紧，惟须加以选择，有许多小说真可不必看也。曾立群之妹，一定漂亮能干，惟现在男女关系，终非见面不可。此层如何办到，汝必须筹及之。三弟已进经济部任编译。小妹近有胃病。我赞成渠离开工厂，再自修求学，拟专心农科化学。杏弟交代已了，近赴贵阳。渠想来沪割盲肠，我极以为然惟成都如有妥当医院，旅费可省似尤好，汝欲办护照，可为准备一张，望即寄二寸半身相片三张来此,以备贴用。马相老[①]土山湾家中,握手促膝谈心之照片,能否放大一张寄我。兹寄去三弟画照一纸,小妹、沪妹照片一纸,望收入。我极健,半年来搜罗石子不少,象形者有好几块,竹叶、鸟、水石树木、人影,皆极天然,五色斑斓可观者更多,汝见之必亦以为可爱也。此问汝二人及熊熊、康康好。外又寄三叔、闰弟各一纸。

二月二十四日　衡字

十一公公、大伯父、母处,去时均为我请安问好。戴家近何如? 极念! 逖先姑父常见,很有老态。

一九〇

大儿、采媳同览:

日来此间轰炸情形传至沪上,汝等相念之切,可想而知矣。然无天天打电报报告平安之理。愿汝等以普通所谓"吉人天相"四字了之。每日上午十时至二三时,竟如上课一般,以时间牺牲在防空洞,确是可惜,但亦无法。旧历十五左右睡觉亦成问题,不无讨厌。一切我与小妹等自极小心,勿念可也。来信可寄此间"武库街生活书店李济安[②]先生转",或"领事巷十号康公馆于髯处转",或"油市街四号国民参政会秘书处转",均可。

---

① 马相老:马相伯(1840～1939),原名建常,字良,江苏丹徒人(祖籍丹阳),天主教徒。爱国民主人士,中国近代教育家,是震旦大学、复旦大学、辅仁大学的创始人。

② 李济安:生活书店重庆分店经理。1940年改名为李文。

小妹于空袭之余，译成一小册，约五千字，昨脱稿，系叙述自然科学文字，特以附告，亦可见我等之尚能从容不迫也。余不及。即问汝二人及熊康好。

六月二十八日　父字

小菊随机关疏散在乡下

一九一

大儿、采媳同览：

最近接八月二日寄函，欣悉一一。兹先将欲告之事列举如下：一、渝市被炸至烈，我及弟妹亲戚朋友幸皆无恙，可勿念。

一、陶醒余在渝地址，汝知之否，至今未见来访，或渠找不到我。如我知其住址，则可往访，望来信告知为要。

一、恩贞昨由滇来函，云最近可到。

一、曾达群女士，我已亲自往访，来信地址有错误，并非纯阳洞五十七号槐庐对过，槐庐系四十七号，女士工作机关乃纯阳洞四十八号。今日并来看我，甚安健。云有信寄家，想路上耽搁矣。

一、闰弟之四十镑银行汇单，徧找未得，因此何日所寄，亦查不到记不得，殊无法向银行查问。想寄汝之信，必叙及寄款日期，速一检告我。

一、小菊原来进行之婚事，近起变化，已告终止。汝前介绍之曾妹，或其他淑女，似可赓续再提。惟如何见面，有方法否，汝可注意斟酌为之。

一、小妹因韬奋诸友介绍与范长江①进行婚事，我赴桂林时友人即提起，最近或即订定。

一、附词一纸，便呈大伯父。

一、三叔来信已收到，见为问候。我身体极健略疲。闰弟照片再寄还。即问汝二人及熊、康好。一切再详。

父字　九月四日

一九二

大儿、采媳同览：

八月廿日来信，系写在闰弟信背后者，此信收到后，记曾复一函。近又得寄弟妹函，完全为我故，责备二、三两弟至为深切。两弟阅后，应有感动。但以后望勿再多写此类语，适可而止为要。陶醒余究来渝否？恩贞已到此，即寓我处。成都汽车票很难买，大约下月三日可以成行。带来各物均收到，小妹尤高兴，给我之手提皮包，可爱已极，已满盛物件，置我左右。汝前给我一剪刀，及一盛手巾等物之袋，现均在手边，均极得用。小妹与长江事，曾于旧中秋，约最熟之友及舜庭等，吃了一次愉快的晚餐。闰弟之四十镑，已请查追，俟有办法，再告。越南事、法租界事、三国联盟事，不能不联想到上海，惦记得很。务与恩贞父亲多见面，有事可与切商，闽地殊可托也。此间均安好。惟杏病足住医院，想即可愈。小妹一月后，拟仍到学校方面，对于化学作

① 范长江：沈钧儒女婿（沈谱的丈夫）。我国现代著名的记者。

进一步之研究。汝如有迁移，我公事柜内各物，务必装入一箱，勿遗片楮保存之，一切小心为嘱。十一公公、大伯父、母，近见有何考虑？大伯右手想有进步。三叔画生意如何？汝与顾周想仍合作，彼等生意如何？熊熊最肯看书，必须注意选择，勿空耗目力，至要至要。与康康想俱健壮。怀彝弟是否已首途，如何走法？为念。此问汝二人及熊、康好。

九月二十八日　父字

一九三

大儿如见：

接上月廿五日来信，详悉一一。赠小妹之款，八日即由榴哥处送来二百，可谓快极。此次喜事，本拟选母亲生日，嗣嫌太近，故改十日。未做一件新衣裳，未添置一样所谓新房铺设之家具。小妹与长江均穿蓝布大褂，于襟上系一花为志。任何仪式皆删除，没有鞠躬，没有婚书，没有交换戒指，没有主婚证婚介绍等人名称，亦没有发帖请酒。仅备茶点蛋糕之类，已费去数百元。仅备一条八尺长的宣纸，请来客签名证明结婚，到二百五六十人，纵横颠倒签满了，也有题诗的，题句的，也有盖印的，很有趣，足资纪念，将来带给你看。两人照，大家照，都拍了，印出了寄给你。你拍来的电报，当日接到，增加了我们的高兴。香港、桂林、昆明的朋友，均有电来。当日客人，有在大衣袋带酒及酱鸡酱鸭等食物来的，包围他们俩。我想去救护，挤进去照杯竟把我吃醉了，也是太兴奋高兴之故。杏弟赠百元又送些东西。小菊画了一张好花。我有四首诗。良庄房子小又少,每一间连阳台都挤满了,倒是怪热闹。附去报纸两条,可一看也。闰弟情形,当托外部朋友打听。怀彝弟已到贵阳,甚盼其来渝一谈。采媳胖了,熊康均有进步,慰极。我甚好甚健。二弟日内赴成都当教员。榴哥须到贵阳一行,仍旧要回来。沪妹本要来川,现已作罢。小妹在十一月中旬曾病一次,进医院住了几天,是流行性感冒。上海房钱如此之贵,殊不了。余再及。即问汝与采媳好。熊、康好。

十二月十五日　父字

小菊没有帽、没有表,望在上海为代买表一只、呢帽一顶,皆止须四五元者。又汗背心二件、短统袜四双深色的、吊袜带一付、万利刀片一包,有便带来可也。又《家庭新论》曾有版税取得过否?内有一段讲小学教员要比海陆军费多,这几句话我要一看,或抄来或撕下,寄来皆可。

三叔要写字,当重写寄去。

一九四

大儿明天你也五十了媳女儿同览:

珊姑经五个月之辛苦,始得与兄嫂同在一处,休养快乐,阅信慰极。四日之信,菊有注语,寄立天信,次日即快邮转去,我是一月十六日午后接到的,正在上观音岩轿子里,榴递给我即置衣袋,晚上在南泉别墅,点了洋烛看了又看,浑身舒服。但有点觉得此信以前应该还有一封信,果然。二十日上午跑到宽仁医院去看庆莲[①]，十一时二十分左右，一个小羊出世，旧历十二月廿五日，恰恰迟我一月生，母子平安，乳汁甚多而浓，小羊是牡而壮硕生时医院报告重七磅，发浓黑，鼻准高，小名（宽）[②]，我于欢喜气氛中回到枣岚，榴又递给我二日之长信，四面反复看了，真是跑来跑去碰到的都是幸运了。兄嫂珊、熊、康声音笑貌，我都在信上发见，如同见面一般，谢谢你们给我的快乐。想必尚有一函正在途中，能以韦先生[③]病况告我，所怕者是十一公公消息，或者不吉利耳。上星期戴家小弟弟来看我，青年真是可爱。戴老太太的康强，听了令人兴奋，长寿一定要康强才有意思。小弟弟的奔走真是迅速，珊姑不及他的顺利了，现在与兄嫂一起却是舒服，蟹粉炒饭何等好吃，羡慕之至。与熊熊睡在一房，康康是睡在几楼的那（哪）一个房间，信内却没有提到。大儿说不晏起，好极。女儿你还是少出门，少说话，多多静养为要，穿孝不在形式，臂上缠一条黑纱就是，只要心里能常常纪念不忘，才对得住他老人家。立中小姐事完全谣言，但是要家庭解放，她亦无希望。两星期前有一位陈先生来看我，鱼肝油丸大儿的赠物，我已心头收到了，并且一定要一粒一粒吃下肚子去。薄呢夹大衣，一定也把它变成吃的东西，羊奶却不容易办到。晚上一个人尽量不叫他东摸西摸，能早睡终是要早睡。你们可放心，我是能随时照应自己，每出必戴大姆（拇）指有蓝圈之绒手套，使得他健乐的。长须

① 庆莲：华庆莲，沈钧儒三儿媳，沈叔羊的妻子。

② 沈宽：沈钧儒之孙，沈叔羊的儿子。

③ 韦先生：此指邹韬奋。

是黑中带金色，我想熊、康听了定要好笑。此次生日，杏来即睡我房内，似比过去快乐些，婚姻问题亦研究到，陆妇担负怕是我的事吧。杏身体却好得多，打拳尚认真，现已回成都去。沪亦来，她对我的诚恳亲热，真同女儿一样，蔚叔婶不要妒忌吗，日内有信来说，因放学到北碚一看，亦南并要到家看我。同妹已放学，盼其努力用功。福建两弟弟近无信，不知何故？杭赴蓉未回，身体好些。恩贞近亦无信。储处同学吴小姐事并未成功。紫瑜将由王胖哥邀赴赣，其夫人二三月间可生一小孩。此次叔羊画展颇得好评，物质收获亦尚佳，所写关于画学两种，因此均可付印。我常这么想，大儿倘能把他的对于医学的见解和临诊的经验，写成一册书，一定能对于社会有贡献。你们以为对否？大儿许我否？画展中还有一件事，就是我的石头也出了风头，同样引起许多人注意，可惜三叔不在此，他是对于石头也有兴趣的。今日已是旧除夕了，庆莲再一星期可归，良庄二楼三家各有一小孩，怕要吵热闹得不了。此间都好，祝你们健康。应伯母事由三哥复。

一月二十四日　父字

一九五

大儿览之：

第一句话先祝汝与采媳、熊熊、康康安乐无恙，十一公公、大伯父、母、三叔父、母其他戚友皆健康幸福。我在两星期前曾接汝一信,尚是去年七月间所寄,兹因潘序伦[①]先生明日随市政府飞往,托带此函简述如下:(一)我好,叔羊夫妇亦好,宽可爱之极,小妹应已有一小孩,闰弟在德安全,杏亦好,杭弟结婚有工作,沪妹得男自吃乳,卯赴美学习,敏行[②]订婚,穌已结婚,苏叔订婚,六叔弟妹均好,桂曾全眷来渝,近又多返筑,榴好,余戚属及林家多好,大弥四娘娘均在此,规徵与蒋平小姐办一医院,稍减其丧子燕官之痛。(二)我屡次寄汝之款,中有于翳寄十一公公叁万元,均到否?(三)海宁路南高寿里四十八号姚立南或刘蕴珠女士四万元,系此间事务所书记姚君震中所托,并问前尚有四万到否,望即日送交。(四)我们归期须俟水道畅通,望勿急盼,惟如有房屋(在公共租界最好),想租三幢相连者,备作联合律师事务所之用,须汝代为留意。余再写信,祝珍重。不尽。

九月七日　衡手泐

---

① 潘序伦:(1893~1985),又名秩四,江苏宜兴丁蜀镇人,中国民主同盟盟员,中国现代杰出的会计学家和著名教育家。

② 敏行:沈钧儒堂兄弟沈孝儒次子,名沈讷,小名敏,号敏行。

解放战争至建国初期

（1946~1957）

1949年2月，沈钧儒抵达北平，参加新政协筹备工作，任常务委员会副主任。9月21日，中国人民政治协商会议召开第一届全体会议，沈钧儒当选为人民政协全国委员会委员和中央人民政府委员。1949年10月1日，中华人民共和国中央人民政府成立，沈钧儒被任命为中央人民政府最高人民法院院长。12月12日在民盟的一届五中全会上，沈钧儒当选为副主席。同时，沈钧儒还积极参加法学研究会、政法大学等的筹备工作。沈钧儒对建国初期人民法制体系的建立、巩固人民民主专政，做出了很大的贡献。1950年，他还率中央访问团对西北五省少数民族地区进行访问，宣传民族政策，传达中央人民政府对各民族人民的关切。

一九六

大、三、四儿同览：

前日寄不列号信当它是第九封想到，今日杏忽然来晤，快甚快甚。兹附去照片三纸以慰家人，都都也是一个可爱的小儿，另诗一纸寄还。杏云近又恢复练武术，并大画其西洋画，预备有五六十幅即开一画展，更令我听了高兴，想汝辈亦同有此情绪也。物价日涨，生活日难，当然大家多不免看重金钱，但千万不要以此损失了快乐，甚至夫妇兄弟之间愁眉苦脸起来，尤其不可以松懈了自己应有的工作。大儿要格外用心看病，利用新药，我终盼望你能把历年的经验写点出来。叔羊画要力求进步，精致豪放，大幅小品同时努力。闰的一本小册子要夫妇合作，早些写成不要过时，一定要现在能出版，终有价值也。庆莲英文终不可放弃，要利用它，本领就是金钱也。望你们相信我的话，祝之祝之。三叔有信来，已搬至杭弟处宿舍，月村是否放弃？三或四可以分得一间房子耶？敏行夫妇来过否？余再及，即问合寓好。杏问好。今日行市仍不见好，特以附及。

第十号信四月廿二　衡

一九七

大、三、四儿同览：

十九日午后不到五时抵宁，已有十余朋友到站招呼，即与同行诸人乘预备车入城，寓所在鸡鸣寺前，背临城墙，紫金山即在左边，附近皆田圃，风景极好。余卧室在楼上与梁漱溟先生对榻。到站朋友中有长江，询知小妹近情。昨与张、黄、章、梁①四君，分乘两车出访政府及中共诸公。今日上午谒陵，下午议事并会客，时局盼有好转可能。君励②先生今日夜车回沪，余约四五日亦拟暂归。曾医生屋望大儿即与商谈手续，现住在内之人请其迁出，须付若干搬家费，亦即与说定，三四儿先往察看，房间恐尚须化钱打扫装修，先为计划，俟余归即可实行入居，又家俱缺少亦须打算添置，望三四儿多费一点心思，至要至要。千里望以电话讯问，家八四三四〇，公司九七〇二四，五〇三五七，余之执行律师职务启事是否已登出，又孙晓村兄家四六五二六，星三中午所商事如何进行，皆极以为念！榴哥是否已有归来消息？史

---

① 张、黄、章、梁：张君劢，黄炎培，章伯钧、梁漱溟。章伯钧(1895～1969)，安徽桐城人，著名爱国人士，中国农工民主党和中国民主同盟的创始人之一和领袖人物。

② 君励：张君劢(1887～1969)，名嘉森，以字行，别字士林，号立斋，别署世界室主人，真如人，早年留日学习政治经济，回国后曾任国民参政员，中国民主社会党主席等职。

良与罗努生[①]二先生昨到宁，同葆未能同行，日内有民盟专机可来，此函即恳史大家带送。余再及，即问合家安好！

五月卅晚灯下　衡山

一九八

四儿：

两信皆收到，照片已借在案头，奶妈事有两种意思，一、还是吃奶为是，一、吃奶粉如已有经验，确尚得法，亦未尝不可，就此吃下去，且目前又须迁地吃奶，也不会长久。既有此两意，颇难代为主张。我意凡事谈经论餐是空的，要重事实。望与海尔泰细细商量决定。好在汝二人决无不爱艾琳之理也。汝要赴台，而杭弟昨日来信却定于本月九日全家渡海回沪，天下事真无一定矣。八月份生活费用我当设法，速告我一确数，以备照汇。高小姐事已告三叔，二哥信想已由叔羊处转到，可寄小妹阅之。熊英文不够，大美报无法从翻译读到，殊以为怅，此佈即问汝与艾尔德[②]、艾琳[③]好。

衡　五日午后

---

① 罗努生：罗隆基（1898～1965），字努生，江西安福人，民盟创始人之一。

② 艾尔德：沈钧儒四子沈谅的妻子，德国人。

③ 艾琳：沈钧儒的孙女，四子沈谅的女儿。

一九九

四儿：

大连一信、沈阳两信收到，曾复一电无误否？连日未得信极以为念。台信三封已托妥人带交吾华，请其设法转寄，并商由香港生活书店汇划港币三百元交陈耀炽，再由刘清波转手亲交，照汝信中所说办法应可妥当。上海解放不远，如因为德国人关系，香港上岸手续麻烦似尽可径航上海。此意并嘱吾华，附达艾尔德备一种参政，惟昨日郭沫若先生之日本太太到此，她亦是由台来的，据云她亦知道艾尔德并知道艾已抵港云云，不知确否？顷又寄吾华信亦是托人带的详询此事矣。以上各情俟有复函当立即寄汝也。汝工作当已开始，一切祝汝顺利，高副主席[1]多年好友，此信恳其转交，因虑汝已不在铁路宾馆住也。小妹日来病痢，在规徽姊处休息，我身体甚健，望汝勿念，如遇与我熟识之人均为我致候。余再详。

五月十八日　衡山

二〇〇

四儿：

信接到，上海大哥三哥均已有电来，(安)一字，尚未有详信。

---

① 高副主席：高岗。

艾尔德似竟还未到港，沪妹因□[1]南在港发生麻烦，已不住在统一台。我迭函托严希纯[2]找之，一面重托中共在港负责人协助设法离台，一面汇钱照你所说办法交陈耀炽转去，俟接到确实消息即告你。兹介绍秦博古[3]先生之世兄秦刚来看你，并带去俄文读本一册并东北币。余不及。

旧端五日　衡

二〇一

汝兼、叔羊同览：

真是好久不能接到您们的信了，昨晚忽得五月廿八日汝兼手书，并附有熊熊一纸，距发信日止十天，快极了，也快活极了。叔羊曾由规徵处转来信，注有宽宽几个字，当时得到很大安慰。复电亦经收到，各寓平安无恙，谢天谢地，真正的谢还是要谢共产党与毛先生，我们真是幸福之极了。千里已来过，长江父子尚未会面，长江工作忙极，那是必然的事。叔羊兼四明银行事，系自几时起的？虹口攻夺时，想受了一点惊恐。杭弟曾通一次信，

---

① 该字原件无法辨认。

② 严希纯：(1898～1965)，贵州省贵阳市人，名绍彭。早年参加过北伐。新中国成立后，历任中国致公党中央常委兼副秘书长，政务院参事室参事，科学技术委员会计量局副局长、全国政协常委等职。

③ 秦博古：原名秦邦宪，(1907～1946)，字则民，又名博古，江苏无锡人，1931年9月至1935年1月，曾是中共临时中央主要负责人、中共中央政治局委员。

同妹获婿为之喜慰,手头无礼物可得,望先为道贺,祝快乐圆满,同妹现有何工作?极念,渠有数信皆收到,以时间关系不便作复,深为歉然。孙君是哪一界的人?康康清华工科当为留意。闰通讯处是"沈阳东北电业管理总局电务处工程师室",他是工程师室副主任。小妹在城外造纸厂办事,忙甚,星期都没有空。熊熊信连汝兼信已由电话念给她听了。艾尔德母女留在台南,曾汇款接济,并已积极托人援助,离台当有希望此间各亲友我都去拜访过,雨农家去吃过一次饭,规徵、竹生经常来看我,叔范亦见过。孝同现在何处?现在沪局负责人似与孝同桂弟都是熟友,桂弟可去访之,真正技术人员实在需要之至。大伯精神好,听了高兴。三叔常见否,均为我问好。阶青[1]、海若我均去访见,阶青耳聪目明,已八十二,海若则睡在床上时多,且耳聋,谈天殊苦,便告三叔。兹恳文绮老伯带去汝兼枱毯一方九龙壁照片一纸系在哈尔滨马迭尔饭店房内使用之纪念品,叔羊端砚一方,友人所赠,石质殊佳,亦旅哈时所得,又沈阳邮片一纸,康康睡帽一顶,美军战利品玻璃杯一只,布拉格和平大会纪念品,另真正东北老山人参四支,颇为珍贵难得,望以两支于便中代呈大伯父母为要。张菊老平时吃参茸一类补物否?事冗不再写了,身子甚好,足慰汝等,即候各寓均好。

附致史、沙函,即日转致为要。

六月八日　父字　北京饭店一一九室

---

① 阶青:俞陛云(1867～1950),字阶青,别号斐盦,乐静居士。浙江德清人。俞樾之孙。光绪时探花。曾以编修任四川副考官。次年登经济特科。

二〇二

四儿：

工作是否很忙？小妹连星期亦无暇来看我，汝有星期否？于刚昨返，石一块收到，甚好。秦刚带信到否？上海有信来，俟小妹看过当寄汝。艾尔德必须离台，三日前又函周副主席[①]，恳其电港地中共负责人方方先生切实设法援助脱险，一有消息即飞告汝。沪妹似尚在港，生活书店之三百港币应已托陈耀炽转刘清波，顷规徽处送来艾媳信乙封又打回信乙封，又沪妹、严希纯五月四日函各乙纸。四儿好。

衡山　六月九日

二〇三

汝兼：

顾执中[②]带去一信及各件，到否？汝四月七日、五月廿八日、卅日附熊熊信六月四日有苏苏把笔一纸，皆收到，阅后非常愉快。汝谓"必有一天叩房门而进者，男也"，我颇幻想此一种情景，何其乐耶。现在不妨稍缓一点，痛快自不会远。闰弟通讯处告汝"沈阳铁西区东北电器工业管理局（旧电线厂）沈谅工程

---

① 周副主席：周恩来。

② 顾执中：（1898～1995），生于上海，著名的新闻工作者和新闻教育家。

师”。小妹忙极，有三星期不进城来看我了。王世熊女士尚未来过，如此好人才，必为帮助介绍。我甚安健，稍为忙一点。史大姐明日应可到此，极盼能从她报告中，多知道上海情形，余再及。即问汝与采媳熊熊康康苏苏好。

三叔信收到，代候好。杭来过两次信，李烛尘①在此，每饭见面，颇说杭好。榴哥信亦收阅了，从一个朋友处送来的。

衡　六月廿一日

现在我写信处，在北京饭店五层楼上，推窗一望，全城在目。

二〇四

大儿、三儿同览：

子婴先生带函，想达。大儿已往中纺医院办事否，情形如何，极念！君成有来信否，如无消息，亦不可随便去函，恐遭检查，措辞要谨慎，至要至要！三儿望开寄一较详履历来，愿教授那几种课程？因拟向清华介绍也暂勿告人为要，有教员家庭宿舍环境亦好。悲鸿②尚未暇去访。康康是否已毕业，是否拟入清华，亦望寄学历来。四弟有无直接通讯。艾尔德已挈艾琳到平，艾琳甚强健好看。昨四弟来电，嘱艾尔德暂勿去，一定那里房子

---

① 李烛尘：原名华搢(1882～1968)，字承竹，湖南永顺县毛坝乡人，我国著名的实业家，民族化学工业的开拓者，中国共产党的亲密朋友，民建、工商联卓越的领导人。

② 悲鸿：徐悲鸿(1895～1953)，是兼采中西艺术之长的现代绘画大师，美术教育家。

等等没有准备好，一时或须在平耽搁下来。小妹仍忙。我尚安健。余再及。即问大家好！

衡　6.28

顾执中先生带信到否？法学院与正行如何情形？大儿来信亦望提及一些。孝通有消息否？桂弟事如何？念念。

二〇五

汝兼、叔羊同览：

胡子婴①先生带函，想达。另邮寄一纸，要叔羊寄履历等，必亦无误。叔羊长厚，耳又不方便，办学并不容易。宋安同学亦非容易共事之友，正行只有小学可办，中学经费历来不能维持，将来尤多困难。叔羊宜早奉身而退，请女同志中如朱立波或其他友人，对办学有兴趣有经验者为之，千万千万。顷遇清华负责人，知上海亦在招考，康康是否已在上海报名投考，此间考期将在八月。杏弟近有消息否？不无念之。桂弟实为技术人员中不可多得之才，最近接收后不知如何情形，汝兼晤千里，可为提及，不妨说是我的意思。同葆与孙君桂杭来信收到，晤彼等时为我致意，迟再作复矣。闰弟有来平接其夫人之意，顾尚未来。外致汉来一纸，即为转送。此问大家安好！又致造时一纸。

---

① 胡子婴：（1907～1982），女，原名胡晓春，笔名宋霖，浙江上虞人。“九·一八”事变后，发起组织上海妇女救国会。1925 年 5 月，参加营救“七君子”，为宋庆龄重要助手。抗战爆发后去重庆，在中共领导下，从事对工商业者的统战工作。1934 年，发起成立中国民主建国会。

七月五日　衡山

二〇六

汝兼：

今早史大姊动身，竟不及写几行信，仅寄去致大伯三叔信、正行信、并附闰弟信两纸，可谓忙迫之至。三叔信内忘提子瞻事，我现在殊无方法为人谋事，除了高度技术人员以外，桂弟未能留职却出意外，我曾在千里信内提了两次。桂之好友张寅秩来此，渠已为桂弟推荐到华北钢铁公司，当可有望，我亦拟托他向铁道部提出，桂弟是难得人才也。榴哥或亦可有办法，正在设法中。苻阶六叔[①]亦是人才，六叔榴哥顷亦向史大姊提出，恳其为力，渠已允向市当局推荐，汝速向苻叔榴哥索写履历，交与史大姊，至要至要。榴本与史大姊认识，苻叔则可由汝介绍一谈也。汝六月十六第四封、七月一日二日晚又注、九日八日写、今日无日期苏苏[②]照片三张各信均收到。诸文绮带照片十六张、表老[③]糖胡桃、体兰衫裤袜手巾、又德文书籍六册、电气熨斗等亦均

---

① 符阶六叔：沈钧儒二伯沈宣次子，名沈渊儒，号符阶。

② 苏苏：沈钧儒外孙，范长江、沈谱之子。

③ 表老：张澜（1872～1955），字表方，1872年生，四川南充人（今西充县莲池乡人）。1941年发起成立中国民主政团同盟（1944年改为中国民主同盟），1941年10月继黄炎培之后担任中国民主政团同盟中央执行委员会主席，任民盟中央执行委员会主席、民盟第一届中央委员会主席。建国初，当选为中央人民政府副主席。1955年2月9日逝世，享年83岁。

收到无误。

上海此次风雨真是空前，物价高涨，汝连汽车都不坐了，不要太吃力。诊所搬在家里，我倒是赞成的。熊熊实习，她出去想仍是坐自行车，现在北平自行车发达到满街交织如梭，买一个车也甚便宜。康康大概不久可以见面。采媳倘能偕苏苏同来，我当然是高兴的，我可以听到秧歌调的“好爹爹”歌，何乐如之。不过汝不能来，汝不免寂寞了些，如何是好。采媳有给小妹信，当时看了不晓得为什么竟落下泪，却是好文章感动了我也。《论共产党员修养》一书，汝阅了快乐，我还没有阅过，颇想找一本来看看。三叔牢骚不能怪他，还是要随时给以安慰。汝须注意，现在我在北平尚无自己住屋，望告三弟千万不可突如其来，必须与我商量定了才可发动，我亦即有信寄叔羊也。同妹常来否？上海熟人内，仲熊葵初鹿年已去了三人，昨顾家告我，顾祖仁在台湾也不在了，健康真是必须注意。西瓜此间常有得吃，我每早吃多种维他命丸两颗，上海应稍便宜，有便人时为我买一瓶来为盼。余再写了，即问合寓好。

八月二日　父字

二〇七

大儿：

史良去，带一纸包，内有辞正行校董函等，而未及写一字给汝。另外冯亦代[1]带木碟子、老虎头木枪，是小妹在东安市场买来，送汝与苏苏的，想皆到了。第二天他们行后，另交邮寄一较详之信，想亦收到。日来晤长江否？渠想忙极，渠大概何时可北来曾与汝谈及否？康康考清华，是否已在上海考过？如何情形？约在何时来此？甚念。桂弟履历，已在此间托人向铁道部提出，便时告之。榴哥亦想向他人试提，俟有希望再告。余不及。即问合寓好。

八月七日　衡字

三叔廿九日函收到，望便告三叔，三叔劝陈叔通意见，非常之对，宗君仁[2]是一个荒谬胡图之人。子瞻事一时尚无办法，请三叔原谅我。

在窗口望小妹回城外工厂去，她赤脚穿鞋，背了一个大草笠，走得很快，我直望到在远远的草树隙影中，看不见这个大草笠为止，回到窗前书桌上写此数字。

七日上午十一时卅分

大哥嫂：妹工厂事太烦杂，苦于无时间写信，大嫂信收到早

---

① 冯亦代：(1913～2005)，原名贻德，笔名楼风。浙江杭州人。是我国著名的翻译家、编辑家、学者，也是一位有成就的随笔作家。1946年加入中国民主同盟。建国后，历任新闻总署国际新闻局秘书长、外文出版社出版部主任、《中国文学》编辑部副主任、《读书》副主编、中国作协第四届理事、中国翻译工作者协会第二届常务理事、民盟第五届中央委员。

② 宗君仁：曾任民盟南京市支部第一届临时工作委员会委员。解放初在北京外交部政策研究委员会。宗君仁是宗之琥的族兄，宗之琥的父亲宗威曾执教于北京师范、东北大学、湖南大学，是著名作家老舍的导师。

想复也未复。兄嫂爱护苏苏之深，不辞劳瘁，妹今天能专心工作，兄嫂对妹之帮助实在是大，很多同志羡慕妹。长江这次不给他信了，看见他时要他写几个字给妹。急欲回厂不多谈。

小妹　八月七日

二〇八

大儿：

八月十二日函收到，中纺第二医院知已决定找你去担任管理工作，是否已发表往就，甚念。我想你亦不宜太吃力，一切千万小心办事，按部就班，腰部还没有好，我的擦脊骨擦腰臂倘能试试，或有效也。勿急燥（躁），勿生气，如有困难慢慢来克服，至要至要。我在此间已配给一屋，暂勿告人，以免直接来信太多，在东总布胡同二十四号东单相近，是一座洋楼，与胡愈之[①]、萨空了[②]、王健是我的私人秘书，在香港即同住一处同住，并留出叔羊、长江、千里房间，汝来亦有处住，但这个不能算是我的家，不过是一个我的住处而已。房子还好，四围有树木，有汽车间。现在已找一个烧饭的、一个管门、一个勤务员，大概政府要派来三个警卫，是不能拒绝的。目前还不能配给汽车，以后是有的。有

---

① 胡愈之：（1896～1986），原名学愚，浙江上虞人。翻译家、出版家，社会活动家。建国后曾任出版总署署长、文化部副部长等。1985年9月～1986年1月任民盟中央代主席。

② 萨空了：（1907～1988），笔名了了、艾秋飙，蒙古族人。著名新闻记者，报刊主编，新闻学家。

一间客厅，可容二三十人开会，离规徵处不算远。二媳这次是不能约她同住，她大概是能谅解的，她近来是很好，与以前是不大相同了。榴哥与史大姊，在重庆时相处得不顶好，所以不愿找她。兹附去致榴信一纸，蔚叔信一纸，又画片一纸，即转致为要。叔羊只好来此，在上海与正行不能脱离，太麻烦也，已另有函给他矣。熊熊对医有如此浓厚的兴趣，真是难得。康康如何？清华已发表未？盼其能来也。小妹忙得可怜，幸身子与工作兴趣都很好。苏苏近如何？不常唱“好爹爹”歌否？杳无信来，我真念之，不会弄出什么事情来罢。余再写了。即问合家都好。

衡　八月二十二日

曹孟君[①]带的信，是写些什么，不记得了。有一封两张信收到否？中间提到看了大媳致小妹信，非常感动云云。

二〇九

汝兼：

八月廿一信早收到，唯每周一函，则尚未继续收到也。多种维它命丸两瓶，亦收到无误。孝通有消息否，极以为念！最近袁君到沪，汝知道我跌交（跤）消息一定非常惦记，但不要紧，今已五日，起居一切已恢复正常。惟腰际筋肉仍觉有些僵直，日内拟找医院试用电气治疗，以期速愈，并拟照相，看内部有无问题，望

① 曹孟君：（1903～1966），全国妇联第一届常委、第二届、第三届书记处书记兼副秘书长。妇女运动领导者。湖南长沙人，北京大学肄业。

汝放心为要。明日移居东总布胡同，以后函电须寄彼处。汝要买德文新出版医书，即将书名抄来，以便俟有人托带，需钱若干可以日后算还。熊熊好学定有深造可能，忽然念及，甚为心喜。康康北来否？已在途中乎？叔羊如何，望告以有行期即电知。兹附去小妹寄长江信一纸，望即交去。长江七月廿六信云，有书箱一只，请转沈阳，迄未收到，未知长江系托何人，即请其查明见告，以便再向此间查取，至要至要。余再及。即问大儿、采媳、熊熊、康康、苏苏均各安健。

九月八日晚灯下　父字

晤殿栋兄①，望转告惠函收到。蒋宇君②可请北来。殿栋兄自己亦盼能早日命驾。

二一〇

汝兼：

日前因接你电，即复，想到。知我失跌，累得你们大家记念。当时情形实在严重，惟隔了二日之后，进步非常快，今已十日矣，仅腰际筋肉尚略有不舒，跑快步似有牵强，其余均能照常，想再四五日必能好全矣，勿念为要。你如北来我自然高兴，但仍旧要回去，则又何必多此一行，吃力费钱。康康如早来北平考清华，何至不取，受此冤枉，可惜之至。愿去大连工科大学速来此，此间天气已经冷了，衣服须放在手头，勿受冻。我当为设法，盼盼。

---

① 殿栋兄：陆殿栋，史良的丈夫。

长江短时间不会北调，则小妹或可南来，尚未能大定，暂勿向长江提及。你中纺第二医院事，据千里说似已确定。维他命丸糖果均收到。昨得九月十日函及照片十张。新屋布置大略就绪，司厨手段高明，惟开会要忙起来了。即问合家好。

十五日晚十一时卅分　父字

二一一

大儿：

因为你说要来，引起了我的热望，每日回寓，车到门口，即有一种幻觉，似乎听见了你叫好爹的声音，还有康康在那里呢，一瞬间的安慰快乐何时实现耶，想不远矣。叔羊等又何如，盼切盼切。政协已开始，说忙也就忙得很，腰际的痛苦，因为忙也就不许你不好，真奇怪它也就好了。灯下草草，藉报平安。即问合寓安乐。

九月廿二日晚　衡山

二一二

汝兼：

昨晤王明[①]先生，提及北来旅费等等，渠即函卫生部，决定汇款卅万，我云太多，渠云可请沈医生实报实销，大概即由史大姊

---

① 王明：时任政务院政法委员会副主任。

经手汇去，望汝接洽收用为要。至买票一切想千里、长江必可帮助。长江是否即可同来？昨邹太太罗淑章送孙夫人[1]南下，约有两星期耽搁，是否亦可同行？熊熊是否暂缓再说？十一号屋务必暂留，(一)明年南去可有住处。(二)箱子等太多，万无悉数带来之理，运费太大，此间亦无处可放，不如整理后，锁在三层楼上。(三)楼下借与可靠亲友，托任保管之责。(四)因为三层留用，我们还要负责分担少数房租，户名恐怕仍旧要用你的名字。(五)三楼扶梯口，做一道木门锁住。以上所说，你看何如？我意必须如此，你们才能轻车就道，迅速前来，路上亦可不致受行李之累，定期即打一电为要。康康已无法去清华，定在北大旁听。此间房子亦即为留意，如一时不能得，先在东总挤一挤。荇阶六叔夫妇，现借住规徵处也。宽宽已到学校。我甚好，即候你们安好。

十月十五日　衡手泐

二一三

汝兼：

廿一日寄函收悉。兹略复如左：

公济被推院长，青年医生及未受过正式学校训练之医生，愿开进修班求进步，是好现象。汝一方面谢绝，一方面宜予他们以鼓励，助其成功。就是公济，解放以前为什么不来找汝，直到现

---

① 孙夫人：这里指的是宋庆龄。

在闻汝要北来了，却来相访，未免不对，但也终是好的，汝可以劝他们郑重另推一位好院长。汝能得到大家的推重，我闻之是很高兴的。病家闻汝离开，发呆甚至下泪，这一种感情是不容易取得的，尤为汝欣慰也。

一、此间工作，大概是在东交民巷德国医院，现在叫北平医院，名义未知如何。医院对面有宿舍，听说是很好的。这种种都要等汝到后，才能确定(现在到来，必应在我住的地方先挤一挤。王先生已在准备，汝等也不应拒绝)。

一、除车票外，其余璧还大可不必，卅万数目并不算多，行李运费是很大的一笔，另费亦必可观，当然统统算在内实报实销就好了，人家不是单纯帮助钱，目的是助汝容易成行，能够早些来，怕汝因为钱不够用，或至有顶屋等麻烦耽误了行程，此种好意是可以坦白接受的。

一、顶屋一层，何以只字不提。行李太多，到底是不方便的，那么必须寄出，但如遇靠不住的朋友，万一遗失，从前教训是够了，所以我想到把屋留住，而且还有熊熊在沪，我明年也一定会返沪一行也。

一、康康北大旁听，高教允出函介绍，顷又函催，想必就可交来。

汝兼、采与熊熊、苏苏好。邹太太诸人，能同行有照应最好。买票等等可托千里招呼，渠是否亦可以同行?

十月廿六日　衡山

二一四

康康：

西北之行非常愉快，每到一处均有好爹、王先生在一起，几乎同仍在家内一样，忘却了辛劳。同行还有中央摄影局工作人员，不久可有一电影片，在各地剧院放映，你一定会看见。你本月十号信，我接到后，因事耽搁置桌上，直至昨晚（十三）始拆看，今日好爹来此，亦与他商量了一番。据我的意思，军事干部训练学校并不是专以训练海陆空各部门士兵之用，它是广义的训练有关军事一切干部的，所以也有机械工程、航空气象、土木工程、电机化学、轮机造船等系科目。将来大中学生考取后，程度各异，不知如何安排，我想分别编入各种学校学习，或选送出国至苏联学习一定都会有的。目前土改（反封建）建设国防（反帝）是两件大事，与一般建设不同，你如决心报名参加国防事业，我是极端赞成。报名时应注明志愿。我不晓得“其他学校”应如何注明，须向本校保送委员会讯问明白为要。凡事一点不要勉强，我不晓得好爹姆妈对你此事意见如何？熊熊你有没有征求她的意见？你如决定仍在大连专心学习机械，力求进步，我也是不反对的。康康问你好，祝你健康。检验身体怕是一个重要条件罢。

十二月十四晚　你的祖父

你对此事郑重考虑是对的，家庭方面所提意见，只能供你参考，你应当多向校方领导上，及同学方面恳切商讨作最后决定，至要至要。

二一五

采、庆莲、叔羊、知津、王健兄、宽、淞、艾琳：

均此，祝你们健康！

车行已十日，一切尚能习惯舒适，汝兼亦好，是以告慰。横贯西比利亚平原，每日约走九百公里，十日。此行路长约八千四五百公里，几两万华里，可谓壮游痛快之至。廿二早起大雪，终日经过两边雪白，廿三即野有青色，气候不同如此，明日上午即抵莫斯科，到后一切情况想定紧张，恐无暇写信，留俟归来畅谈，但得空必寄数行也。

兹有致空了、刚侯[①]两函，望为转致。余再详。

四月廿五日车中　钧儒

二一六

知津：

你的信都看见了，小肃照片非常可爱，放假时间太短，大概你是不可能来。德国外祖母意思很好，可惜她现在还在西德，我不能同意，等德国统一了才可以。知津你一定同意，复信的时候

---

① 刚侯：闵刚侯(1904～1971)，上海浦东北蔡镇人。1935年留学日本，回国后从事抗日救亡运动和民主革命活动，1949年加入中国共产党，历任民盟中央常委兼组织部长，第一、二届全国人大代表，政协第四届常委兼秘书长，最高人民法院副院长，司法部副部长。

安慰安慰她。你与彰彩、艾琳、小宪、小肃均好。我好，现住颐和园休息。

衡山　四月六日

二一七

四儿：

我非常高兴"宪"[1]已经产生出来了，也快半月了，奶水什样自己喂么？取的名字很好而且有意义，我是十分的同意，彰彩[2]产后身体什样，我很惦念。四儿你如果有需要用钱的地方可来信告诉我。艾琳我也想他。他的外婆，你信上所说情形，我都知道了，只要德国统一后，我也可以同意。我最近身体很好。北戴河近海天气不很好，小感冒现在已全（痊）愈，你可放心，你随时写些给我信。恭喜，恭意。大家都好。

八月十六日　衡山

---

① 宪：沈宪，沈谅之子。

② 彰彩：郭彰彩，沈谅的妻子。

沈钧儒大事年表

1875 年

1 月 2 日　出生于江苏省苏州市。原藉浙江省嘉兴府(今嘉兴市)秀水县。

1878 年

由母潘德琬课读识字。

1880 年

始就傅,启蒙师为沈益清。

1887 年

返秀水原藉应童子试。

1890 年

在原藉考中秀才,词赋列为第一。

1892 年

受聘为吴县名士张廷骧子弟塾师。

1894 年

秋、冬间　与张廷骧之女张象徵(字孟蝉)结婚。

1895 年

甲午战后　丧权辱国的中日“马关条约”订立,见外患日深,关心时务。

10 月 31 日　长子谦(号汝兼,小名菊官或阿菊)在苏州出生。

1896 年

开始研究“变法图强”的新学。

1898 年

戊戌变法时,对康梁的言论著述深为崇拜,对新学研究尤力。

2 月 28 日　次子诚(字君成,小名杏官)在苏州出生。

1901 年

1 月　应胞叔沈卫(陕西学政)召,赴西安三原学署任文案。与于右任等创办三原印书馆,翻印康梁著作,宣传维新革命。

1903 年

4 月 16 日　沈钧儒五弟彬儒酒后失足,落水丧生,因其无后,即以次子诚为其嗣子。

秋　于汴梁应乡试,中举人。

1904 年

春　应甲辰科会试,中贡士。

夏　应殿试中二甲第 75 名,得“赐进士出身”衔。

	签分刑部贵州司主事。
1905 年	
秋	赴日本留学,入东京私立法政大学速成科。
1906 年	
暑期	闻清廷预备立宪,归国拟参与立宪活动。经观察断定清廷立宪为骗局,返东京从事宪政运动,并与在东京的光复会等革命党人有所接触。
9 月 22 日	乘船离沪赴日,携长子沈谦同行。沈谦赴日后,即入清华学校学习,于次年 9 月回国。
1907 年	
5 月	毕业于日本东京私立法政大学法政速成科政治部,并继续参加法政大学速成科补修科学习。
秋	与熊范舆等回国领衔上书,要求速设民选议院。
12 月底	返回东京继续学习,并继续从事宪政运动。
1908 年	
3 月	毕业于日本东京私立法政大学法政速成科补修科。于 4 月回国。
5 月	到北京与杨度共同发起成立宪政公会,请愿速开国会。并呈《敬陈预备立宪要旨恭摺》。
10 月	任浙江谘议局筹办处总参议。
11 月	回原藉省亲。留浙江筹办谘议局事务。

1909 年

1 月　与张元济等发起组织"浙江谘议局议案预备会"。

3～4 月间　得照会,令兼理地方自治。同时与阮性存、褚辅成等发起成立"立宪国民社"。

5～6 月间　任浙江两级师范学堂监督。

10 月　当选为浙江谘议局副议长。

10 月 19 日　三子议(字叔羊,小名小菊)在杭州出生。

1910 年

参加国会请愿代表团,先后三次进京请愿召开国会。参与创办私立浙江法政专门学校,任该校维持员,后曾代理监督及任宪法讲师。与光复会会员有接触。

1911 年

11 月　参加辛亥革命浙江起义。与陈时夏同任政治组织方面的设计准备工作。

11 月 5 日　浙江宣告独立,任临时警察局长。

8 月 22 日　四子谅(字子京,小名闰)在杭州出生。

1912 年

1 月　任浙江省临时省议会议员。

1 月 21 日　任浙江教育会副会长。

2 月 25 日　任军政府浙江省教育司司长。

4～5 月　参加统一共和党,任参议。加入中国同盟会。后转为国民党党员。

11 月　离浙江省教育司司长职。当选为国会参议院候补议员。

1913 年

与褚辅成等参与国会议员的反袁世凯活动。

10 月　脱离国民党，组织民宪党。

11 月　奋起反对袁世凯阴谋变更国体，几为袁所害。

12 月　避往南方。

1914 年

与各方反袁爱国人士密切联系，从事倒袁活动。

8 月　参加“欧事研究会”。

本年　作主为长子沈谦与张受采订婚；作主为次子沈诚与夫人堂妹姻亲陆绪生之女陆幼芝(竹生)订婚。

1915 年

著文反对袁世凯承认日本提出的“二十一条”。开始留须以铭志。

1916 年

5 月 7 日　任浙江护国军政府都督府机要秘书。

6 月　袁世凯死，黎元洪继任大总统。被推为浙江代表进京共商国策。

1917 年

1 月 31 日　主持长子沈谦与张受采婚礼，婚后，沈钧儒为长媳更名为绚，以受采为字。

3 月	任南北统一内阁司法部秘书，并参加“政学会”。
11 月 12 日	小女谱（字筱婵，小名又菊或幼菊）在北京出生。

1918 年

7 月	选补为广州护法军政府参议院浙江省议员，赴广州。 在上海主持次子沈诚与陆竹生的婚礼。

1919 年

	提倡新道德、新文学。
9 ~ 10 月	奔走于粤闽间，策动驻福建的部分浙军脱离北洋军阀控制，反对段祺瑞的“武力统一”计划。

1920 年

9 月	就任军政府总检察厅检察长。得军政府司法部颁发的正式律师证书。
10 月	军政府解散，离穗返沪。
11 月 8 日	沈谦离沪赴德国留学。
12 月 31 日	得一孙女（沈谦女），取名人德，小名珠官，但于次年 1 月 2 日夭折。

1921 年

	以写作为生，著《家庭新论》连载于《中华新报》。
5 ~ 9 月	参加浙江省宪法起草委员会浙江省省宪。并编写出版《制宪必携》及宣传宪法小册子。

1922 年

2~6 月	任《中华新报》主笔,专写社论及专论。
6 月	旧国会再次恢复。赴北京,任参议院秘书厅秘书长。参加全浙公会,倡导地方自治。
8 月	任宪法起草委员会委员。并与何鸿基合编出版《宪法要览》。
8 月下旬	全家自沪迁京,三子沈议报考北京师范大学附中,四子沈谅入四存中学学习。

1923 年

6 月	黎元洪为曹锟所逼下野。于 7 月辞参议院秘书长职,赴沪,参与组织"江浙弭兵"运动,并参加南下国会活动,反对曹锟贿选总统及曹锟政府的违宪卖国阴谋。
10 月 19 日	次子沈诚赴德国留学。
10 月	因反对曹锟贿选,全家避居天津,三子沈议遂在天津南开中学住读,四子沈谅亦拟考南开。

1924 年

3 月 12 日	长孙人镳忽患腥红热,终因经济窘困,治疗不及而夭折。沈钧儒十分悲痛,随即写下:"从此不愿闻战争之事,发愿救儿童千人。美官三月十九日即旧历二月十五日寅时殇,戊午四月二十日子时生,仅七岁。"
8~10 月	参加浙江省自治法会议,任省自治法起草委员会起草员。

10 月	段祺瑞执政。12 月返北京，参加国会非常会议活动，反对段祺瑞取消法统，反对变相承诺“金佛朗案”等丑行。并从事联省自治运动。

1925 年

1 月 10 日	长子沈谦归国抵沪。
3、4 月间	三子沈议在天津南开中学初中行将毕生时，忽患脑膜炎，沈钧儒与夫人偕沈谦赴津，日夜护理。直至 5 月 5 日沈议病愈返京。
5 月初	沈谦抵京后，由戴陈霖推荐任外交部就医，并在家中自设诊所，于 6 月 10 日开业。
6 月	上海发生“五卅”惨案。与友人筹组“沪案后援同志会”。

1926 年

9 月	离京赴沪，参与扩大全浙公会为苏浙皖三省联合会，配合广东国民政府北伐，反对盘踞浙江的孙传芳。 沈钧儒南下后不久，外交部将医官处裁去，沈谦因此被裁。
10 月 1 日	著《联省民治谈》政论。
10 月 6 日	任上海法科大学校董。
12 月	受聘为中国济难会名誉董事。与蔡元培、褚辅成等遭孙传芳通缉。

1927 年

1 月	浙江省临时政治会议及省政务委员会在宁波

成立，任政务委员会委员。

3月　浙江省临时政府成立，任临时省政府秘书长，与共产党人宣中华等合作共事。

4月　浙江省临时政府在“四·一二”前夕被暴力解散。与褚辅成被秘密扣押，险遭杀害。经营救，22日恢复自由。

10月　任上海法科大学教务长。

1928年

1月7日　为支持三子沈议投考美专西画系，全家迁居贝勒路（今黄陂南路）恒庆里，以减少其上学路程。为使其不放弃国画，3月又令其拜名国画家赵叔儒为师。

4月　获正式律师证书。加入上海律师公会，执行律师职务。

年底　沈谦携妻女来沪，任法科大学校医。

1929年

参与中国济难会和中国人民革命互济会有关工作，参加营救被捕的爱国进步人士。

1930年

支付与“社联”有密切关系的“上海法学院社会科学社”组成。

1931年

1月　任上海律师公会执行委员。

7月　任全浙公会董事会常务委员。

10 月	与上海各大学教授致电国民党“宁粤和平会议”，主张一致对外，要求准备对日作战。
12 月 19 日	与褚辅成等发起成立浙江省国难救济会，任常务理事。
12 月 22 日	致电国民党四届一中全会，抗议任意摧残、拘捕学生。
本年	四子沈谅入上海交大学习。

1932 年

1 月	担任全国律师协会刑法刑诉法典修改委员会的委员。“一·二八”事变后，不遗余力地支援十九路军抗战。任上海律师公会慰劳前线将士经济委员会委员。
2 月	与褚辅成、李时蕊等发起组织上海各团体救国联合会。
3 月	任上海律师公会常务委员。
4 月	与张绍曾、史量才、黄炎培等组织“国难会”。
5 月	在上海律师公会执监委联席会议上提议：要求废除《危害民国紧急治罪法》及应定《上海停战协定》无效。 任各大学教授抗日会理事。
11 月	参与起草全国律师协会对外宣言，揭露、驳斥国联调查团对伪满问题的歪曲报道。发起组织东北义勇军后援会，并参与组织统一法权运动委员会。

1933 年

1 月 17 日	与张志让、郭蔚然任中国民权保障同盟上海分会法律顾问委员会委员。
3 月	发起组织国民御侮自救会。
3 月 18 日	任中国民权保障同盟上海分会执行委员。
4 月	与宋庆龄、蔡元培、杨杏佛等任中国民权保障同盟营救政治犯委员会委员。赴南京,营救罗登贤、余文化、陈赓、陈藻英等人士。
6 月	在全国律师协会第五届代表大会上提出制定《冤狱赔偿法》议案。
7 月	创办正行女子中学,任董事长。
7 ~ 8 月	参加全国律师协会宪法研究会。
12 月	加入吴县律师公会。

1934 年

2 ~ 3 月	与全国律师协会常务委员共同发起组织“贫民法律扶助会”。
2 月 3 日	次子沈诚自德国学成归来,携德妇(名娟友)同归。
3 月 22 日	夫人不幸病逝。
8 ~ 9 月	在全国律师协会第六届代表大会上再次提出制定《冤狱赔偿法》议案。当选为全国律师协会常务执监委员。
9 月 2 日	女儿沈谱赴南京金陵女子文理学院入学。
9 月 12 日	次子沈诚赴西安农专教学。

12 月　任全国律师协会冤狱赔偿运动委员会募捐委员会委员及特别委员会特别委员。

1935 年

1 月 7 日　任上海律师公会附设贫民法律扶助委员会委员长。

3 月 18 日　主持上海律师公会执监委员联席会议,通电要求政府废止《危害民国紧急治罪法》、《惩治盗匪条例》等特别刑事法。

春　亲自兼任正行女子中学校长。

5 月　推动全国律师协会冤狱赔偿运动委员会制定《冤狱赔偿法(草案)》等。发起设立"冤狱赔偿运动日",向国民党第五次全国代表大会请愿,以促进实现冤狱赔偿制度。

6 ~ 7 月　积极参加营救因"新生案件"被捕的杜重远,亲自出庭辩护。

秋　参与筹备南京救国会。

10 月　任中华民国法学会上海分会筹备委员会常务委员。推动组织"出狱人保护会"。

四子沈谅赴德留学,习电机工程。

12 月　与马相伯、陶行知、邹韬奋等联名发表《上海文化界救国运动宣言》。并任上海市文化界救国会执行委员。

任上海律师公会法权委员会委员。

1936年

1月9日	与章乃器、潘大逵等发起成立大学教授救国会。
1月28日	任上海各界救国联合会执行委员。
2月	任全国律师协会常务委员。
2月23日	任中华民国法学会上海分会理事。
2月24日	任全国律师协会冤狱赔偿运动委员会主任委员及《法学丛刊》主任编辑。
3~4月	与章乃器、沙千里、史良等向上海市长吴铁城交涉营救被捕的复旦大学爱国学生。并著文《复旦事件》。
5月30日	主持上海各界救国联合会召开的上海各界民众纪念“五卅”大会。
5月31日	任全国各界救国联合会常务委员,负责组织工作。
6月	主持上海律师公会开展冤狱赔偿周活动。
7月9日	与章乃器、史良、彭文应、沙千里代表救国会,向国民党五届二中全会请愿。要求立即对日抗战,停止内战。
7月15日	与邹韬奋、陶行知、章乃器联名发表《团结、御侮的几个基本条件与最低要求》。
10月	得毛泽东《致章乃器、陶行知、沈钧儒、邹韬奋信》。自此,与潘汉年建立了经常联系。
	参与鲁迅治丧工作,并在墓前报告鲁迅史迹。

11月12日	参加孙中山先生诞辰纪念会,并组织罢工后援会,支援上海沪东区日本纱厂工人的罢工斗争。
11月23日	清晨与章乃器、邹韬奋、李公朴、王造时、沙千里、史良分别遭国民党当局逮捕。12月4日,被移解苏州江苏高等法院看守所关押。
12月	沈钧儒被关押期间。长子沈谦一度代理正行女中校长。

1937年

4月3日	江苏高等法院对沈钧儒等七人提起公诉。
5~6月间	坚决抵制了国民党中央秘书长通过杜月笙、钱新之等人进行的劝降迫降活动。
6月7日	沈钧儒等七人及其辩护人提出《答辩状》。
6月11日	江苏高等法院刑庭第一次开庭审理,沈钧儒为第一被告。休庭后依法提出《声请回避状》。
6月25日	第二次开庭审理。
7月31日	沈钧儒等七人经交保释放出狱。
8月	日军进犯上海。多次去前线视察。
8月14日	应聘为南京政府国防最高会议国防参议会参议员。在南京,结识了周恩来。
10月	三子沈议从日本归国。
11月21日	离开南京,赴武汉。
冬	在武汉着手恢复救国会的活动,并领导筹组"全国抗敌救亡总会"等救亡组织。

12 月 11 日	与柳湜、李公朴、王昆仑等创办《全民周刊》，任社长。

1938 年

2 月	召集流亡在武汉的浙江籍青年组织“浙江回乡服务团”回乡开展抗日救亡宣传及农村经济建设工作。
3 月	参与发起组织中国战时儿童保育会。
7 月	任国民参政会参政员。提出《切实保障人民权利案》等提案。
	因金陵女子文理学院已迁成都，沈谱遂离父入川。
7 月 7 日	《全民周刊》与《抗战》三日刊合并为《全民抗战》三日刊，任编委。
8 月 10 日	三子沈议亦随政治部第三厅离开武汉。
9 月	与邹韬奋、王炳南等代表武汉文化界两次赴江西前线慰劳前方将士。
10 月 25 日	日军逼近武汉，由汉入川。
11 月	在重庆参加国民参政会一届二次会议。

1939 年

1 月 3 日	参与联名发出代电，严词声讨民族叛徒汪精卫叛国投敌。
1 月 26 日	四川高等法院第一分院宣布撤回对“七君子”一案的起诉。
2 月	当选为生活书店合作社理事会常务理事。

2 月	加入重庆律师公会，开始在渝执行律师职务。
3～4 月间	为取得地方实力派对“坚持抗战到底”主张的支持去成都。
7 月初	以救国会为核心力量，组织“政治讨论会”，开展民主宪政活动。
7 月 15 日	沈谱毕业于金陵女子文理学院，随即到重庆住良庄，照料父亲的生活起居。
9 月	在国民参政会一届四次会议上参与提出《请政府定期召开国民大会实行宪法案》和《请重申前令切实保障人民权利案》等提案。
10 月	发起组织宪政座谈会及宪政促进会，从事宣传组工作。
10 月	往桂林，与救国会同仁商讨会务及推进宪政运动。
11 月 23 日	与张澜、梁漱溟、黄炎培、章伯钧等发起组织“统一建国同志会”。

1940 年

3 月	参加国民参政会一届五次会议，声讨汪精卫在南京成立伪政权。
5 月	与邹韬奋、沙千里被国民党政府诬为将在重庆领导暴动，受特务严密监视。
6 月 29 日	与秦博古、左舜生、章伯钧、黄炎培联名致书蒋介石对外交、国共关系、宪政问题提出意见。
9 月 16 日	女儿沈谱与范长江订婚。

12月10日	女儿沈谱与范长江在重庆良庄结婚。沈钧儒支持他们破除一切的世俗的婚礼陈规陋习,不举行任何礼仪形式,不设宴席酒菜,仅备茶点,来贺者不绝。
年末	与各方面民主力量商讨筹建中国民主政团同盟。

1941年

1月1日	晨,作《寄大儿》五言长诗一首,寄沈谦以代家书。
2月	国民党掀起第二次反共高潮,协助韬奋秘密离渝赴港,并负责为韬奋代辞国民参政员职。
2月13日	女儿沈谱离渝前往香港范长江处。沈谱行后三日,沈钧儒作《铺被词》以抒情怀。
2月	与周恩来、董必武保持经常联系,密切配合中共统战工作的政策方针,与国民党进行针锋相对的斗争。
3月	因"皖南事变",与陶行知、史良拒绝出席国民参政会二届一次会议。
3月19日	中国民主政团同盟成立。沈钧儒为同盟倡议人。

1942年

年初	与救国会一起加入中国民主政团同盟。
1月18日	当选为重庆律师公会常务理事。
1月间	筹划成立峨嵋出版社。

4 月	与沙千里、崔国翰、林亨元联合设立平正法律事务所。
7 月	因坚持抗日、团结、民主立场，与陶行知、邹韬奋、史良等未被列入第三届国民参政会参政员名单。
8 月 27 日	香港沦陷后，女儿沈谱与丈夫范长江离开香港到桂林，不久，沈谱来到重庆沈钧儒处。

1943 年

1 月初	与王炳南、张友渔、刘清扬、张申府形成五人领导的组织，经常共商大事，以发展救国会的活动。
4 月 28 日	得悉女婿范长江已进入苏北解放区，女儿沈谱亦需前往，克制矛盾心情，支持和鼓励爱女远行。为之计划安排如何克服路途困难。
8 月	为三儿叔羊所画《海鸥图》题《菩萨蛮》词。
10 月	任中华民国法学会常务监事及会员资格审查委员会委员。

1944 年

1 月初	联络广大民主人士，召开民主宪政座谈会，讨论《五五宪草》。抨击国民党一党专政，要求实施“主权在民”。
1 月	加入璧山律师公会，在重庆及璧山两地执行律师职务。
6 月	参与发起成立中国法学研究会。

7 月　与邓初民、史良、陶行知等联合通电，主张立即动员民众，坚决抗战，铲除失败主义。

9 月　中国民主政团同盟改组为中国民主同盟，当选为常务委员。

9 月 24 日　与黄炎培、冯玉祥等 500 余人要求改组国民政府及统帅部、成立联合政府，召开国民会议，以挽救危亡。

10 月 1 日　著文《邹韬奋先生事略》，以悼念亡友。

12 月 18 日　三子沈叔羊在重庆举办画展，沈钧儒每天亲自到场。

12 月 27 日　主持召开生活书店渝桂地区负责干部联席会议，被推选为书店内地区管理处主席兼召集人。

12 月　次子沈诚与许蓉丽在成都结婚。

1945 年

5 月　以平民法律事务所为中心力量，设立平民法律扶助会。

8 月　淳化事件后，对内战危机深怀忧虑，发表关于加强团结反对内战的谈话。

毛泽东飞渝与蒋介石谈判。多次会晤毛泽东、周恩来并交换意见。

四儿沈谅与艾尔德在柏林结婚。

10 月　当选为中国民主同盟中央常务委员兼青年运动委员会主任。

11月19日	参与发起“陪都各界反对内战联合会”，任常务理事。
12月1日	向国民党政府强烈抗议昆明发生“一二·一”惨案。
12月14日	救国会改组为中国人民救国会，当选为主席。
12月24日	代表陪都各界反内战联合会致函蒋介石、毛泽东，呼吁和平。

1946年

1~2月	代表中国民主同盟出席政治协商会议，任改组政府组委员及宪草审议委员会委员。
3月15日	到重庆地方法院为“较场口血案”作证。
3月初	极力为制止内战奔走活动，此活动一直持续到国共谈判破裂。
5月	发表谈话及评论，怒斥“警员警管区”制度。 与民盟领导人共同提出实行东北和平三项建议。
5月19日	自渝返沪。
6月	与柳亚子等联名发表《对目前学生运动的主张》。
7月	李公朴、闻一多先后遭国民党特务暗害。与民盟政协代表联名向国民党政府严重抗议，提出六项要求。
7月25日	挚友陶行知病逝，亲自主持治丧工作。
8月	坚决主张民盟发表声明，拒绝参加伪国大。

9月　　开始在上海执行律师职务。

1947年

2月　　“二·九惨案”发生。参加“二·九惨案”后援会，与沙千里等10人组成“二·九惨案”律师团，为上海工人斗争伸张正义。

3月　　毅然同意由民盟代管中共在沪、宁、渝三地留下的房产，并亲自与国民党当局办理沪地房产的接管手续。

任民盟政治计划委员会负责人。

3月17日　　出席民盟中外记者招待会，声称绝不参加国民党政府，提出要求保障人权。

3月19日　　任上海教育界人权保障会义务法律顾问，营救被捕学生。

6月　　主持中国人民救国会一届二次中央全会。抗议国民党政府压制爱国学生运动，封闭报馆。

著文就法律观点揭露和抨击国民党藉口“戒严”及“维持社会秩序临时办法”镇压人民。

10月28日　　民盟被国民党宣布为“非法团体”。坚决反对在政府劫持与威胁下屈服。

11月26日　　化名“潘豫”秘密离沪赴港。

1948年

1月5日　　经与民盟主席张澜及其他领导协商，与章伯钧赴港主持召开民盟一届三中全会，通过紧急声明，宣布恢复领导机构，与章伯钧等在香港以中常委名义领导全盟工作。

5月6日	与章伯钧和各民主党派领袖联名通电全国及毛泽东主席，响应中共筹开新政治协商会议的号召。
9月	秘密离港赴东北解放区，代表民盟参加新政治协商会议的筹备工作。
11月16日	与章伯钧发表《对时局的声明》。

1949年

1月22日	与到达解放区的各党派及无党派民主人士联名发表《我们对时局的意见》。
1月	在台湾台南工学院任教授的四儿沈谅，飞离台湾抵达香港，后进入东北解放区，改名为"知津"。
2月25日	到达北平。
3月5日	中国民主同盟中央临时工作委员会在北平成立。与章伯钧等暂时主持民盟中央盟务工作。
3月7日	中国人民救国会中央临时工作委员会在北平成立。任主席。
4月23日	代表民盟和其他民主党派联合发表声明，坚决拥护毛主席、朱总司令的进军命令。
5月31日	与民盟中央临时工作委员会同志致电民盟主席张澜，请北上主持四中全会。
6月	任新政治协商会议筹备会常务委员会副主任。
6月26日	任新法学研究会筹备委员会主席。决定创办新法学研究院，任院长。

8 月	四子沈谅被分配到沈阳工作。
9 月	当选为中国人民政治协商会议全国委员会委员。
10 月 1 日	任中华人民共和国中央人民政府委员会委员，并任最高人民法院院长。
10 月 5 日	任中苏友好协会总会副会长。
10 月 9 日	任中国人民政治协商会议第一届全国委员会常务委员、副主席。
10 月 19 日	被任命为政务院政法委员会委员及法制委员会委员。
12 月 18 日	主持中国人民救国会宣告结束的茶话会，发表《中国人民救国会结束宣言》。
12 月 27 日	当选为民盟中央委员会副主席。

1950 年

1 月 3 日	四儿媳艾尔德在沈阳不幸去世。知津自沈阳携女儿艾琳抵京，后知津赴天津工作。
上半年	参加《中华人民共和国婚姻法》的制订。
5～6 月	任视察团团长赴天津、沧县、唐山视察司法工作。
6 月	出席全国政协一届二次会议，作《人民法院工作报告》。
7～8 月	参加主持第一届全国司法会议。
7 月 30 日	致函董必武，要求加入中国共产党。
8～11 月	代表中央人民政府，率中央访问团赴西北各少数民族地区进行访问及慰问。

1951 年

1 月初	参与制订《惩治反革命条例》。
4 月	出访东欧,沈谦为其担任翻译。
4～5 月	任中央人民政府“五·一”观礼代表团副团长,赴苏联参加“五·一”观礼活动。
5～7 月	率中国人民代表团,访德意志民主共和国参加“德中友好月”活动。
8～9 月	率中国代表团赴德意志民主共和国出席国际民主法律工作者协会第五届代表大会。作《关于战争罪犯的检举和惩罚》报告。当选为国际民主法律工作者协会副主席。
10 月	出席全国政协一届三次会议。作《加强人民司法建设,巩固人民民主专政》专题报告。
11 月 24 日	孙女沈瑜自无锡来京探视,沈瑜当时在无锡吸血虫病防治所工作。

1952 年

	参与制订《惩治贪污条例》。
2 月 1 日	担任最高人民法院临时法庭审判长,公审贪污犯。
3 月	抗议美帝国主义在朝鲜及我国东北进行细菌战。
4 月	出席在奥地利维也纳召开的国际民主法律工作者协会理事会会议。作揭露美帝进行细菌战罪行的报告。

赴匈牙利人民共和国进行友好访问。

9月22、23日　主持政协全国委员会讨论《禁毒条例》。

10月19日　突患严重肺炎,几度濒危,自此健康状况受到很大损害。

12月底　长子沈谦被北京市西单区中南海选区选为北京市西单区人民代表;长孙沈人骅(沈谦之子,小名康康)在东北军区空军工程部也被选为人民代表。

1953年

4月22日　当选为中国政治法律学会副主席。

5月　在民盟一届七中全会上,当选为民盟第一副主席。

6月29日　到孙女沈瑜的工作单位无锡血吸虫病防治所参观,十分关心血吸虫病对人民群众健康的严重危害,嘱沈瑜将血吸虫病的危害及防治情况写成汇报材料。

1954年

被推选为中华人民共和国宪法起草委员会委员,参与制订宪法。

6月14日　著文《为宪法草案的公布而欢呼》。

9月　出席全国人民代表大会一届一次会议,当选为常务委员会副委员长。

9月16日　将孙女沈瑜所写有关南方血吸虫病的汇报材料附函寄呈毛泽东主席。

12 月	出席全国政协一届二次会议,继续当选为全国委员会副主席。
12 月 31 日	次子沈诚自成都来京为沈钧儒祝寿,父子已八九年未见,籍以此欢聚,沈钧儒深以为慰。沈诚于次年 2 月 1 日返蓉。

1955 年

1 月 2 日	八旬寿辰,全国人大常委会办公厅在中南海紫光阁设宴庆祝。

1956 年

2 月 21 日	当选为民盟第二届中央委员会主席。
5 月	接待国际民主法律工作者协会访华代表团。

1957 年

6～7 月	在一届人大四次会议上作《号召民盟成员,克服温情主义,把反右派斗争进行到底》的发言。

1958 年

1 月 1 日	在《光明日报》发表《为彻底完成中国民主同盟的自我改造而奋斗》。
1 月 16 日	在各民主党派、无党派民主人士自我改造促进大会上致开幕词,并参加游行。
12 月 5 日	当选为民盟三届中央委员会主席。

1959 年

4 月	在二届全国人大一次会议上作《对印度朋友的直率忠告》发言。继续当选为常务委员会副委员长。

继续当选为第三届全国政协副主席。

1960 年

1 月	在从化温泉休养期间,有感而录写白居易《观刈麦》诗最后六句,书写成条幅多张,分别交付子女,以为勉励。
4 月 6 日	在全国人大二届二次会议上作《知识分子必须继续前进,进一步改造自己的世界观》发言。

1961 年

春	手书毛泽东诗词 21 首以祝贺中国共产党诞生 40 周年。
10 月 10 日	参加辛亥革命 50 周年纪念会。

1962 年

9 月 9 日	提出要求加入中国共产党的愿望。
10 月 1 日	参加国庆检阅,在天安门城楼最后一次见到毛泽东。
10 月初	沈谱被调任沈钧儒的政治秘书。
11 月 11 日	患急性支气管炎转肺炎,住北京医院治疗。

1963 年

1 月 1 日	勉力抱病出席周恩来在政协全国委员会为招待 70 岁以上的全国政协委员、全国人大代表和民主党派人士所设的宴会。
1 月 17 日	在民盟三届三中全会上致开幕词。
6 月 11 日	在北京医院与世长辞。享年 88 岁。

跋

在《民盟历史文献》丛书付梓之际，掩卷回首，民盟先贤们的音容笑貌挥之不去，不绝如缕，久久难忘。在编辑此丛书的过程中，我们每每被他们为信仰、为理想奋斗的坚定精神所感召和感动。

人不能没有理想和信仰，一个民族也不能没有自己的理想和信仰。我们的先辈们，正是怀揣民族富强、人民福祉的赤诚之心，身先士卒、鞠躬尽瘁；凭借自身高尚的人文品格和社会良知，与中国共产党团结合作，为中国社会的前途和命运探索了一条新的宪政之路；和平、民主是人类社会的两大主题，也是中国共产党人和各民主党派所共同追求的理想。

如今，面对着他们的拳拳之心和丰功伟绩，我们感叹！赞叹！怀念！更要继承！

《民盟历史文献》在整个创作和出版过程中，得到了来自社会各界人士的关注和厚爱。我们要特别感谢为此丛书孜孜不倦地考证、核实、梳理、完善的各位专家、学者，是他们的认真严谨，才使此丛书能够客观地展现历史的真貌；更要特别感谢中共中央统战部与民盟中央给予我们的鼎力支持和重视，没有他们的指导和帮助，我们不可能完成如此厚重的出版工作任务；还要感谢各省、市、地区的民盟组织，为搜集、挖掘、抢救民盟的历史文献资料做出的不懈努力和贡献；感谢每一本书的作者，是他们的辛勤笔耕和一点一滴的忠实记录，才集成了民盟历史的全貌；感谢为此丛书付出辛劳的编辑以及所有工作人员，感谢你们辛勤的劳动和无私的奉献。

谨以此丛书献给所有伟大的民主革命先驱者；献给为共和国诞生抛洒了智慧和热血的先贤们；献给那一段筚路蓝缕、以启山林的峥嵘岁月。

《民盟历史文献》编委会

图书在版编目(CIP)数据

君子至爱:沈钧儒家书/中国民主同盟中央委员会,沈钧儒纪念馆编.—北京:群言出版社,2012.11
(民盟历史文献)
ISBN 978-7-80256-375-9
Ⅰ.①君… Ⅱ.①中… ②沈… Ⅲ.①沈钧儒(1875~1963)—书信集 Ⅳ.①K827=7

中国版本图书馆CIP数据核字(2012)第224725号

出版人 范 芳
责任编辑 方 醒
助理编辑 侯 莹
装帧设计 群言艺术设计中心
出版发行 群言出版社(Qunyan Press)
地 址 北京东城区东厂胡同北巷1号
邮政编码 100006
网 站 **www.qypublish.com**
电子信箱 qunyancbs@126.com
总编办 010-65265404 65138815
编辑部 010-65276609 65262436
发行部 010-65263345 65220236
经 销 全国新华书店
读者服务 010-65220236 65265404 65263345
法律顾问 中济律师事务所
印 刷 北京画中画印刷有限公司
版 次 2012年11月第1版 2012年11月第1次印刷
开 本 880×1230mm 1/32
印 张 11.5
字 数 235千字
书 号 ISBN 978-7-80256-375-9
定 价 38.00元